Ernst Reuß

Mord und Totschlag in Berlin

Ernst Reuß

Mord und Totschlag in Berlin

Neue spektakuläre Kriminalfälle

vbb

1. Auflage 2018

Binzstraße 19, D–13189 Berlin
www.verlagberlinbrandenburg.de

Umschlaggestaltung: Stephanie Raubach, Berlin, unter Verwendung von Thinkstock-Foto Nr. 875160864, © lakkot
Satz und Gestaltung: Ralph Gabriel, Berlin
Druck und Bindung: Multiprint OOD, Kostinbrod

ISBN 978-3-947215-16-4

Inhalt

Vorwort

Schon Mitte der Neunziger als junger Jurastudent war ich fasziniert von Strafrechtsfällen, die wir allerdings immer nur rein rechtlich betrachteten. Schon damals hatte ich die vage Idee, eines Tages die Geschichten hinter den Fällen ein wenig aufzuarbeiten, damit auch die Allgemeinheit von solch äußerst merkwürdigen und juristisch interessanten Fällen Kenntnis erlangen kann. Viele Jahre später ist mir das nun schon zum zweiten Mal gelungen.

Häufig wurde ich gefragt, wie ich so etwas „Trockenes“ wie Jura studieren könne. Ich konnte das nie so ganz nachempfinden. Manche, denen ich einen Fall und dessen Hintergründe schilderte, schüttelten meist verwundert den Kopf und fragten sich, warum sie noch nie davon gehört hatten.

Die Fälle dieses Buches drehen sich um Mord und Totschlag – alle sind in der jüngsten Zeit in Berlin und Brandenburg geschehen. Abseits von dem, was in der Presse stand, werden die Urteilsbegründungen kritisch erläutert, um ein tieferes Verständnis der Abwägungskriterien bei solchen Urteilen zu wecken.

Mehr als eine halbe Million Straftaten kam 2017 in Berlin zur Anzeige. Fast 45 000 Straftäter wurden verurteilt, mehr als 3 000 sitzen in Berlin im Gefängnis. Das Spektrum reicht von Schwarzfahren, Taschendiebstahl über Drogenhandel, U-Bahn-Schlägereien bis zu Mord. Berlin als größte deutsche Stadt ist und bleibt ein Brennpunkt der Kriminalität. Angesichts dieser Herausforderungen ist es der überlasteten Polizei und Justiz hoch anzurechnen, dass sie in der Lage sind, dennoch für Recht und Ordnung zu sorgen.

Das Buch geht der Frage nach, warum jemand als Mörder oder „nur“ als Totschläger verurteilt wird? Mordmerkmale wie „Habgier“, „niedrige Beweggründe“, „Heimtücke“, „Mordlust“ und „Grausamkeit“ spielen in den Urteilen und deshalb natürlich auch in diesem Buch eine große Rolle. Vielleicht ein letztes Mal, denn bald wird es diese Mordmerkmale wohl nur noch in den Geschichtsbüchern geben. Eine Gesetzesänderung ist in Planung. Mord und Totschlag sollen im Strafgesetzbuch neu geregelt werden.

So ist ein Buch entstanden, welches sowohl das juristisch interessierte Publikum als auch die Leserinnen und Leser von Tageszeitungen anspricht, die schon immer wissen wollten, warum das Urteil genau so ausgefallen ist, wie es in den Zeitungen berichtet wurde.

Mitunter gehen die Tateinzelheiten schon über das hinaus, was ein schwächerer Magen vertragen kann, und wurden daher nur insoweit so detailliert wiedergegeben, wie das zur Erläuterung der juristischen Wertung notwendig ist.

Ku'damm-Raser

Am 1. Februar 2016 starb bei einem Autounfall in Berlin der 69-jährige Rentner Michael W., ein pensionierter Arzt, der auf dem Heimweg zu seiner Wohnung in der Nähe des Kurfürstendamms war. Sieben Monate danach mussten sich deswegen Marvin N. und Hamdi H. vor der 35. Strafkammer des Landgerichts Berlin verantworten. Sie waren wegen Mordes angeklagt. Mord? Das verwunderte viele unabhängige Prozessbeobachter.

Bei ähnlichen Fällen waren die Unfallverursacher bisher immer nur wegen fahrlässiger Tötung verurteilt worden. Das Strafmaß war dabei wesentlich niedriger als bei Totschlag oder gar Mord. Meist kamen die Täter mit einer Bewährungsstrafe davon. Aber dieser Unfall hatte hohe Wellen geschlagen und wurde medial in ganz Deutschland beachtet. Wieder einmal hatten verantwortungslose, testosterongesteuerte Raser einen Unfall gebaut und ein Unschuldiger war gestorben. Es war nicht der erste Fall dieser Art und es wird wohl nicht der letzte bleiben. Im ganzen Land beobachteten Politiker, Richter und Staatsanwälte den Berliner Prozess.

Die *Berliner Zeitung* schrieb: „Der Unfall wirkt wie der sprichwörtliche letzte Tropfen, der ein Fass zum Überlaufen bringt. Über 50 illegale Autorennen auf Berliner Straßen hat die Polizei im vergangenen Jahr registriert. Unfälle wurden dadurch verursacht und Menschen verletzt. Überall in der Republik gibt es diese Problemgruppe: junge Männer mit zu viel PS, Männer, die hochmotorisierte Autos brauchen, um sich größer und bedeutender zu fühlen. Sie messen sich auf deutschen Straßen. Wer kann schneller, wer ist geiler? Manchmal passiert es, dass bei diesen Rennen Menschen sterben."

Die Polizei hatte zunächst wegen fahrlässiger Tötung ermittelt und weitete dann die Ermittlungen auf Totschlag aus, woraufhin die beiden Unfallverursacher am 1. März 2016 in Untersuchungshaft landeten. Möglicherweise war dies aber auch dem Umstand geschuldet, dass die Öffentlichkeit nach erzürnten

Presseberichten kein Verständnis dafür hatte, dass der 24-jährige Marvin und der 27-jährige Hamdi weiterhin frei herumliefen. Die Boulevardpresse und deren Paparazzi waren ihnen jedenfalls hart auf den Fersen.

Während der Untersuchungshaft änderte dann die Staatsanwaltschaft den Tatvorwurf ein drittes Mal. Man warf den beiden Männern nun vor, den Tod von Michael W. billigend in Kauf genommen zu haben. Das war ein Mordvorwurf. Doch kann man eine solche Tat wirklich als Mord werten oder war das nur der öffentlichen Entrüstung geschuldet? Die Empörungsmaschinerie lief jedenfalls in der ganzen Bundesrepublik über alle Kanäle. Zu Recht – bei dieser Tat, angesichts derer sich jedermann als potenzielles Opfer sehen konnte.

Folgendes war ermittelt worden: Marvin N. und Hamdi H. hatten mit ihren aufgemotzten Autos offenbar ein Rennen am Kurfürstendamm veranstaltet, das vor dem berühmten Kaufhaus des Westens auf der Tauentzienstraße abrupt endete. Sie waren über den Ku'damm gerast. Links der weiße Mercedes von Marvin mit 380 PS, rechts der weiße Audi von Hamdi mit 225 PS. Es war 0.45 Uhr, als Hamdi H. mit mindestens 160 Stundenkilometern seitlich auf den bei Grün abbiegenden pinkfarbenen Jeep von Michael W. prallte. Der pensionierte Arzt hatte keine Chance zu reagieren. Der Jeep hob ab, flog 72 Meter weit und blieb auf der Seite liegen. Für den Fahrer des Jeeps kam jede Hilfe zu spät. Der Aufprall riss bei seinem Auto das komplette Dach fort, und eine Stange bohrte sich in seinen Kopf. Der Audi streifte Marvins Mercedes, der daraufhin eine Fußgängerampel umfuhr, prallte dann gegen eine Mauer und blieb schließlich sechzig Meter weiter stehen. Der Mercedes flog ein paar Meter und blieb ebenfalls liegen.

Täter waren der 1989 im Kosovo geborene, aber seit 1990 in Berlin lebende Hamdi H. und der 1991 in Berlin geborene Marvin N. Sie gehörten zu einer Szene von Autonarren, die nachts in Berlin in verschiedenen Shisha-Bars verkehrten.

Hamdi H. wuchs in Berlin als ältestes Kind gemeinsam mit fünf Geschwistern bei seinen Eltern auf. Dort lebte er zum

Zeitpunkt des Tatgeschehens immer noch. Die Schule hatte er ohne Abschluss verlassen, den er später nachholte. Eine Lehre als Kfz-Mechaniker beendete er nicht. Er lebte in den Tag hinein. Manchmal hatte er einen Job, zuletzt lebte er jedoch von Hartz IV. Seit sechs Jahren war er in einer festen Beziehung und seit Kurzem auch verlobt.

Schon früh zeigte sich Hamdis fataler Hang zur Raserei. Seine Kumpels nannten ihn „Transporter", nach dem Titelhelden einer Actionfilmreihe. Hamdi trug seinen „Kampfnamen" mit Stolz nach dem Motto „nomen est omen", denn in den *Transporter*-Filmen geht es vor allem um wilde Verfolgungsfahrten in schnellen Wagen, bei denen ein großes Trümmerfeld hinterlassen wird – genauso wie am 1. Februar 2016 vor dem KaDeWe. 2009 hatte Hamdi H. den Führerschein erworben, bestand aber nicht die zweijährige Probezeit. Er hatte bald danach einen schweren Verkehrsunfall verursacht, sodass die Probezeit verlängert wurde. 2013 wurde ihm der Führerschein zunächst endgültig entzogen, am 3. Februar 2014 jedoch schon wieder erteilt. Erst nach dem späteren Gerichtsverfahren wurde beiden Unfallverursachern gemäß § 69 StGB lebenslang die Fahrerlaubnis entzogen. Das Gericht urteilte über Hamdi: „Der Angeklagte verstößt bereits seit Langem konsequent und beharrlich gegen bestehende Verkehrsregeln, setzt sein Fahrzeug nach Belieben als nötigendes, behinderndes oder im hiesigen Fall gefährliches Mittel zur Durchsetzung seiner Interessen und in Selbstüberhöhungstendenz ein und gefährdet insbesondere in seiner Eigenschaft als Schnellfahrer in Permanenz andere an Leib und Leben."

Wie sein großes Vorbild *Transporter* hielt er sich an keine Verkehrsregeln. Hamdis Liebe zu seinem Auto müsse man sich vorstellen wie die Liebe einer Mutter zu ihrem Kind, sollte später die Gutachterin erklären. Es habe massiv dazu beigetragen, sein Selbstwertgefühl zu steigern. Hamdi hatte wie erwähnt schon Unfälle gebaut und war bereits wegen fahrlässiger Körperverletzung und wegen unerlaubten Entfernens vom Unfallort bestraft worden. Zwar war er immerhin auch zweimal wegen Einbrüchen auffällig geworden, aber mehr als zwanzig Mal musste er ein Bußgeld wegen überhöhter Geschwindigkeit und Falschparkens zahlen. Seine Strafzettel kassierte er mitunter innerhalb weniger Stunden. Hamdi schien sich nicht großartig an den Bußgeldern zu stören. Vielleicht hatte er ja auch andere Einnahmequellen. Zumindest der Staatsanwalt vermutete, dass er das Geld für den gebrauchten Audi zusammengeraubt habe. Dafür gab es aber keine Beweise.

Marvin N., der andere Unfallverursacher, war Einzelkind und wohnte noch bei seinen Eltern. Er hatte den Mittleren Schulabschluss und trat 2011 einen vierjährigen Dienst bei den Fallschirmjägern als Zeitsoldat an, kam dort aber nicht zurecht. Danach war er Mitarbeiter einer Sicherheitsfirma, womit er zuletzt etwa 1 600 Euro brutto pro Monat verdiente. Dennoch leistete er sich ein teures Hobby, denn auch er war versessen auf schnelle Autos, insbesondere auf Mercedes-Benz. Zuletzt hatte er einen Mercedes-Benz CLA AMG 45 4Matic geleast – für monatlich 651,54 Euro, immerhin fast die Hälfte seines monatlichen Nettoverdienstes. Keine zwei Monate vor dem Unfall hatte er ihn schließlich für 50 500 Euro gekauft. Was sein Fahrzeug betraf, war Marvin N. ausgesprochen pingelig, denn seine Freundin durfte sich im Auto nicht schminken, damit kein Puder auf die „Alcantara-Sitze" gelangen konnte. Essen im Auto war selbstverständlich auch nicht erlaubt. Auch Markenklamotten, insbesondere von Gucci, hatten es Marvin angetan. Er trug teure Sonnenbrillen, fuhr gern mit heruntergelassenen Fenstern und dröhnender Musik. An Ampeln ließ er mit großem Vergnügen den Motor aufheulen. Fast jeder hat dieses Gehabe schon erlebt, und wahrscheinlich haben die meisten resigniert mit dem Kopf geschüttelt, für die Fahrer selbst bedeutet diese Effekthascherei jedoch unverständlicherweise eine Steigerung des Selbstwertgefühls.

Marvin N. war zwar nicht vorbestraft, aber auch mehr als zwanzig Mal wegen Falschparkens und Überschreitung der Höchstgeschwindigkeit aufgefallen. Einmal, ein halbes Jahr vor dem Unfall, musste er ein Aufbauseminar absolvieren.

Genutzt hatte es offensichtlich nichts. Wie seinem Mittäter wurde ihm später lebenslang die Fahrerlaubnis entzogen. Das Gericht stellte fest: „Der Angeklagte ist (...) autoverliebt, protzt mit dem Fahrzeug, steigert über dieses sein Selbstwertgefühl und erachtet es im Wertesystem nach den Bekundungen seiner in der Hauptverhandlung gehörten Freundinnen als über diesen stehend." In bemerkenswerter Diktion fuhr das Gericht fort: „In diesem Sinne setzt er es auch ein, ‚fickt die Straße', ‚brettert im Highway-Modus' über den Ku'damm, lässt sich nur von ‚Bastardampeln' (bedauerlicherweise nicht im hiesigen Fall) stoppen, fordert andere Fahrer zu einem Stechen heraus und schafft es auch an nur einem Tag, zwei oder drei (festgestellte) Verkehrsordnungswidrigkeiten zu begehen. Bei wertender Gesamtbetrachtung kam daher auch bei diesem Angeklagten nur die Anordnung einer unbefristeten Sperre in Betracht." Zu dieser Einschätzung kam das Gericht, weil Marvin auch Videos seiner Fahrten ins Netz gestellt hatte, die er mit markigen Sprüchen kommentierte. Er behauptete, dass bei einem Daimlerfahrer das Portemonnaie immer voll sei, weil die Nutten das Geld liefern. War dies ernst zu nehmen? Eher nicht, wohl Geprotze zur Steigerung des Selbstwertgefühls. Jedenfalls nahm das Gericht die Videos ernst genug, um dadurch auf Marvins Persönlichkeit und seine zukünftige Fahrtauglichkeit zu schließen.

Marvin wollte am Abend der Tat um 0.30 Uhr seine 22-jährige Freundin Olesya nach Hause bringen, mit der er erst seit Kurzem liiert war. Beide wohnten in Marzahn. Der Weg sollte über den Kurfürstendamm, die Tauentzienstraße und den Wittenbergplatz führen. Jeder Berliner kennt diese „Rennstrecke", an der nach Geschäftsschluss oft laut dröhnende, getunte Luxuskarren und ihre testosterongesteuerten Fahrer ihr Unwesen treiben. An Geschwindigkeitsbegrenzungen halten die sich für gewöhnlich nicht. Wenn man einen potenziellen Rennpartner ausspäht, verständigt man sich spontan an einer Kreuzung durch Spielen mit dem Gaspedal im Leerlauf und Handzeichen durch die Seitenfenster, um dann bis zur nächsten Kreuzung um die Wette zu fahren. So geschah es auch an diesem Abend.

Die beiden Autonarren kannten sich flüchtig, sie hatten sich bereits vorher in einer Shisha-Bar, in der sich Gleichgesinnte trafen, über ihr Hobby unterhalten. Man wusste also von den gemeinsamen Neigungen, als Hamdi sich am Adenauerplatz von hinten näherte und an der roten Ampel mit heruntergelassener Beifahrerscheibe direkt neben Marvin hielt. Mit Gaspedal und Handzeichen machte er auf sich aufmerksam und lud so zu einer Wettfahrt – einem sogenannten Stechen – ein. Die beiden unterhielten sich kurz durch das geöffnete Autofenster, während Olesya Nachrichten in ihr Smartphone tippte und nicht auf das Gespräch achtete. Offenbar nahm Marvin nach kurzem Zögern die Herausforderung an und beide rasten los. Da Marvin noch an zwei Ampeln gehalten hatte, versuchte er ab Olivaer Platz, seinen Konkurrenten einzuholen, der offensichtlich keinen Gedanken daran verschwendete, sich an diese Verkehrsregel zu halten. Von nun an tat Marvin das auch nicht mehr. Olesya sagte später vor Gericht aus: „Ich war schockiert von der Geschwindigkeit. Es war wie in der Achterbahn." Marvin beschleunigte seinen mit 380 PS ausgestatteten Mercedes so stark, dass er Hamdi in Höhe der U-Bahnstation Uhlandstraße einholte. Zwei Fußgängerinnen sprangen hinter das Geländer des U-Bahneingangs zurück, um nicht von den Rasern erfasst zu werden. Erst hintereinander, dann nebeneinander jagten sich die Möchtegern-Rennfahrer in Richtung Wittenbergplatz. Um die Kurve vor der Gedächtniskirche rasten sie – wie der Gutachter später feststellte – mit Vollgas, ohne die seit mindestens 17 Sekunden rote Ampel an der Kreuzung zu beachten. Hamdi, dessen Audi „nur" auf 225 PS kam, versuchte, Schritt zu halten. Es war ein Kopf-an-Kopf-Rennen mit durchgetretenem Gaspedal. Eine Zeugin sollte später aussagen, dass sie die Geräusche an die eines startenden Sportflugzeugs erinnerten. Das Gericht dazu in seinem Urteil: „Mit einem noch leichten Vorsprung von wenigen Metern und einer Geschwindigkeit von 139 bis 149 km/h fuhr der Angeklagte N. bei Rot in den Kreuzungsbereich Tauentzienstraße / Nürnberger Straße ein. Auch der Angeklagte H. fuhr bei Rot in den

Kreuzungsbereich ein, wobei dieser aufgrund des vollständig durchgetretenen Gaspedals zwischenzeitlich eine Geschwindigkeit von mindestens 160 bis 170 km/h erreicht hatte." Spätestens da soll laut Gericht beiden bewusst gewesen sein, dass „ein die Nürnberger Straße befahrender, bei grüner Ampelphase berechtigt in die Kreuzung einfahrender Fahrzeugführer und etwaige Mitinsassen bei einer Kollision mit den von ihnen gelenkten Pkw nicht nur verletzt, sondern aufgrund der von ihnen im Rahmen des vereinbarten Rennens gefahrenen sehr hohen Geschwindigkeiten mit großer Wahrscheinlichkeit zu Tode kommen würde". Den Tod anderer Verkehrsteilnehmer nahmen sie bei ihrer Irrsinnsraserei billigend in Kauf, so sah es jedenfalls das Gericht.

Es kam, wie es kommen musste. Der Jeep von Michael W. wurde durch den Aufprall „um die eigene Längs-, Hoch- und Querachse gedreht und mit einer Geschwindigkeit von etwa 60 km/h rund 70 m durch die Luft in Richtung Wittenbergplatz geschleudert, sodass er auf der Fahrerseite liegend zum Stillstand kam", so das Gericht. Hamdis Audi drehte sich, kollidierte mit Marvins Mercedes und prallte mit 140 Stundenkilometern gegen die aus Granit bestehende Hochbeeteinfassung des Mittelstreifens. Eine Frau wurde nur um wenige Zentimeter von an ihrem Kopf vorbeifliegenden Auspuffteilen verfehlt. Der Audi selbst kam erst rund 60 Meter nach dem Aufprall zum Stehen. Marvin krachte frontal in eine Fußgängerampel, fällte diese und prallte im weiteren Verlauf frontal ebenfalls gegen eine Hochbeeteinfassung – da hatte er immer noch 149 Stundenkilometer auf dem Tacho. Eine Zeugin des Unfalls ging angesichts der überall herumfliegenden Trümmerteile von einem Bombenattentat aus. Die eintreffenden Polizeibeamten sprachen von einem „Schlachtfeld".

Laut Verkehrsgutachter war Hamdis Auto mit einer Geschwindigkeit von rund 160 bis 170 Kilometern pro Stunde frontal gegen die linke Seite des Jeeps geprallt. Hamdi, Marvin und dessen Freundin konnten ohne fremde Hilfe ihr Fahrzeug verlassen, sie hatten nur leichte Schrammen. Michael W. jedoch erlag noch am Unfallort seinen multiplen Verletzungen. Die Schädel- und Hirnverletzungen, die mannigfaltigen Knochenbrüche und die Verletzung von Lunge, Leber, Herz, Milz und des Darms, die mit erheblichen inneren Blutungen einhergingen, hatten zu einem schnellen Tod geführt.

Marvin irrte nach der Tat umher und suchte sein Handy. Er stand unter Schock und hatte zu diesem Zeitpunkt noch nicht realisiert, dass ein drittes Fahrzeug am Geschehen beteiligt war. Hamdi erlitt angeblich eine Amnesie. Er hockte blutüberströmt und in Socken auf dem Asphalt. „Wie konnte das nur passieren?“, wimmerte er Zeugenaussagen zufolge. Die Wucht des Aufpralls hatte seine teuren Markensneakers ausgezogen, die im Trümmerfeld lagen. Immer wieder soll er sich bei Polizisten und Rettungskräften nach dem Zustand seines heiß geliebten Wagens erkundigt haben. So stand es zumindest in der empörten Boulevardpresse, die die angebliche Gefühllosigkeit der Täter anprangerte. Hamdis Verteidiger wiederum wollte dann im Prozess das Wimmern seines Mandanten als Beweis für das Nichtvorhandensein eines Vorsatzes gewertet wissen. Das Gericht sah dies jedoch anders und meinte, dass das Verhalten des Angeklagten nur geringe Aussagekraft habe, und urteilte: „Unabhängig davon, dass diese Frage von vielen Menschen nach Ereignissen wie dem vorliegenden oft rein rhetorisch gestellt wird, lässt sich aus ihr kein wie immer gearteter Schluss auf das Vor- bzw. Nichtvorliegen des Wissens- oder Wollenselements des bedingten Tötungsvorsatzes ziehen; denn der Angeklagte litt nach dem Unfall an einer Amnesie und musste sich diese Frage, auf die er keine Antwort fand, naturgemäß stellen.“

Sympathiepunkte hatten die Angeklagten mit ihrem Verhalten vor, während und nach der Tat jedenfalls nicht gemacht. Sie sagten nicht aus und hatten sich bisher auch nicht entschuldigt. Voll schuldfähig waren sie auf jeden Fall, denn beide hatten keinen Alkohol getrunken oder Drogen genommen. Auch andere Persönlichkeitsdefizite tangierten laut Gericht die Schuldfähigkeit nicht: „Die (…) narzisstische Selbstüberhöhungstendenz und Opferhaltung bewegen sich auf der Skala menschlicher Persönlichkeitsvielfalten und unterfallen nicht den Eingangsmerkmalen der §§ 20, 21 StGB."

Das Urteil wurde schließlich nach 17 Verhandlungstagen am Montag, dem 27. Februar 2017, ein Jahr nach dem Tod von Michael W. gefällt. Es war eine juristische Sensation und hochumstritten, denn Hamdi und Marvin wurden tatsächlich wegen „Mordes in Tateinheit mit gefährlicher Körperverletzung und vorsätzlicher Gefährdung des Straßenverkehrs" zu einer lebenslangen Freiheitsstrafe verurteilt. Sie hätten gemeinschaftlich, also in Mittäterschaft gemäß § 25 Abs. 2 StGB, bedingt vorsätzlich mit gemeingefährlichen Mitteln einen Mord begangen. Eine gefährliche Körperverletzung gemäß §§ 223 Abs. 1, 224 Abs. 1 StGB gegen Marvins Freundin, die Nebenklägerin war und eine Lungenquetschung erlitten hatte, sowie vorsätzliche Gefährdung des Straßenverkehrs gemäß § 315c Abs. 1 Nr. 2a) und d) StGB kamen hinzu.

Im Gegensatz zur bewussten Fahrlässigkeit, bei der darauf vertraut wird, dass „schon nichts passieren wird", nimmt der bedingt vorsätzlich Handelnde das Ergebnis billigend in Kauf. War das in diesem Fall wirklich so? War es Marvin und Hamdi vollkommen egal gewesen, ob bei ihrem Geschwindigkeitsrausch ein Dritter stirbt? Das Gericht bejahte das und begründete es damit, dass dies bei äußerst gefährlichen Gewalthandlungen naheliege. Schon eine Gleichgültigkeit gegenüber dem zwar nicht erstrebten, wohl aber hingenommenen Tod des Opfers rechtfertige die Annahme eines bedingten Tötungsvorsatzes. Bedingt vorsätzlich handelt derjenige, der erkennt, dass genau das geschehen könnte, was dann auch geschieht. Es genüge ein nach der Lebenserfahrung ausreichendes Maß an Sicherheit, sodass vernünftige Zweifel nicht aufkommen können. Das muss bei jedem Täter selbst vorliegen, und das erkannte das Gericht auch bei den beiden Unfallverursachern.

Die Verteidigung brachte verschiedene ähnliche Fälle aus der jüngsten Vergangenheit vor, bei der nur von einer fahrlässigen Tötung ausgegangen worden war, was das Gericht allerdings nicht besonders beeindruckte, denn es sei immer der konkrete Fall zu bewerten und man könne diese Fälle nicht mit dem vorliegenden Fall vergleichen. Auch das von der Verteidigung vorgebrachte Argument, dass in der Welt der Raserszene die Risiken des Fahrens mit hoher Geschwindigkeit grundsätzlich ausgeblendet seien und so auch kein bedingter Vorsatz möglich sei, verfing beim Gericht nicht. Man könne nicht eine ganze Menschengruppe aus der Verantwortung entlassen, nur weil sie jegliche Gefahr ihres Handelns generell negiere, argumentierten die Richter. Die bedingt vorsätzliche Tötung eines anderen Menschen ließe sich nur nach einheitlichen Maßstäben beurteilen. Das Gericht meinte, dass sowohl Hamdi als auch Marvin alt und reif genug gewesen seien, um dies zu erkennen. Beide hätten ihr Selbstwertgefühl über ihre Autos und den Fahrstil gesteigert, ohne sich dabei um die Straßenverkehrsordnung zu kümmern: „Auch (…) der an einem Rennen Teilnehmende bleibt eine Person, die ihren Verstand benutzen kann, Lebens- und Verkehrserfahrung gesammelt hat, eine theoretische und praktische Führerscheinprüfung abgelegt und bestanden hat, und die grundsätzlich weiß und erkennen kann, dass ein höchstgefährlicher Fahrstil geeignet ist, den Tod und die Verletzung anderer Menschen zu verursachen."

Hamdi H., dessen Anwalt sich von einer verkehrspsychologischen Begutachtung viel versprach, ließ sich im Gegensatz zu Marvin N. untersuchen. Die Gutachterin kam dabei zum Schluss, dass er kein realistisches Bild des Gefahrenpotenzials entwickelt habe. Kurz gesagt: Hamdi hielt sich für unverwundbar, weil er am Ku'damm angeblich „kilometerweit voraussehen konnte". Die Gutachterin meinte, dass die unrealistische Einschätzung des Fahrvermögens nicht auf einem grundsätzlichen Unvermögen beruhe, sondern darauf, dass er trotz der vielen Regelverstöße nie ausreichend sanktioniert worden sei und die Freude darüber den negativen Lernprozess noch verstärkt habe. Außerdem sehe er die Ursache in Straßenverkehrskonflikten immer nur bei anderen Autofahrern, die ihm nicht ausweichen, mache Gesetze verantwortlich oder schlechte Bremsen.

Auch nach dem Unfall sei das noch so. Er lebe immer noch in dem Glauben, er könne – eigentlich – niemanden gefährden.

Darauf hatte der Verteidiger auch hinausgewollt, denn das würde ja bedeuten, dass sich Hamdi H. keiner Gefahr bewusst gewesen war und den Unfall daher auch nicht billigend in Kauf nehmen konnte. Die Verteidigung argumentierte, dass jemand, der sich für einen übermenschlichen Fahrer hält, gar nicht daran denke, dass er andere umbringen könnte. Dies klingt zumindest nachvollziehbar. Also doch kein bedingter Vorsatz?

Das Gericht widersprach den Argumenten der Sachverständigen und billigte dem Gutachten, das in den Gesamtkontext eingebunden werden müsse, nur „eine indizielle Aussagekraft" zu. Die verkehrspsychologische Beurteilung eines Geschehens sei für die juristische Vorsatzfeststellung nicht bindend, da der „psychische Sachverhalt" mit dem „juristischen Psychogramm" wenig gemein habe. Bei Grundsatzproblemen der Vorsatzdogmatik spreche man nicht dieselbe Sprache. Nun ja, das könnte man auch anders sehen.

Das Gericht war der Auffassung, Raserei stelle keine seelische Krankheit dar, womit es wahrscheinlich durchaus Recht hatte. Jeder Autofahrer könne „schon bei durchschnittlicher Sinnes- und Geistesanspannung" erkennen, dass ein Unfall bei einem derartigen Rennen passieren kann – selbstverständlich auch in diesem Fall. Dies alles ergab aus Sicht des Gerichts das Bild von unbelehrbaren Verkehrsrowdys.

Marvin, der ein ähnliches Bußgeldregister aufzuweisen hatte und laut Aussagen von Freundinnen als arroganter, selbstgefälliger „Protzer" galt, den es nicht interessierte, wenn die Beifahrerin von einem „Stechen" nicht sonderlich begeistert war, wurde auch ohne Sachverständigengutachten ähnlich beurteilt. Im Vordergrund stand für beide Angeklagte der Sieg bei dem Rennen um jeden Preis zum Zwecke der Selbstbestätigung. Sie durchfuhren dabei eine „Rennstrecke" von etwa 2,5 Kilometern und passierten elf Ampeln, die teilweise auf Rot standen.

Nach Abwägung aller Umstände hätte – laut Gericht – jedermann wissen müssen, dass ein solches Verhalten tödliche Folgen zeitigen konnte. Aber haben sie es auch wirklich gewollt? Das Gericht bejahte auch dies, denn Marvin N. und Hamdi H. hätten den Tod eines Dritten zwar nicht gewünscht, sich jedoch mit der tödlichen Tatbestandsverwirklichung abgefunden und sich diesbezüglich gleichgültig verhalten. Sie waren bereit, für eine hirnrissige Raserei schwerwiegendste Folgen in Kauf zu nehmen. Auch Marvins Gleichgültigkeit gegenüber dem Wohlergehen seiner Beifahrerin und der Gesundheit und dem Leben anderer Verkehrsteilnehmer zeige das mehr als deutlich. Die Tatsache, dass das Rennen nachts bei niedrigerem Verkehrsaufkommen stattfand, spiele dabei keine Rolle, denn gerade der Ku'damm zwischen der Gedächtniskirche und dem KaDeWe sei ein sehr zentraler Bereich Berlins.

Das Argument der Verteidigung, dass keiner der Täter sein „Heiligtum" Auto beschädigen wollte, zog vor dem Gericht nicht. Es urteilte: „Die Fahrer dieser Fahrzeuge fühlen sich in ihren tonnenschweren, stark beschleunigenden, mit umfassender Sicherheitstechnik ausgestatteten Autos geschützt, stark und überlegen wie in einem Panzer oder in einer Burg und blenden jegliches Risiko für sich selbst aus." Die Beschädigung ihrer eigenen Fahrzeuge hatten Hamdi und Marvin während des Rennens also ausgeblendet. Gewinnstreben, die Selbstbestätigung, die Dominanz und das Ansehen unter Gleichgesinnten hätten demnach im Vordergrund gestanden. Mögliche Ängste um das „schöne Auto" seien im Adrenalinrausch und im „Kick" des Rennens untergegangen, so das Gericht.

Allerdings sei nicht jeder zu schnell fahrende Autofahrer ein potenzieller Mörder. Es seien immer die Gesamtumstände der Tat zu werten. Dem konnte man nicht widersprechen. Nach all dem kam die Schwurgerichtskammer zum Schluss: „Den möglichen Tod eines querenden Fahrzeugführers wünschten sie nicht, nahmen ihn aber angesichts ihres Gewinnstrebens gleichgültig hin. Ihre extreme Geschwindigkeit, Vollgas, die Missachtung roten Ampellichts, ihre ‚Blindfahrt' und die Tatörtlichkeit als innerstädtischer Großstadtbereich beließen dem Geschädigten keine Überlebenschance, zumal auch die Angeklagten selbst keine Möglichkeit mehr hatten, das Unfallgeschehen durch ein Brems- oder Lenkmanöver zu vermeiden."

Bedingter Vorsatz also und damit keine fahrlässige Tötung. War es aber auch Mord? Passte ein Tatbestandsmerkmal des § 211 StGB? Das Gericht bejahte auch dies. Es verneinte zwar niedrige Beweggründe, also Motive, „die nach allgemeiner sittlicher Anschauung verachtenswert waren und auf tiefster Stufe standen", was bei dem islamistischen Lkw-Attentäter vom Weihnachtsmarkt auf dem Breitscheidplatz sicherlich anders ausgesehen hätte, wenn es da zu einem Prozess gekommen wäre. Das Gericht sah aber das Mordmerkmal der Tötung mit gemeingefährlichen Mitteln als erfüllt an. Das Auto konnte als ein gemeingefährliches Mittel angesehen werden. Zwar nicht grundsätzlich, aber in dieser konkreten Situation schon. Erforderlich bei diesem Mordmerkmal ist die Tatsache, dass für einen vom Täter nicht eingrenzbaren größeren Personenkreis eine konkrete Lebensgefahr bestand. Das war hier der Fall. Durch ihre Amokfahrt und dem dadurch entstandenen „Trümmerfeld" bestand für jedermann, der sich zu dieser Zeit am Ort des Geschehens aufhielt, eine konkrete Gefahr für Leib und Leben. Es ist lediglich glücklichen Umständen zu verdanken, dass zum Unfallzeitpunkt nur das Auto des Opfers die Unfallkreuzung befuhr. Das Gericht dazu: „Dass ihnen dies bewusst war, ist offensichtlich. Ihre Wegstrecke und insbesondere der nähere Tatortbereich waren eben nicht auto- und menschenleer. Wie (…) ausgeführt worden ist, herrschte ein mäßiger, der Nachtzeit entsprechender Verkehr vor, an dem zumindest die benannten Zeugen als Fußgänger teilnahmen. Auf den inner- bzw. hauptstädtischen Charakter des fraglichen Kreuzungsbereichs zwischen Kaiser-Wilhelm-Gedächtniskirche / Europacenter und Wittenbergplatz / KaDeWe ist bereits hingewiesen worden. Dass dort auch zur Nachtzeit Menschen in welcher Form auch immer am Verkehrsgeschehen teilnehmen würden, lag auf der Hand und war den Angeklagten für ihre Lieblingsstrecke und den ‚Lifestyle-Kudamm' auch bekannt."

Sowohl Marvin als auch Hamdi wurden zu lebenslanger Haft wegen Mordes verurteilt. Bei einem Mord gibt es eben nur diese eine Strafe! Weniger gibt das Strafgesetzbuch nicht her. Eine strikte Systematik. Die Richter stecken in solch einem Fall im Dilemma. Fahrlässige Tötung mit einer Höchststrafe von fünf Jahren ist vielen bei solchen Taten zu niedrig. Totschlag aber wird bei einem Autounfall wegen der Gemeingefährlichkeit schnell zum Mord, was ein wesentlicher Grund dafür ist, weshalb die Justiz für gewöhnlich zurückhaltend ist, bei rücksichtslosen Rasern einen Tötungsvorsatz anzunehmen.

Das Urteil war in juristischer Hinsicht eine Sensation, wurde in der Boulevardpresse stürmisch gefeiert, erfuhr aber in Fachkreisen heftige Kritik. Das Verfahren sei ein „populistisches Pilotprojekt", monierte der Anwalt von Marvin N. In der *Zeit* schrieb ein Professor für Strafrecht unter der Überschrift „Raser sind Verbrecher, aber keine Mörder": „Nichts ist einfacher, als die Berliner Raser zu Mördern zu machen. Juristisch einfach, weil ihr Verhalten so schreiend lebensgefährlich war, dass sie doch wirklich nicht darauf vertrauen konnten, es werde schon gut gehen. Dann liegt das vor, was Juristen Eventualvorsatz nennen – auch bedingten Vorsatz – und der reicht für den Mordtatbestand (…) Außerdem lässt sich die Wahnsinnsfahrt ohne Weiteres als gemeingefährlich bezeichnen. Und schon ist alles beisammen, was einen der insgesamt neun Fälle ausmacht, in denen das Gesetz eine Tötung zum Mord erklärt: das vorsätzliche Töten mit einem gemeingefährlichen Mittel. Auch moralisch und politisch ist es einfach, die Berliner Raser zu Mördern zu stempeln. Denn ihre Tat ist so empörend, weckt so viel Wut, dass jeder auf Applaus rechnen kann, der ruft: ‚Das ist Mord! Höchststrafe her!'" Aber dies sei nicht gerecht, da bei einem Mord nur eine lebenslange Strafe in Betracht käme. Selbst eine so rücksichtslose und tödliche Raserei sei noch etwas anderes als ein Auftrags-, ein Lust- oder ein Giftmord, meinte der Autor. Der *Tagesspiegel* kommentierte: „Die Höchststrafe anzuwenden auf Männer und ihre Tat, die erst aufgrund eines Zufalls – weil ihnen ein anderer Fahrer in die Quere kam – zu einer ebensolchen werden konnte, wirft Widersprüche auf. Zum Mörder wird man nicht aus Zufall."

Viele Juristen waren daher der Ansicht, es bedürfe eine Reform des Strafgesetzbuches, insbesondere der aus dem „Dritten Reich" stammenden Mordmerkmale. Daran arbeiteten Juristen und die Politik schon lange, ohne nennenswerten Erfolg – bisher. Der Autor des oben erwähnten *Zeit*-Artikels kritisierte die Anwendung des Mordmerkmals Gemeingefährlichkeit. Als der Gesetzgeber von Gemeingefährlichkeit sprach, habe er Bomben vor Augen gehabt und an vergiftetes Trinkwasser oder Brandstiftung gedacht, an Autorennen dagegen gewiss nicht. Außerdem bezweifelte der Strafrechtler das Vorhandensein des bedingten Vorsatzes. Er machte das an einer Testfrage fest: „Haben die Täter versucht – im Rahmen ihrer Wahnsinnsfahrt – Unfälle zu vermeiden? Oder waren sie ihnen egal?" Kein Eventualvorsatz sei es aber, wenn jemand darauf vertraut, dass es schon gutgehen werde. Für die Gerichte kommt es dabei nicht darauf an, ob jemand vernünftigerweise darauf vertrauen durfte, dass es gutgehen werde. Sondern es kommt nur darauf an, ob er tatsächlich darauf vertraut hat. Dabei komme es nicht darauf an, was ein vernünftiger Mensch hätte denken müssen, sondern nur, „was diese beiden in ihren beschränkten Hirnen tatsächlich gedacht haben". Daher dürfte es juristisch der ehrlichere Weg sein, den Vorsatz zu verneinen, so der *Zeit*-Autor. Dies führe aber wiederum zu einem anderen Problem, da derartige Taten nach der momentanen Gesetzgebung zu gering bestraft würden. Fahrlässige Tötung gemäß § 222 StGB und Gefährdung des Straßenverkehrs gemäß § 315c StGB sehen eine Höchststrafe von fünf Jahren vor. Der Gesetzgeber sei nun gefordert, meinte er, und den Gerichten gab er den Rat, „nicht einen Mord zu fingieren, der keiner war". Starker Tobak!

Der *Tagesspiegel* resümierte: „Sollte der Schuldspruch vor dem Bundesgerichtshof Bestand haben, wird der Druck auf Staatsanwaltschaften wachsen, solche Taten als Mord oder Totschlag anzuklagen. Häufigere Anklagen wegen Mordes werden vielleicht, wie gewünscht, einige abschrecken. Verurteilungen wegen Mordes werden dennoch nicht immer der tatsächlichen Schuld angemessen sein."

Am 1. März 2018 entschied schließlich der Bundesgerichtshof, und es kam, wie die Kritiker der Entscheidung des Landgerichts Berlin vermutet hatten: Der 4. Strafsenat des BGH war nämlich ebenfalls der Ansicht, dass die Verurteilung wegen Mordes keinen Bestand haben kann, „weil sie auf einer in mehrfacher Hinsicht rechtsfehlerhaften Grundlage ergangen ist". Der BGH hob das Urteil auf und wies die Sache zur Neuverhandlung an eine andere Kammer des Landgerichts Berlin zurück.

Schon der vom Landgericht Berlin festgestellte Geschehensablauf trage den Vorsatzvorwurf nicht, denn laut dessen Urteil hätten Marvin N. und Hamdi H. die Tötung eines anderen Verkehrsteilnehmers erst dann billigend in Kauf genommen, als sie in die Unfallkreuzung einfuhren. Gleichzeitig habe das Landgericht jedoch festgestellt, dass die beiden Verurteilten zu diesem Zeitpunkt keine Möglichkeit mehr hatten, den Unfall zu verhindern; weil sie zu dem Zeitpunkt absolut unfähig gewesen waren, noch zu reagieren. Für den BGH ein Widerspruch, denn ein Tötungsvorsatz kann ja dann nicht mehr gefasst werden, wenn man auf das weitere Geschehen sowieso keinen Einfluss hat. Dementsprechend sei das Urteil des Landgerichts insoweit unlogisch und musste daher aufgehoben werden.

Im Übrigen gab der BGH zu bedenken, dass die vom Landgericht aufgestellte Behauptung, dass sich die beiden Fahrer „wie in einem Panzer oder in einer Burg" absolut sicher fühlten und jegliches Risiko ausgeblendet hätten, nicht belegt sei. Man hätte zumindest prüfen müssen, ob die etwaige Eigengefährdung einen Vorsatz ausschließe. Das Landgericht habe das aber nicht mal geprüft, da es die nicht belegte Behauptung aufstellte. Widersprüchlich habe das Landgericht auch insoweit geurteilt, weil es Marvin gleichzeitig vorwarf, den Tod seiner mitfahrenden Freundin billigend in Kauf genommen zu haben. Wie könne das sein, wenn er sich „sicher wie in einer Burg" gefühlt habe? Zuletzt kritisierte der BGH, dass das Landgericht Marvin, dessen Auto ja gar nicht in den Jeep von Michael W. raste, so ohne Weiteres als Mittäter behandelt hat; vielmehr reiche die Verabredung, gemeinsam ein illegales Straßenrennen auszutragen, für die Annahme eines mittäterschaftlichen Tötungsdelikts allein nicht aus. Das waren schon einige Ohrfeigen für die Richter am Landgericht Berlin.

Marvin N. und Hamdi H. können nun auf eine mildere Strafe hoffen, aber auch da wird man sehen, wie die betreffende Kammer des Landgerichts entscheiden wird. Ein Persilschein für Raser ist das BGH-Urteil nämlich nicht, denn Raser können weiterhin als Mörder verurteilt werden. Es kommt jedoch immer auf den Einzelfall an. So einfach wie zuvor werden uneinsichtige Raser sicherlich nicht mehr davonkommen. Inzwischen hat nämlich der Gesetzgeber an einem Gesetz gearbeitet, welches derartige Taten härter bestrafen kann, ohne sie gleich als Mord zu klassifizieren. Ende Juni 2017 beschloss der Bundestag den neu eingefügten § 315d StGB „Verbotene Kraftfahrzeugrennen". Veranstalter und Teilnehmer von illegalen Rennen sollen von nun an mit bis zu zwei Jahren Haft bestraft werden. Ihre Fahrzeuge, auf die sie so stolz sind, können nun eingezogen werden. Bis zu zehn Jahren Gefängnis gibt es dann, wenn jemand bei einem derartigen Rennen schwer verletzt oder getötet wird. Das könnte ein Weg aus dem strafrechtlichen Dilemma zwischen „fahrlässiger Tötung" und „Mord" sein. Zuvor war die Teilnahme an solchen Rennen mit 400 Euro Bußgeld und einem Monat Fahrverbot geahndet – ein Witz angesichts der Gemeingefährlichkeit derartigen Tuns!

Tragischerweise hatte sich auch das Opfer der Tat mit diesem Thema beschäftigt und sich nicht allzu lange vor seinem Tod in einem Leserbrief an eine Tageszeitung gewandt, in dem er sich über die milden Strafen für derartige Raser beschwerte. Ihm nützt das Urteil und das neue Gesetz leider nichts mehr, aber vielleicht hat sein schrecklicher Tod etwas in den Köpfen geändert und offensichtlich den Gesetzgeber endlich zum Handeln bewegt. Abschreckend könnten das Urteil und der neue Paragraf allemal wirken, auch wenn „testosterongesteuerte" Raser nicht unbedingt vernunftbegabt sind. Unbelehrbare wird es immer geben, so wie der Mercedes- und der Audifahrer, die nur kurz nach dem Ku'damm-Urteil des Landgerichts Berlin bei einem Wettrennen in Berlin-Kreuzberg ebenfalls einen Unfall mit hohem Sachschaden verursachten, der Gott sei Dank kein Menschenleben kostete.

Quellen

Berliner Morgenpost vom 24.08.2016
Berliner Zeitung vom 26.01.2017
Der Tagesspiegel vom 27.02., 05.07.2017
Die Zeit vom 28.02.2017 (Gastbeitrag von Tonio Walter)
Welt am Sonntag vom 26.02.2017
rbb online vom 08.09.2016, http://www.rbb-online.de/panorama/beitrag/2016/09/warum-mord-kudamm-raser-kurfuerstendamm-prozess-.html (abgerufen am 26.09.2016)
Landgericht Berlin, Urteil vom 27.02.2017, Az: (535 Ks) 251 Js 52/16 (8/16)
Bundesgerichtshof, Mitteilung der Pressestelle Nr. 045/2018 vom 01.03.2018

Jonny K.

Im Oktober 2012 erschütterte Berlin ein Gewaltverbrechen wie noch kaum eines zuvor. Der 20-jährige Jonny K., Sohn einer Thailänderin und eines Berliners, starb, nachdem er am Berliner Alexanderplatz von einer Gruppe Jugendlicher massiv geprügelt worden war. Das Rote Rathaus, Dienstsitz des Regierenden Bürgermeisters, der zu diesem Zeitpunkt Klaus Wowereit hieß, war nur gut 200 Meter vom Tatort entfernt.

Jonny, der noch bei seinen Eltern in Spandau lebte und gerade dabei war, sein Fachabitur zu machen, starb an Blutungen im Gehirn. Nachdem sich seine Angehörigen von ihm verabschiedet hatten, wurden die lebenserhaltenden Maschinen abgeschaltet. Die Ärzte waren zur Auffassung gekommen, dass dem jungen Mann nicht mehr zu helfen war.

Wieder einmal wurde das Thema jugendliche Gewalt heftig und sehr erregt diskutiert. Die *Berliner Zeitung* schrieb am 15. Oktober unter der Überschrift „Mord am Alexanderplatz": „Der am Wochenende am Alexanderplatz in Berlin zusammengeschlagene 20-Jährige ist tot. Die Maschinen, die den Mann im Krankenhaus am Leben hielten, wurden abgeschaltet. Von den Tätern fehlt weiterhin jede Spur." Doch was war zuvor geschehen?

Jonny K. war am Abend des 13. Oktober 2012 mit Freunden feiern, wie es junge Leute vor allem am Wochenende so zu tun pflegen. Es galt, den Geburtstag zweier gemeinsamer Freunde zu begehen. Die Feier fand am Alexanderplatz in einem unterhalb des Fernsehturms gelegenen Lokal statt. Sturztrunk war anscheinend angesagt, denn die Freunde tranken so viel, dass sie letztendlich aus dem Lokal geworfen wurden. Einer von ihnen hatte sich in den Räumlichkeiten übergeben. Man beschloss daher, den besoffenen Kumpel in ein Taxi nach Hause zu setzen. Es wurde auch Zeit, denn es war schon fast 4.00 Uhr morgens. Ihr Gefährte war sogar so betrunken, dass er nicht mehr gehen konnte. Gerhardt C., wohl der Stärkste aus der Truppe, schleppte ihn daraufhin huckepack aus dem Lokal. Ein weiterer Begleiter machte sich auf den Weg, um ein Taxi zu besorgen. Nachdem ihm sein betrunkener Freund zu schwer geworden war und er ihn auf einem Stuhl vor einem bereits geschlossenen Café absetzen wollte, schien genau dies offensichtlich eine andere Gruppe von sechs jungen Männern zu provozieren, die zuvor in der Nähe eine andere Party besucht hatten und auch auf dem Heimweg waren. Einer von ihnen machte sich einen Spaß daraus, dem Volltrunkenen den Stuhl wegzuziehen, sodass er hilflos am Boden lag. Als Jonny seinem Freund helfen wollte, wurde er brutal zusammengeschlagen und getreten, bis er bewusstlos war. Die Situation war in weniger als einer Minute eskaliert, dann lag Jonny im Koma. Den Ermittlungen zufolge standen die Täter in einem Kreis um ihr am Boden liegendes Opfer und traktierten es mit Tritten. Auch Jonnys 29-jähriger Freund Gerhardt C. wurde von der Tätergruppe verprügelt und erlitt, nach mindestens zehn Boxhieben ins Gesicht, einen Bruch des linken Jochbeins, des linken Augenhöhlenbodens und des linken Handwurzelknochens. Im *Spiegel* konnte es so gelesen werden: „Es kommt zum Gerangel zwischen Onur U. und Gerhard[t] C. Wie von Sinnen soll U., ein ehemaliger Amateurboxer, auf den anderen eingeprügelt haben. So heftig, dass sich noch heute alle daran erinnern können, wie sie durch die Menge schrien: ‚Onur, es reicht!', ‚Hör auf! Hör auf!' und ‚Willst du ihn umbringen?!' Gerhard[t] C. sei danach trotzdem wieder aufgestanden."

Jonny jedoch stand nicht wieder auf. Das Gericht sollte später in seinem Urteil feststellen: „Am Morgen des 14. Oktober 2012 gegen 4.00 Uhr kam es infolge von Gewalteinwirkungen aus der Gruppe der Angeklagten gegen den Kopf oder einen durch Gewalt verursachten Sturz mit dem Kopf auf das Straßenpflaster des zwanzig Jahre alt gewordenen Jonny K. zu massiven Subarachnoidalblutungen (Hirnblutungen) bei diesem. Am Morgen des 15. Oktober 2012 wurde um 9.57 Uhr sein Hirntod festgestellt."

Ein Motiv war nicht ersichtlich. Laut *Berliner Zeitung* sprachen die Fahnder von „reiner Mordlust". Von den Schlägern fehlte jede Spur, sodass von der Staatsanwaltschaft „aufgrund der Brutalität dieses Verbrechens auf öffentlichem Straßenland" eine Belohnung von bis zu 15 000 Euro für Hinweise auf die Täter ausgelobt wurde.

Die Öffentlichkeit war sehr empört, denn auch diesmal konnten sich viele vorstellen, selbst Opfer einer derart sinnlosen Gewalttat zu werden. Ähnlich war es zuletzt 2009 beim Fall Dominik Brunner in München gewesen. Auch da kochte die Volksseele und das Sicherheitsgefühl der Allgemeinheit war massiv beeinträchtigt. Wieder waren es brutale jugendliche Schläger! Früher hat es so etwas nicht gegeben! Es wird immer schlimmer. Diese und ähnliche Sätze konnte man in den Medien und in den Gesprächen der Menschen vernehmen. Die Öffentlichkeit, Medien und Politiker waren sich wieder mal einig, auch wenn die Kriminalitätsstatistiken diese Wahrnehmungen nicht bestätigten. Selbstverständlich wurden schärfere Gesetze gefordert und einige Politiker sonnten sich mit „Law and Order"-Forderungen in der medialen Öffentlichkeit. Wie immer, wenn etwas derart Unbegreifliches geschieht.

Die Polizei ermittelte fieberhaft, es gab Hinweise auf eine Gruppe Jugendlicher, die in einem nahe gelegenen Lokal gefeiert haben sollen. Dort fand die After-Show-Party eines in türkischen Kreisen bekannten Sängers statt. Die Polizei wertete Fotos aus, die dort von dem Event für eine Zeitschrift gemacht wurden. Schon fünf Tage später war ein gewisser Onur U. mehr als verdächtig. Sein Name war bei Vernehmungen öfters gefallen. Onur U. war früher ein talentierter Boxer gewesen und hatte einen bekannten Onkel, der es bei den Olympischen Spielen in Atlanta 1996 als Boxer sogar zu einer Silbermedaille für Deutschland gebracht hatte.

Onur war jedoch bereits in die Türkei abgehauen und hatte schleunigst sein Facebookprofil gelöscht, wie die Polizei feststellte. Wie die Polizei später ermittelte, hatten auch seine später festgenommenen Mittäter ihre Facebookprofile gelöscht und einige sogar ihre SIM-Karte weggeworfen. Man hatte sich offenbar abgesprochen. Aber das nützte nichts, denn ein

Mitwisser hatte geplaudert, was ein anderer zufällig in einem Friseurladen aufschnappte. Dieser wiederum ging mit seinem Wissen zur Polizei.

Nachdem von Jonnys Tod in den Zeitungen berichtet wurde, gab es viel Klatsch. Einige kannten die Täter, die sich anfangs noch mit ihrem „Kampf" gebrüstet hatten. Nun – nach der Todesmeldung – waren sie bestürzt und wussten nicht so recht weiter. Ein gemeinsamer Ratschlag der Väter der Beteiligten führte erst einmal nicht weiter. Nicht alle Väter waren dafür, dass sich ihre männlichen Nachkommen freiwillig der Polizei stellen sollten. Die Polizei suchte inzwischen weiter nach Onurs Mittätern. In abgehörten Telefonaten eines Intensivtäters fielen noch mehr Namen, und bereits am 23. Oktober 2012 nahm die Polizei in Berlin-Wedding den 19-jährigen Osman A. fest, der zu der sechsköpfigen Tätergruppe gehört haben soll. Am nächsten Tag schon berichtete die Presse über zwei weitere Festnahmen. Der Fahndungsdruck war offenbar zu groß geworden, denn die beiden Mittäter Memet E. (19) und Melih Y. (21) meldeten sich schon am Tag nach Osman A.s Festnahme in Begleitung ihrer Rechtsanwälte bei der Mordkommission in der Schöneberger Keithstraße. Hüseyin O. (21), ein weiterer Täter, stellte sich vier Wochen danach freiwillig der Polizei. Auch er hatte wohl die letztendliche Vergeblichkeit des Versteckspiels eingesehen. Auch die beiden Täter, die sich zwischendurch in die Türkei abgesetzt hatten und dort provokant einem *Bild*-Reporter Rede und Antwort gestanden hatten, stellten sich einige Monate später. Sie hatten mittlerweile ebenfalls die Aussichtslosigkeit ihrer Flucht eingesehen. Onur U. (19) und Bilal K. (24) kehrten im März bzw. April 2013 mehr oder weniger freiwillig zurück, nachdem sich sogar Bundeskanzlerin Merkel eingeschaltet und mit dem türkischen Ministerpräsidenten Erdogan über die Auslieferung verhandelt hatte. Da rechneten sie sich dann wohl doch keine Chance mehr aus, ungeschoren davon zu kommen.

Der *Tagesspiegel*, der die Gruppe als „fünf harmlose Typen und ein bekannter Schläger" charakterisierte, beschrieb die

Täter später folgendermaßen: „Sie alle sind in Berlin geboren und aufgewachsen, haben türkische und griechische Pässe, Onur U. auch einen deutschen: Sechs junge Männer, die noch bei ihren Eltern leben, sich gern gestylt in Bars amüsieren, dafür aber überwiegend auf Taschengeld angewiesen sind. Sie waren in der Schule angeblich nicht schlecht, danach aber fielen ihre Bemühungen um Beruf und Job eher gering aus." Als „harmlose" Typen wollte die Öffentlichkeit die Täter jedoch nicht sehen. Groß war die Wut! Dennoch: Intensivtäter war keiner von ihnen.

Osman A. und Bilal K. waren nicht vorbestraft und gingen einer Tätigkeit nach. Letzteres widersprach dem Bild, das sich die Öffentlichkeit und die Medien gemacht hatten. Bilal war als Fahrer bei DHL beschäftigt, während Osman eine Ausbildung zum Metallbauer machte, die er jedoch wegen des Verfahrens abbrechen musste. Auch Memet E. musste seine Ausbildung zum Industriemechaniker wegen des Verfahrens abbrechen. Zwar war er vorbestraft, allerdings lediglich wegen unerlaubten Entfernens vom Unfallort. Melih Y. hatte bei der Deutschen Bahn eine Ausbildung zur Fachkraft im Gastronomiegewerbe absolviert und war seitdem in verschiedenen Servicestores der Deutschen Bahn tätig. 2007 war er wegen Raubes zu achtzig Stunden Freizeitarbeit verurteilt worden. Er hatte dabei geholfen, zwei Mädchen „abzuziehen". Seitdem war er nicht mehr auffällig gewesen. Seine damalige Tat war wohl eher eine Jugendsünde. Lediglich Hüseyin O. hatte keinen Schulabschluss und lebte laut Gericht „beschäftigungs- und orientierungslos in den Tag hinein". Wegen einer Urkundenfälschung war er schon mal strafrechtlich aufgefallen. Sonst nicht. Also doch, „fünf harmlose Typen"? Nicht ganz, denn für andere Delikte gab es zumindest Verdachtsmomente.

Der laut *Tagesspiegel* „bekannte Schläger" Onur U. war zwischen 2005 und 2007 dreimal Berliner Meister in seiner Gewichtsklasse gewesen. Er wollte Profiboxer werden, verlor allerdings 2010 die Berliner Meisterschaft aufgrund eines Kapselrisses an der rechten Hand. Danach waren seine Karrierepläne gestorben und er entschloss sich, den Profiboxsport aufzugeben. Er begann eine Berufsausbildung zur Fachkraft Lager und Logistik bei der Bundeswehr, die er jedoch nach kurzer Zeit wieder abbrach. Seitdem jobbte er in verschiedenen geringfügigen Beschäftigungsverhältnissen. Onur war in den zwei Jahren vor der Tat viermal strafrechtlich aufgefallen, davon dreimal wegen Körperverletzung. Zuletzt war er im Juni 2012 zu einem Dauerarrest von zwei Wochen verurteilt worden. Er hatte einen Fahrradfahrer verprügelt, der ihm bei einer rasanten Autofahrt in die Quere kam. Als Auflage musste Onur an einem Anti-Gewalt-Seminar teilnehmen, was anscheinend nicht allzu viel gebracht hatte. Mit all den Vorstrafen war er der „perfekte" Täter. Ein gewaltbereiter jugendlicher Rowdy, der sich gerne prügelte.

War Onur U. auch der Alleinschuldige? Seine Mittäter sagten aus, dass er zwar den Streit angefangen, aber Jonny K. nicht geschlagen habe. Wie passte das zusammen? Onur U. hatte Gerhardt C. geschlagen, was er unumwunden zugab. Aber Jonny K.? Das bestritt er vehement! War Onur vielleicht doch nur der Sündenbock? Die Öffentlichkeit war sich jedenfalls sicher, dass er der Hauptschuldige war, und die Empörung war immer noch ausgesprochen groß.

Am Montag, dem 13. Mai 2013, kurz nach der Rückkehr der „Türkeiflüchtlinge", begann schließlich der Prozess vor der 9. Jugendstrafkammer des Berliner Landgerichts. Onur U. wies jegliche Schuld am Tod Jonnys von sich. Die Schlägerei mit Gerhardt leugnete er nicht. Der dreimalige Berliner Boxmeister hatte offensichtlich die Benimmregeln außerhalb des Boxrings nicht sonderlich verinnerlicht. Zumindest bei ihm war das Boxtraining, das vielfach als Therapie für aggressive Jugendliche gepriesen wird, wohl eher kontraproduktiv.

Zwar habe er einem anderen ins Gesicht geschlagen, als er nach der Party auf dem Weg nach Hause gewesen sei, sagte er aus und meinte damit die Schläge in Gerhardts Gesicht, aber das sei eben nicht Jonny gewesen. Er sei danach an einem jungen Mann vorbeigekommen, der dalag, als ob er schlief. Das müsse wohl Jonny gewesen sein. Damit habe er jedoch nichts zu tun. In die Türkei abgehauen sei er nur, weil er „Paranoia" gehabt habe. War es wirklich so gewesen? Die Zuschauer, Richter und Schöffen müssen die Aussage wohl als ziemlich durchsichtig empfunden haben. Seltsamerweise bestätigten jedoch auch die Mitangeklagten im Prozess diese Version – sie, die eigentlich ein Interesse daran hätten haben müssen, einen Schuldigen zu finden. Die Jugendlichen bezichtigten sich gegenseitig und zeigten keine Reue. Stattdessen war Feixen und Grinsen angesagt. Zuschauer des Prozesses empörten sich mitunter mit wütenden Zwischenrufen. Im *Spiegel* hieß es zu Prozessbeginn: „Ja, er habe ihm ins Gesicht geschlagen, räumt Hüseyin O. ein. ‚Ich schäme mich dafür.' Aber umgefallen sei Jonny K. nach einem Tritt von Bilal K., der habe dann sogar noch einmal nachgetreten, als das Opfer längst am Boden lag, behauptet Hüseyin O. Bilal K. habe auf Jonny K.s Kopf eingetreten, sagt auch Mehmet E. Er sei sich ganz sicher. Auch Osman A. will sich in diesem Punkt sicher sein: Mindestens zweimal, vielleicht sogar dreimal habe Bilal K. zugetreten. ‚Ich hatte Angst, dass das weiter eskaliert', so Osman A. Bilal K. streitet die Vorwürfe ab und belastet Melih Y. Dieser selbst gibt zwar zu, ‚ein einziges Mal' auf Jonny K. eingetreten zu haben, ‚aber nur auf das Schienbein'. Osman A. bestätigt diesen einmaligen Tritt."

Höhepunkt war die Aussage von Gerhardt C., dem anderen Opfer, der in der dreistündigen Befragung in Tränen ausbrach und sich Vorwürfe machte, dass er den kleinen Bruder seiner Freundin nicht beschützen konnte. Gerhardt war nicht nur ein enger Freund Jonnys, sondern auch seit inzwischen acht Jahren mit Jonnys älterer Schwester Tina liiert.

Gerhardt belastete Onur vor Gericht schwer. Als er mit seinem betrunkenen Freund wegen des weggezogenen Stuhls hingefallen war, soll Onur Jonny K., der sich empört einmischte, den ersten Schlag versetzt haben. Der *Spiegel* beschrieb es am 27. Mai 2013 so: „Gerhard[t] C. kämpft mit den Tränen und zeigt auf Onur U.: ‚Dieses Gesicht, der war's!' Gerhard[t] C.

ist sicher: Onur U. hat seinem Freund Jonny den ersten Schlag versetzt."

Problematisch war allerdings, dass Gerhardt zuvor bei der Vernehmung durch die Polizei davon gar nichts gesagt und dort vielmehr größere Erinnerungslücken hatte. Dementsprechend hellhörig wurde der Anwalt von Onur. Auch der Richter wunderte sich, weil die anderen Angeklagten alle etwas anderes ausgesagt hatten. Er befragte daraufhin Gerhardt genauer, aber der blieb bei seiner Aussage: „Es ist die Wahrheit, die reine Wahrheit und nichts als die Wahrheit", soll er gesagt haben, wie der *Spiegel* berichtete.

Auch die Tatsache, dass Osman sich selbst bezichtigte, als Erstes auf Jonny losgegangen zu sein, ließ Gerhardt nicht davon abbringen, seine Aussage zu wiederholen. Er sei bei der polizeilichen Vernehmung eben durcheinander gewesen und wollte dort nur alles so schnell wie möglich zu Ende bringen. Nun erinnere er sich, dass nach dem ersten Schlag durch Onur alle anderen auf Jonny losgegangen seien und diesen getreten und geschlagen hätten.

Laut gerichtsmedizinischem Gutachten hatte Jonny jedoch nur vier Verletzungen: am Hinterkopf, am Scheitel, an einer Augenbraue und an der Lippe. Jede der vier Kopfverletzungen konnte Auslöser für die Blutung im Gehirn gewesen sein, die letztendlich zum Tod führte, sagte der Rechtsmediziner laut *Spiegel*. Er sei allerdings nach der medialen Fallberichterstattung überrascht gewesen, wie unversehrt Jonnys Leichnam gewesen war, denn normalerweise sähen die Opfer nach solchen Prügelattacken, wie sie in der Presse beschrieben worden seien, „meist schlimmer" aus.

Der Richter bemerkte folgerichtig, dass es schwer auseinanderzuhalten sei, was für Gerhardt C. Erinnerung sei und was Rekonstruktion. Es schien so, dass sich Gelesenes und Erinnertes bei seiner Aussage vermischten. Schließlich wurde tagtäglich ausführlich und nicht immer auch sachlich in der Presse und im Fernsehen von der Tat berichtet. Umso überraschender war später, dass das Urteil der Aussage von Gerhardt C. folgte: „In diesem Moment trat der Angeklagte Onur U. an den Zeugen Conrad heran (...) um (...) zu provozieren. (...) Jonny K. trat mit dem Ausruf ‚Hey' (...) an den Angeklagten Onur U. heran und griff mit der rechten Hand nach dessen Schulter. Spätestens jetzt entschloss der Angeklagte U. sich, die beiden zuvor provozierten Personen anzugreifen, und versetzte Jonny K. für diesen unerwartet mit der rechten Faust mit Verletzungsabsicht einen wuchtigen Schlag in das Gesicht, wobei er als ausgebildeter Boxer, der von seinen Trainern gewarnt worden war, sich nicht außerhalb des Boxringes zu schlagen, hätte erkennen können, dass ein einziger Faustschlag in das Gesicht einer anderen Person zu schwerwiegenden und eventuell tödlichen Verletzungen führen kann. Es lässt sich nicht ausschließen, dass bereits dieser Faustschlag todesursächlich war, wobei die Kammer aber insoweit zu Gunsten des Angeklagten Onur U. davon ausgeht, dass der Faustschlag und die hierdurch verursachte Verletzung noch nicht zu der späteren Hirnblutung geführt hat."

Die Stimmung war aufgeladen in Saal 700 des Landgerichts in der Turmstraße in Berlin-Moabit. Der Richter hatte immer wieder empörte Zwischenrufe zu moderieren. Die meisten Zuschauer waren unter dreißig Jahre alt, darunter viele Freunde der Opfer, aber auch Freunde der Angeklagten. Einem der Schöffen platzte ob der aufgeladenen Stimmung schon am vierten Verhandlungstag der Kragen, als er einem aussageunwilligen Zeugen vorwarf: „Sind Sie zu feige, eine Aussage zu machen, oder wollen Sie das Gericht verarschen?" Schon das hatte einen umgehenden Befangenheitsantrag zur Folge. Als derselbe Schöffe kurz danach einem Berliner Boulevardblatt ein Interview gab, was Schöffen während eines laufenden Verfahrens strikt untersagt ist, war der Prozess erst mal geplatzt. Seine Befangenheit gegenüber den Angeklagten war nun mehr als deutlich geworden. Der entsprechende Zeitungsartikel war pünktlich zum fünften Prozesstag in der Montagsausgabe erschienen. Dem sichtlich konsternierten Richter, der nicht nur den Schöffen, sondern auch das Boulevardblatt kritisierte, blieb nichts anderes übrig, als den Schöffen zu entlassen. Da kein Ersatzschöffe bestellt war, mussten neue Laienrichter eingesetzt werden. Die Verhandlung wurde abgebrochen, sodass die vier vorhergehenden Verhandlungstage wertlos waren. Schöffen wie Richter müssen die komplette Beweisaufnahme miterleben, sonst wäre das Urteil anfechtbar gewesen. Also alles wieder auf Anfang.

Osman A., Hüseyin O. und Melih Y. wurden vorerst aus der Untersuchungshaft entlassen. Memet E. war schon zuvor auf freien Fuß gesetzt worden, nachdem er umfassend ausgesagt hatte. Nur Bilal K. und Onur U. blieben in U-Haft, weil weiterhin Fluchtgefahr bestand. Immerhin waren sie ja schon mal in die Türkei ausgebüxt. Am 6. Juni 2013 begann der Prozess nochmals, mit vier neuen Laienrichtern – wovon diesmal zwei Schöffen sicherheitshalber als Ergänzung vorgesehen waren, falls es erneut zu einem Vorfall wie mit dem abberufenen Schöffen gekommen wäre. Die Zeugen der ersten vier Prozesstage mussten erneut aussagen.

Das Gericht kam nach allen Zeugenaussagen zu dem Schluss, dass erst, nachdem Onur zugeschlagen hatte, alle anderen sich an der Schlägerei beteiligten. Das Gericht urteilte: „Im Verlauf dieses Angriffs, dessen Einzelheiten sich in der Hauptverhandlung nicht sicher aufklären ließen, (...) stürzte Jonny K., ohne sich dabei noch abstützen zu können, zu Boden, schlug mit dem Kopf auf dem Straßenpflaster auf und blieb dort regungslos liegen. Auf dem Boden liegend, ohne sich wehren oder auch nur schützen zu können, wurde er aus der Gruppe der Angeklagten, ohne dass die Anzahl und Identität der jeweils aktiv Tätigen im einzelnen feststellbar war, wobei die Kammer jedoch insoweit von mehr als zwei Personen ausgeht, im wechselseitigen Einverständnis aller Angeklagter mit Verletzungsabsicht mehrfach wahrscheinlich auch gegen den Körper, jedenfalls aber mindestens zweimal gegen den Kopf getreten."

Laut den im Prozess tätigen Sachverständigen war nicht endgültig festzustellen, ob ein Tritt, ein Schlag oder der Sturz todesursächlich gewesen war. Anzeichen für andere Ursachen der Hirnblutung, wie ein Aneurysma, eine Fehlbildung oder ein

Tumor, konnten jedenfalls ausgeschlossen werden. Weil bei der Obduktion keine Frakturen und zerrissenen Nervenfasern im Hirnmantel gefunden wurden, war ein Sturz allerdings als die unwahrscheinlichste Todesursache anzusehen. Wahrscheinlicher war, dass ein Tritt oder ein Schlag zum Tod Jonnys geführt hatte. Das Gericht führte weiter aus, dass alle Angeklagten hätten erkennen können, dass die Schläge und Tritte gegen Jonnys Kopf lebensgefährlich waren. Jedem von ihnen hätte klar sein müssen, dass Jonny dabei hätte sterben können, was ja tragischerweise auch geschah. So viel Alkohol hatten sie jedenfalls nicht getrunken, als dass dies eine entschuldigende Wirkung gehabt hätte.

Nachdem mehrere Passanten auf die Schlägerei aufmerksam geworden waren und in Richtung des Tatorts liefen, entfernten sich die sechs jungen Männer schnell, aber nicht rennend, vom Tatort in Richtung U-Bahnhof Alexanderplatz, von wo sie mit der U-Bahn der Linie 8 nach Hause in den Wedding fuhren. Einer von ihnen rief laut Gericht noch drohend: „Uns fickt keiner." Um den am Boden liegenden Jonny kümmerte sich keiner von den Schlägern. Im Gegenteil, Onur U. wurde von seinen Kumpels mit den Worten „Krass, hast du gut gemacht" gelobt, sagten später Zeugen aus. Nachdem Polizei, Krankenwagen und Notarzt bereits wenige Minuten nach der Tat am Tatort eingetroffen waren, wurde Jonny K. reanimiert und in ein Klinikum gebracht. Leider ohne Erfolg. Er erlangte das Bewusstsein nicht wieder. Sein Tod wurde offiziell am 15. Oktober vormittags beurkundet.

Wie bereits beschrieben, ging das Gericht davon aus, dass Onur U. der Erste war, der zugeschlagen hatte. Es folgte damit der Aussage des Hauptbelastungszeugen, die durchaus widersprüchlich gewesen war. Die gegenteiligen Aussagen der fünf Mittäter wurden nicht berücksichtigt. Dies mutet in der Tat seltsam an. Das Gericht führte zum Tatgeschehen weiter aus: „Der Angeklagte U. versetzte entsprechend seinem Entschluss, sowohl Jonny K. als auch Gerhardt C. anzugreifen, diesem zunächst mindestens einen massiven Faustschlag in das Gesicht. Diesen massiven Schlag billigend und entsprechend dem Tatentschluss, die Gruppe um den Betrunkenen ebenfalls anzugreifen und zu verletzen, versetzte dann der Angeklagte O. dem Geschädigten C. ebenfalls einen kräftigen Schlag mit der Faust in das Gesicht. Der Zeuge C. ging im Verlauf dieser Tätlichkeiten zu Boden, wo ihm dann auch der Angeklagte E. im wechselseitigen Einverständnis mit den übrigen Mitangeklagten und entsprechend dem Tatentschluss, die Gruppe um den Betrunkenen anzugreifen und zu verletzen, einen Fußtritt gegen den Körper versetzte. Dem auf dem Boden liegenden C. versetzte der Angeklagte U. im wechselseitigen Einverständnis mit seinen Mittätern mit Verletzungsabsicht dann noch mindestens zehn Faustschläge abwechselnd mit der rechten und linken Faust in das Gesicht, wobei der Zeuge C. sich, zusammengekrümmt auf dem Boden liegend, mit vorgehaltenen Armen zu schützen versuchte."

Den Streit hatte Onur U. augenscheinlich vom Zaun gebrochen, aber hatte er wirklich bei Jonny K. gleich zugeschlagen? Eigentlich hätte man durchaus Zweifel haben können, ob Onur den ersten Schlag ausgeführt hatte. Zumindest wenn man den ehernen strafrechtlichen Grundsatz in dubio pro reo ernst nimmt. Man fragt sich unwillkürlich, ob das Gericht nicht auch nun „im Zweifelsfall für den Angeklagten" hätte entscheiden müssen. Dies tat das Gericht allerdings nicht! Es muss sich also diesbezüglich absolut sicher gewesen sein. Dem war auch so. Für das Gericht war Onur U. zweifelsohne derjenige, der Jonny K. geschlagen hatte. Er passte ja auch gut ins Gesamtbild von mit Testosteron vollgepumpten südländischen Schlägern, das sich die Öffentlichkeit von den Tätern machte. Onur dagegen sagte vor Gericht aus, dass er die anderen überreden wollte, mit ihm in einen Club am Treptower Park zu gehen, da dort mehr Mädchen seien: „Er habe die drei Cousins [Hüseyin, Osman und Memet, E. R.] gefragt, ‚Wollt Ihr wissen, ob mit den Mädchen am Treptower Park was läuft? Da sind deutsche Mädchen!' Während er dies gesagt habe, sei er zu dem dunkelhäutigen Typen gelaufen, der gerade die andere

Person auf dem Stuhl abgesetzt habe. Er habe den Stuhl an der Rückenlehne angefasst und den drei Cousins zugerufen: ‚Wisst Ihr, wie die deutschen Mädchen da tanzen? Da braucht Ihr nur zu sitzen und dann kommen die Mädchen von allein und tanzen Euch so an.' Dabei habe er gekreischt wie ein (deutsches) Mädchen und habe die Hüften gekreist. Er habe dabei den Stuhl nicht weggezogen und es sei auch niemand zu Boden gegangen. Der dunkelhäutige Junge habe mitbekommen, was er da ‚abgezogen' habe, habe das Ganze wohl als Beleidigung für sich oder seinen Freund aufgefasst und ihn – den Angeklagten – dann so heftig vor die Brust gestoßen, dass er ins Stolpern gekommen sei. Dabei habe er geäußert ‚Ey verpiss dich' oder ‚Ey, lass den.' In diesem Moment habe schon Hüseyin dem Dunkelhäutigen einen Schlag ins Gesicht versetzt. Er selbst habe dann Hüseyin weggezogen, um selbst auf den Dunkelhäutigen losgehen zu können. (...) Er sei dann irgendwie von dem Jungen weggezogen worden. Als er wieder gestanden habe, hätten die drei Cousins um ihn herum gestanden. Sie seien dann gemeinsam zum Bahnhof gegangen. Auf dem Weg dorthin habe er einen weiteren Jungen, von dem er heute wisse, dass es sich um Jonny K. gehandelt habe, wahrgenommen, der auf dem Boden gelegen und ausgesehen habe, als ob er schliefe. Den habe er mit der Schlägerei nicht in Zusammenhang gebracht. Diesen Jungen habe er zuvor überhaupt nicht wahrgenommen."

Der Richter glaubte diese nach seiner Meinung „befremdliche Geschichte" nicht. Er war sich sicher, dass Onur nur provozieren wollte und daher den Stuhl wegzog. Nachvollziehbar! Seine Version des Geschehens klang wirklich etwas „an den Haaren herbeigezogen". Memet hatte ausgesagt, dass Onur zu keinem Zeitpunkt auf Jonny losgegangen sei. Onur habe Gerhardt auf den Boden geworfen und dort richtig auf ihn eingeschlagen. Er selbst und Hüseyin hätten Onur dann zurückgezogen. Anschließend habe er sich umgesehen und bemerkt, dass eine weitere Person, nämlich Jonny, am Boden gelegen habe, diese Person sei dann noch von Bilal gegen den Kopf getreten worden. Osman hatte ebenfalls ausgesagt, dass Onur das spätere Todesopfer nicht geschlagen habe. Er räumte aber ein, dass er selbst Jonny an den linken Oberschenkel getreten habe. Melih habe das ebenfalls getan und ihn im Hüftbereich getroffen. Wenig später habe Jonny am Boden gelegen und Bilal habe Jonny zwei- bis dreimal in Richtung Oberkörper getreten und dabei möglicherweise auch am Kopf getroffen. Melih wiederum hatte Osmans Schläge gegen Jonny gesehen. Onur habe er nur im Kampf mit Gerhardt gesehen. Hüseyin hatte Onur auch nur dabei gesehen, wie er sich mit Gerhardt schlug. Er sah Melihs Tritte gegen Jonny und Bilal, der Jonny vor die Brust getreten habe, woraufhin dieser zu Boden gegangen und mit dem Kopf auf das Straßenpflaster geprallt sei, ohne sich vorher noch abstützen zu können. Bilal gab zu, Jonny gegen den Oberschenkel getreten zu haben. Melih habe ihm dann einen Tritt verpasst.

Soweit die Aussagen der Täter, die recht plausibel klangen. Osman, Bilal und Melih hatten Jonny verprügelt, die anderen drei waren mit Gerhardt beschäftigt. Warum sollten die Angeklagten lügen, Onur ent- und sich selbst belasten?

Wie erwähnt, sah es das Gericht anders. Es glaubte den Angeklagten nur bedingt und urteilte: „Die von diesen Einlassungen abweichenden Feststellungen zum Tatbeginn und der Rolle des Angeklagten Onur U. und die weitere Feststellung, dass Jonny K. zuletzt reglos am Boden liegend von mehreren der Angeklagten mehrfach, zumindest zweimal gegen den Kopf und eventuell auch gegen den Körper getreten wurde, beruhen im Wesentlichen auf den insoweit glaubhaften Bekundungen des Zeugen Gerhardt C. und den mit diesen Angaben übereinstimmenden glaubhaften Aussagen der Zeugen."

Zwar war sich das Gericht tatsächlich des Grundsatzes in dubio pro reo bewusst und sah durchaus die Problematik, die darin bestand, dass der Hauptbelastungszeuge anders als in seinen polizeilichen Vernehmungen und auch in der ausgesetzten Hauptverhandlung nun auf einmal den Angeklagten einzelne aktive Tatbeiträge zuordnen konnte. Vorher hatte er sie auf Bildern nicht erkennen können. Nun war er sich sicher, dass der später in der *Bild* abgebildete Onur der Haupttäter gewesen sei, der Jonny den ersten Schlag versetzt habe. Gerhardt C. behauptete nun, sich inzwischen erinnern zu können. Erst habe Onur, dann Melih zugeschlagen, „und als Jonny am Boden gelegen habe, hätten die Angeklagten Hüseyin O., Melih Y. und Memet E. am Kopf gestanden, der Angeklagte Hüseyin O. habe den bereits beschriebenen Fußballtritt gegeben, der Angeklagte Melih Y. habe gestampft und einer habe einen Sprung auf Beinhöhe gemacht, wobei er sich erinnern könne, dass auf dieser Höhe die Angeklagten Osman A. und Bilal K. gestanden hätten. Auch der Angeklagte Onur U. sei irgendwie am Kopf von Jonny gewesen."

Erstaunlich, wie konkret Gerhardt C. sich nun erinnern konnte. Im Urteil hieß es dazu: „Die Kammer verkennt nicht, dass trotz dieser für die Glaubhaftigkeit der Schilderungen des Zeugen C. zum Tatbeginn sprechenden Umstände an seine Bekundungen angesichts der zum weiteren Tatgeschehen inkonstanten und wechselnden Aussagen (…) hinsichtlich ihres Beweiswerts erhöhte Anforderungen zu stellen sind. Isoliert betrachtet könnte ihnen trotz ihrer Glaubhaftigkeit insoweit nicht mit der für eine Verurteilung erforderlichen Sicherheit gefolgt werden." Ist dies doch ein Rückzieher des Gerichts? Weit gefehlt, denn sofort folgt der entscheidende Satz: „Entscheidend ist jedoch, dass diese Angaben des Zeugen C. in wesentlichen Teilen durch die Bekundungen der Zeugen (…) bestätigt werden, sodass die Kammer ihnen in Verbindung mit diesen Aussagen im Umfang der getroffenen Feststellungen mit der für eine Verurteilung erforderlichen Sicherheit gefolgt ist und sie zur Grundlage ihrer Feststellungen gemacht hat."

Es gab also noch andere Zeugen, die etwas gesehen hatten. Dabei handelte es sich um drei junge Männer, die ebenfalls auf der Party waren. Der erste Zeuge hatte bei einer polizeilichen Vernehmung angegeben, er habe aus einer Entfernung von etwa dreißig Metern beobachtet, dass ein junger Mann von einer Person aus einer Gruppe von sechs bis sieben Personen unvermittelt einen Boxschlag ins Gesicht versetzt bekommen habe. Nach dem Schlag habe diese Person dann auf dem Boden gelegen und sei dort mehrmals von etwa vier Personen getreten und auch noch geschlagen worden. Nur wollte dieser Zeuge seine Beobachtung vor Gericht nicht mehr bestätigen, er berief sich auf Erinnerungslücken. Das Gericht behalf sich daher eines Kunstgriffs und lud den Polizeibeamten vor, der den Zeugen während der Ermittlungen vernommen hatte. Der zweite Zeuge hatte wegen seiner Kurzsichtigkeit viele Einzelheiten nicht mitbekommen, aber dennoch aus derselben Entfernung beobachten können, dass eine Person, die zuvor – am Boden liegend – geschlagen und von mehreren Personen getreten worden sei, am Ende nicht wieder aufgestanden war. Der dritte Zeuge hatte aus einer Entfernung von fünfzig bis hundert Metern beobachten können, wie mehrere Personen auf eine am Boden liegende Person eingetreten haben. Für das Gericht hieß das, dass die Angeklagten durchaus mehr gemacht haben konnten, als sie zugegeben hatten.

Ob Onur U. den ersten Schlag wirklich ausgeführt hatte, bewies das jedoch eigentlich noch nicht. Gerhardt C. hatte im Ermittlungsverfahren auf Fotos keinen der Angeklagten erkannt. Nun behauptete er, dass er Onur U. auf einem Bild auf der Titelseite der *Bild* als den „Haupttäter" wiedererkannt hatte. Das Gericht daher weiter: „An der Identität des Angeklagten Onur U. als diesem ersten Täter bestehen auch angesichts der kritisch zu bewertenden Angaben des Zeugen C. (…) keine Zweifel. (…) Es ist insoweit auch unerheblich, dass der Zeuge C. bekundet hat, der erste Täter habe ein gelbliches oder rosafarbenes Hemd getragen, obwohl die Kammer es (…) als erwiesen ansieht, dass er zur Tatzeit eine schwarze Lederjacke und darunter ein weißes T-Shirt trug." Ein klein wenig kann man sich da schon wundern.

Laut Gericht mussten das Wegziehen des Stuhles und der erste Faustschlag gegen Jonny (der nur von Onur gekommen sein konnte) unmittelbar zusammenhängen. Wie ein Mantra wurde daher im Urteil wiederholt: „Der nun folgende Faustschlag des Angeklagten Onur U. kam für die übrigen Angeklagten zur Überzeugung der Kammer zwar unerwartet, war aber

Auslöser für den nun konkludent von allen gefassten Entschluss, sich an der von Onur U. provozierten und begonnenen körperlichen Auseinandersetzung in Billigung dieses Faustschlages gleichzeitig oder jeweils nacheinander zu beteiligen. (...) Der Faustschlag ist zur Überzeugung der Kammer bewiesen und es sind keine Anhaltspunkte dafür ersichtlich, dass ein anderes Geschehen Anlass dafür gewesen sein könnte, dass sofort und gemeinsam (nach diesem Faustschlag) gleichzeitig oder nacheinander innerhalb weniger Sekunden und aufgrund eines einheitlichen Geschehens zunächst auf den später Verstorbenen und dann auf den Zeugen C. eingewirkt wurde, zumal die Angeklagten Melih Y., Bilal K. und Osman A. auch keinerlei nachvollziehbare andere Erklärung dafür abgegeben haben, warum sie Jonny K. überhaupt angegriffen haben."

Das Gericht, dass sich seiner Sache in Bezug auf Onur so sicher war, schloss mithilfe des Sachverständigen zudem nicht aus, „dass bereits dieser Schlag der Auslöser für dessen Hirnblutung und damit den Tod Jonny K.s war. Hierbei konnte er als ausgebildeter Boxer, der – wie er selbst eingeräumt hat – von seinen Trainern gewarnt worden war, sich nicht außerhalb des Boxringes zu schlagen, erkennen, dass ein einziger Faustschlag in das Gesicht einer anderen Person zu schwerwiegenden Verletzungen und zu dessen Tod führen kann." Erst nach diesem Faustschlag beteiligten sich die anderen Täter an der Auseinandersetzung.

Die Tatbeteiligung jedes Einzelnen war zweifelsfrei, jedoch nicht mehr aufzuklären, da die drei Zeugen aus der Entfernung keine Angaben machen konnten, wer wann zugeschlagen oder zugetreten hatte. Da das Gericht Gerhardt C. – zumindest diesbezüglich – aufgrund seiner vorhergehenden Widersprüche in seinen Aussagen auch nicht zweifelsfrei folgen konnte, wurden daher nur jeweils die Tatbeiträge in das Urteil einbezogen, die die einzelnen Täter selbst zugegeben hatten. Osman, Bilal und Melih wollten dem noch stehenden Jonny jeweils einen Tritt gegen den Oberschenkel bzw. Hüftbereich versetzt haben. Hüseyin und Memet hatten zugegeben, zumindest Gerhardt geschlagen beziehungsweise getreten zu haben. Das sah der Staatsanwalt genauso. Auch er meinte, dass eine Körperverletzung mit Todesfolge (§ 227 StGB) nur Onur nachgewiesen werden konnte, und forderte fünfeinhalb Jahre Haft. Die Mitangeklagten seien lediglich wegen gefährlicher Körperverletzung sowie Beteiligung an einer Schlägerei zu bestrafen. Der Staatsanwalt forderte daher drei Jahre Haft für Melih, je zwei Jahre und acht Monate für Hüseyin und Osman und zweieinhalb Jahre für Memet.

Der Bundesgerichtshof hatte schon 2009 entschieden, dass ein Täter auch dann gemäß § 227 StGB bestraft werden kann, wenn er die letztlich zum Tode führende Verletzungshandlung möglicherweise gar nicht selbst ausgeführt hat, denn: „Wegen gemeinschaftlicher Körperverletzung kann für deren Todesfolge, die ein anderer unmittelbar herbeigeführt hat, auch derjenige bestraft werden, der die Verletzung nicht mit eigener Hand ausführt, jedoch aufgrund eines gemeinschaftlichen Tatentschlusses mit dem Willen zur Tatherrschaft zum Verletzungserfolg beiträgt, sofern die Handlung des anderen im Rahmen des beiderseitigen ausdrücklichen oder stillschweigenden Einverständnisses lag und dem Täter hinsichtlich des Erfolges Fahrlässigkeit zur Last fällt." Soll heißen, Onur hat zumindest Jonnys Tod mit verursacht, weil er die Prügelei angezettelt hatte und er schon da die möglichen Folgen hätte absehen können. Somit hatte er zumindest fahrlässig gehandelt, also „die im Verkehr erforderliche Sorgfalt pflichtwidrig vernachlässigt", wie es im Juristendeutsch heißt. Gerade als Boxer hätte er das Verletzungspotenzial von Schlägen auf den Kopf bedenken müssen. Das konnte man so sehen und die Staatsanwaltschaft sah es auch so.

Onurs Verteidiger sah das freilich anders. Er war entsetzt, dass den widersprüchlichen Aussagen des Hauptbelastungszeugen Glauben geschenkt wurde. Nach seiner Auffassung hätte in dubio pro reo gelten müssen, also im Zweifel für den Angeklagten Onur U. Wie es im *Spiegel* hieß, drückte er sich folgendermaßen aus: „,Warum sollten die Mitangeklagten nicht den einfachen Weg gehen und Onur U. beschuldigen?‘, rief W. und schob die Antwort prompt nach: ‚Weil es so nicht war.‘ Onur U. habe von einer Auseinandersetzung mit Jonny nichts mitbekommen und erst recht nicht daran mitgewirkt.“ Er forderte daher Bewährung für Onur. Dasselbe verlangten auch seine Verteidigerkollegen für ihre jeweiligen Mandanten. Das Gericht gab diesen Forderungen jedoch nicht nach. Man sah es genauso wie der Staatsanwalt: „Nach den getroffenen Feststellungen hat sich der Angeklagte Onur U. der Körperverletzung mit Todesfolge gemäß §§ 223, 227 Abs. 1 StGB in Tateinheit mit einer Beteiligung an einer Schlägerei gemäß § 231 Abs. 1 StGB (zum Nachteil des Verstorbenen Jonny K.) in Tateinheit mit gemeinschaftlicher gefährlicher Körperverletzung gemäß §§ 223, 224 Abs. 1 Nr. 4 und 5, 25 Abs. 2, 52 StGB mit anderen Beteiligten gemeinschaftlich und mittels einer das Leben gefährdenden Behandlung (zum Nachteil des Geschädigten C.) schuldig gemacht. Er hat dem später verstorbenen Jonny K., in der Absicht, ihn zu verletzen, zumindest einen Faustschlag in das Gesicht versetzt.“

Zugunsten von Onur U. ging die Kammer allerdings davon aus, dass er die Verletzung, die ursächlich für den Tod Jonnys war, nicht eigenhändig verursacht hatte, was seiner Strafbarkeit nach § 227 StGB jedoch – aus den genannten Gründen – nicht entgegenstand. Dem Angeklagten waren auch sämtliche Verletzungen, die seine Kumpels verursacht hatten, zuzurechnen. Eine dieser Verletzungen war letztlich die Ursache für Jonnys Tod.

Die Angeklagten Melih, Bilal, Memet, Osman und Hüseyin wurden lediglich der gemeinschaftlichen gefährlichen Körperverletzung in Tateinheit mit einer Beteiligung an einer Schlägerei nach §§ 223 Abs. 1, 224 Abs. 1 Nr. 4 und 5, 231 Abs. 1, 25 Abs. 2, 52 StGB schuldig gesprochen. Ihnen konnten ja nur die Taten nachgewiesen werden, die sie selbst zugegeben hatten. Sie kamen glimpflich davon, da laut Gericht schon der erste Faustschlag von Onur, den das Gericht als bewiesen ansah, der tödliche Schlag gewesen sein könnte. Dieser Faustschlag war den Mittätern nicht zuzurechnen, da er selbst für sie überraschend kam. Hier galt in dubio pro reo für die fünf jungen Schläger. Eine aufgrund des genossenen Alkohols schuldmindernde fehlende Einsichts- und Steuerungsfähigkeit billigte das Gericht allen sechs Angeklagten nicht zu. Nach § 105 des Jugendgerichtsgesetzes (JGG) kann das Jugendstrafrecht auch auf unter 21-Jährige angewandt werden, wenn die Täter zur Zeit der Tat nach ihrer sittlichen und geistigen Entwicklung noch Jugendlichen gleichstehen. Meist verfahren die Gerichte so – wie auch hier. Beim 19-jährigen Onur wurden derartige Entwicklungsdefizite nicht ausgeschlossen, sodass er unter das Jugendstrafrecht fiel. Strafverschärfend kam jedoch hinzu, dass er einschlägig vorbestraft und Initiator der Tat war. Außerdem hätte ihm als ausgebildetem Boxer die besondere Gefährlichkeit seines Handelns bewusst sein müssen. Auch auf den gleichaltrigen Memet und Osman, der kurz nach der Tat 19 geworden war, wurden die Vorschriften des Jugendstrafrechts angewendet. Bewährung kam wegen der Schwere der Schuld jedoch auch bei ihnen nicht in Betracht. Melih, Bilal und Hüseyin hatten bereits das 21. Lebensjahr überschritten, sodass § 105 JGG für sie nicht mehr in Betracht kam.

Unter der Überschrift „Mischung aus Dummheit, Arroganz, Unverschämtheit und Aggressivität" berichteten die Gerichtsreporterinnen des *Tagesspiegels* vom Schlusswort des Vorsitzenden Richters bei der Urteilsverkündung: „Der damals 19-jährige Onur U. habe das Geschehen in der Nacht zum 14. Oktober 2012 am Alexanderplatz ausgelöst. ‚Aus einer Mischung aus Dummheit, Arroganz, Unverschämtheit und Aggressivität', sagte der Vorsitzende Richter (…). In der Folge habe sich eine Tragödie abgespielt, ‚bei der ein hilfsbereiter junger Mann ohne Anlass sein Leben verlor'. Der gelernte Boxer U. habe Jonny K. den ersten Faustschlag versetzt. Das sei für die anderen Angeklagten überraschend gewesen. Dennoch hätten sie anschließend ‚bedenkenlos mitgemacht'. ‚Alles, was danach passierte, ist allen zuzuordnen.'"

Das Urteil vom 15. August 2013 lautete daher wie folgt: „Der Angeklagte U. ist der Körperverletzung mit Todesfolge in Tateinheit mit gefährlicher Körperverletzung und mit Beteiligung an einer Schlägerei schuldig. Die Angeklagten A., Y., O., E. und K. sind jeweils der gefährlichen Körperverletzung in Tateinheit mit Beteiligung an einer Schlägerei schuldig. Der Angeklagte U. wird zu einer Jugendstrafe von vier (4) Jahren und sechs (6) Monaten verurteilt. Die Angeklagten Y., O. und K. werden jeweils zu einer Freiheitsstrafe von zwei (2) Jahren und acht (8) Monaten verurteilt. Die Angeklagten A. und E. werden jeweils zu einer Jugendstrafe von zwei (2) Jahren und drei (3) Monaten verurteilt."

Nach der Urteilsverkündung schrieb ebenfalls der Berliner *Tagesspiegel*: „Onur U. macht nicht den Eindruck, als treffe ihn der Schuldspruch. Entspannt zurückgelehnt sitzt er während der dreiviertelstündigen Urteilsbegründung im großen Saal 700. Er trägt ein weißes Hemd mit offenem Kragen und eine auffällige weiße Armbanduhr. Die modische Frisur, der kurz rasierte dichte Bart – ein ganz normaler junger Mann mit Migrationshintergrund. Dass er mal richtig Boxen gelernt hat, ist ihm nicht unbedingt anzusehen. Dass er einer Auseinandersetzung nicht aus dem Weg geht, lassen seine Körpersprache und seine selbstbewussten Blicke in die Menge aber ahnen. Immer mal wieder grinst er vor sich hin, oft sucht er mit den Augen Kontakt zu seinen Leuten im Publikum."

Knapp anderthalb Jahre nach der tödlichen Prügelattacke bestätigte der Bundesgerichtshof die Gefängnisstrafen und verwarf die Revision als offensichtlich unbegründet. Da die präventive Wirkung derartiger Verfahren oftmals größer ist als die Sanktionierung selbst, wäre es zu wünschen, dass das auch in diesem Fall so ist und andere Jugendliche von solch sinnlosen Taten abgehalten werden. Die ausgiebige und mitunter unsachliche mediale Begleitung des Falles könnte so durchaus eine positive Wirkung gehabt haben.

Auch dem von Jonnys Schwester Tina K. und anderen gegründeten Verein „I am Jonny" wurde medial sehr viel Aufmerksamkeit zuteil. Bleibt zu hoffen, dass der Verein seinem Anspruch auch nach dem medialen Hype gerecht wird, „die

Öffentlichkeit im Sinne eines friedlichen Miteinanders zu prägen" und „das multikulturelle Leben, individuelle Freiheit in sozialer Gemeinschaft und Toleranz" zu fördern, wie der Verein auf seiner Homepage verkündet. 2014 wurde sogar ein Musical „I Am Jonny" uraufgeführt.

Tina K. selbst schrieb auf der Homepage in einem bewegenden offenen Brief:

„Ich war die ganze Zeit im Krankenhaus an seiner Seite, ich habe seine Hand gehalten, jeden Herzschlag gezählt, jeden Atemzug gespürt. (...)

Ich habe mich in diesem Moment entschieden, etwas tun zu wollen und tun zu müssen. Ich hatte das Bedürfnis, mich zu bewegen, aufzustehen, den Menschen zu sagen und zu zeigen, dass man mir meinen Bruder genommen hat. Dass man mir mein schlagendes Herz aus der Brust gerissen hat. Einfach so, ohne Vorwarnung, ohne Grund. (...)

Es war nicht mein erster Impuls, den Weg in die Öffentlichkeit zu gehen. Nachdem ich den Medien gegenüber jeglichen Kommentar zunächst verweigert hatte, las ich in Zeitungen zu vieles, das nicht stimmte. Ich hatte das Gefühl, das richtig stellen zu müssen, in meiner Verantwortung als große Schwester meinem kleinen Bruder gegenüber. Ich bin nicht da gewesen, als das alles passierte. Sonst war das immer der Fall, wenn Jonny feiern ging – nur dieses eine Mal nicht.

Vielleicht ist auch das der Grund, warum ich das tue, was ich tue. Mir ist bewusst, dass die Möglichkeiten, die ich durch das große Interesse der Öffentlichkeit bekommen habe, nicht jedem von einer Gewalttat Betroffenen zuteil werden. Und mit jedem Tag ist der Wunsch in mir gewachsen, stellvertretend etwas für all diese Menschen bewegen zu können. Schritt für Schritt gehe ich nun diesen Weg, den ich mit und durch Jonny gehen muss. Sein letzter Herzschlag ist wie ein Motor für mich, der nun einem neuen Herzen Kraft gibt und es weiter wachsen lässt. Dem Verein I AM JONNY."

Tina K. musste danach einiges über sich ergehen lassen. Sie hatte nicht nur den Tod ihres Bruders zu verkraften, sondern wurde von einzelnen Tätern und deren Sympathisanten für ihr Engagement in den sozialen Medien auch noch auf übelste Weise beschimpft.

Quellen

Spiegel online vom 28.10., 29.10.2012, 13.05., 27.05., 03.06., 20.06., 12.08., 15.08.2013, 31.03., 15.04.2014
Berliner Zeitung vom 15.10., 24.10.2012, 23.05.2013
Der Tagesspiegel vom 16.10., 20.10., 23.10.2012, 13.05., 12.08., 15.08.2013
Landgericht Berlin, Urteil vom 15.08.2013, Az: (509) 234 Js 83/13 KLs (13/13)
Bundesgerichtshof, Beschluss vom 27.03.2014 – 5 StR 38/14
Bundesgerichtshof, Beschluss vom 09.06.2009 – 4 StR 164/09
http://www.iamjonny.de/

Drogen, Sex und dunkle Räume

Am 6. Mai 2012 berichteten die örtlichen Zeitungen von einem Toten in einer Schwulenkneipe namens „Große Freiheit" in Berlin-Friedrichshain. Ein Angestellter, der am Tag zuvor nach Schließung des Lokals die Räumlichkeiten reinigen wollte, hatte die Leiche um 6.10 Uhr im Darkroom entdeckt. In diesem abgedunkelten Raum traf man sich normalerweise zum anonymen Sex. In der „Großen Freiheit" waren ausschließlich Männer geduldet, daher hatte man die Damentoilette für derartige Zwecke umfunktioniert.

Die Polizei veröffentlichte ein Foto des Opfers und erhoffte sich Hinweise zur Person und zur Tat. Wie sich schnell herausstellte, war der Ermordete der 32-jährige Niki M., ein Abteilungsleiter einer großen Handelskette. Man fand ihn mit heruntergelassener Hose auf den Knien und abgestützt auf den Unterarmen auf dem Fußboden des Darkrooms. Im Urteil des Gerichts hieß es später, dass diese Stellung nicht sexuellen Praktiken geschuldet war, sondern dass Niki M. bei einem Kampf vom Täter auf die Knie gezwungen worden war, wo er schließlich das Bewusstsein verloren hatte. Dies nutzte der Täter dazu, sein Opfer zu durchsuchen und ihm das Portemonnaie aus der Hosentasche zu ziehen.

Die Ermittlungen ergaben, dass sich kurze Zeit nach diesem Geschehen, etwa um 5.45 Uhr, ein weiterer Gast auf der Suche nach schnellem, anonymem Sex in den Darkroom begeben hatte. Durch das Guckloch in der gegenüberliegenden Kabine hatte er zuvor schemenhaft zwei Personen wahrgenommen und dann im Gastraum gewartet, bis die Kabine wieder frei war. In der ehemaligen Damentoilette fand er dann Niki M. in der zuvor beschriebenen Lage vor. Selbst erheblich alkoholisiert, ging er davon aus, dass M. sich – was in solchen Darkrooms nicht unüblich sein soll – in dieser Stellung gezielt für anonyme sexuelle Handlungen anbot. Doch als er dem Opfer von hinten an die Geschlechtsteile fasste, gab es keine Reaktion. Er ließ daher verwundert von ihm ab und nutze die Gelegenheit, um dem aus seiner Sicht besinnungslos betrunkenen Niki M. das Smartphone aus der Hosentasche zu ziehen und mitzunehmen. Das Opfer war zu diesem Zeitpunkt wahrscheinlich bereits an den Folgen der Einnahme von „Liquid Ecstasy" verstorben. Das Smartphone gab der Dieb kurz danach beim Fundamt ab, als ihn – wieder nüchtern – die Reue packte. Glück für ihn, denn so wurde er später – nach einer kurzen Vernehmung – von der Verdächtigenliste gestrichen. Mit den wahren Umständen der nächtlichen Begegnung mit einem Toten konfrontiert, verließ er laut Ermittlungsakte sichtlich geschockt das Polizeirevier. Möglicherweise hatte er durch das Guckloch einen Mord beobachtet, ohne die Situation richtig zu erfassen.

Die Ermittlungen ergaben, dass beim Tod von Niki M. die als K.-o.-Tropfen bekannte Droge GHB eine Rolle spielte. Gamma-Hydroxybuttersäure (GHB) wird auch als „Liquid Ecstasy" bezeichnet, hat aber nichts mit dem künstlich hergestellten Aufputschmittel Ecstasy zu tun. GHB ist ein Mittel, das bei Leberschäden, zur Behandlung der Narkolepsie oder als Narkotikum bei Kaiserschnittgeburten eingesetzt wird, aber inzwischen auch als Partydroge ziemlich populär ist. Es wirkt in sehr geringen Mengen euphorisierend und wurde in der Schwulenszene als Sex-Droge genutzt, wovor allerdings – wegen der schlechten Dosierbarkeit – von AIDS-Hilfsorganisationen und Gesundheitseinrichtungen eindringlich gewarnt wurde. Vor allem Alkohol verstärkt mitunter die Wirkung dieser Droge unkontrollierbar. Ein paar Tropfen der farb- und geruchlosen Flüssigkeit werden in Getränke gegeben. Die Lösung setzt sich schnell am Boden der Flaschen oder Gläser ab. Sie hat einen seifigen und leicht stechenden Geschmack, ähnlich wie Lakritz. Getränke wie Bitter Lemon oder Grapefruitsaft überdecken GHB sehr gut. Die Droge wirkt aufputschend und enthemmend, allerdings in größeren Mengen stark einschläfernd. Insbesondere in Verbindung mit anderen Rauschmitteln kommt es im Körper zu Vergiftungserscheinungen. Überdosiertes „Liquid Ecstasy" kann zu Bewusstlosigkeit, Atemstillstand, Koma und Herz-Kreislauf-Versagen führen, so wie es bei Niki M. der Fall gewesen war. In vielen Berliner Bars und Kneipen hingen deswegen im Sommer 2012 Schilder mit der Aufforderung: „Achten Sie auf Ihr Getränk" oder „Akzeptieren Sie keine Drinks von Fremden". Wegen seiner Wirkung wurde und wird die Droge von Kriminellen als Betäubungsmittel eingesetzt, um ein Opfer auszurauben oder zu vergewaltigen. 2008 wurden in den Niederlanden zwei Täter verurteilt, weil sie mindestens 14 Männer bei Sexpartys betäubt und ihnen unbegreiflicherweise HIV-positives Blut injiziert hatten.

GHB fiel bereits seit März 2002 unter das Betäubungsmittelgesetz und war deswegen nicht auf legalem Weg erhältlich. Doch das chemisch verwandte Vorläuferprodukt Gamma-Butyrolacton (GBL) ließ sich weiterhin problemlos ordern. Im Internet blühten die Onlineshops, die offiziell nur Felgenreiniger verkauften. Der Handel mit GBL ist nicht generell untersagt, es wird nach wie vor zur Herstellung von Reinigungsprodukten verwendet. GBL ist ein weitverbreitetes Lösungsmittel und wird auch als Farbentferner, Graffitientferner, Reinigungsmittel und Nagellackentferner oder zur Reinigung von Metallflächen verwendet. Doch mehr und mehr private Besteller hatten eher den Rausch statt glänzender Autofelgen im Sinn. GBL ist chemisch mit GHB verwandt und wird im Körper nach der Resorption komplett zu GHB umgewandelt.

Zwei Wochen nach dem Todesfall im Darkroom suchte die Polizei per veröffentlichter Videosequenz einer Überwachungskamera vom Berliner Ostbahnhof einen Tatverdächtigen. An einem Fahrkartenautomaten der Deutschen Bahn hatte ein Mann am 5. Mai 2012 kurz vor 6.00 Uhr versucht, mit der gestohlenen Kreditkarte von Niki M. eine Fahrkarte nach Saarbrücken zu kaufen. Wenig später wurde er gefasst und legte ein Geständnis ab. Gegen den 1974 im Saarland geborenen Berliner wurde Haftbefehl erlassen.

Der festgenommene Dirk P. führte eine relativ bürgerliche Existenz, arbeitete in seinem Wunschberuf an einer Grundschule im brandenburgischen Falkensee und unterrichtete dort auch katholische Religionslehre. Mit seinem langjährigen Lebensgefährten wollte er gerade die erste gemeinsame Wohnung beziehen. Seine berufliche und private Situation schien bestens zu sein. Zuvor war er gelernter Krankenpfleger gewesen und hatte nach Handelsschulabschluss und Fachhochschulreife bis 2006 in einer Klinik im Saarland gearbeitet. Wohl unzufrieden mit seinem damaligen Job, ließ er sich krankschreiben und ging dann einfach nicht mehr zur Arbeit, obwohl ihm ein Amtsarzt seine Arbeitsfähigkeit attestiert hatte. Dirk beharrte aber auf einem Burn-out-Syndrom, das gerade durch einige prominente Fälle in den Medien ziemlich populär war. An der Universität Saarbrücken hatte er bereits zuvor mit einem gefälschten und von seiner heimischen katholischen Kirchengemeinde beglaubigten Abiturzeugnis ein Psychologiestudium begonnen. Da das Studium nicht so lief, wie er es sich vorstellte, wollte er sich möglicherweise verändern und war 2006 seinem langjährigen Partner S. nach Berlin gefolgt, wo dieser als Ingenieur eine Stelle angenommen hatte. Dirk P. hatte sich in der Hauptstadt mit dem gefälschten Zeugnis Anfang Juni desselben Jahres für ein Studium der Grundschulpädagogik beworben.

Diesem Mann warfen die Ermittler nun vor, sein Opfer in dem völlig abgedunkelten Darkroom der Kneipe nicht nur mit der Droge „Liquid Ecstasy“ betäubt und beraubt, sondern auch erwürgt zu haben. Nach der toxikologischen Untersuchung machte der Sachverständige jedoch klar, dass Niki M. an einer Überdosis GHB gestorben war. Juristisch war es unerheblich, woran das Opfer gestorben war, falls Dirk P. mit bedingtem Vorsatz gehandelt hatte.

Der Grundschulreferendar war im Wesentlichen geständig. Zur Überraschung der Ermittler stellte sich dabei heraus, dass er für zwei weitere Tötungen verantwortlich war. Er gab Anschläge mit K.-o.-Tropfen zu, bestritt aber vehement eine Tötungsabsicht. Es seien jeweils Unfälle gewesen, meinte er. Dirk P. sagte später aus, dass er ebenfalls „Liquid Ecstasy“ zu sich genommen habe, um die aphrodisierende Wirkung zu genießen. Der Rauschzustand habe ihm geholfen, beim Sex mit anderen Männern sein schlechtes Gewissen auszublenden – weil er ja einen festen Lebenspartner gehabt habe. Das Landgericht glaubte ihm dies jedoch nicht, da er sich zuvor mehrfach widersprochen hatte. Laut Gericht wirkten seine Aussagen „taktisch geprägt". Außerdem hatte man sich in der Beziehung derartige sexuelle Freiheiten zugestanden, wie der Lebensgefährte aussagte.

Klar war jedenfalls, dass sich Dirk P. im März 2012 im Internet eine 500-Milliliter-Flasche eines Reinigungsmittels namens „Cleanmagic" bestellt hatte, das auch als „Liquid Ecstasy" missbraucht wurde. 500 Milliliter für 47,60 Euro. Ab einer Dosis von etwa drei Milliliter kann es bereits zur Bewusstlosigkeit kommen. Vier Milliliter sind eine letale Dosis. Mehr als 100 Menschen hätte Dirk mit seinem Reinigungsmittel also umbringen können. Er hatte also gut vorgesorgt.

Bereits im April 2012 war es in einer Wohnung in der Holzmarktstraße in Berlin-Mitte zum ersten Einsatz des Mittels gekommen. Den 34-jährigen früheren langjährigen Freund seines Lebenspartners hatte Dirk P. mit dem Drogenmix tödlich vergiftet und danach beraubt. Mit der Begründung, er wolle mit ihm über seinen Ex-Freund sprechen, vereinbarte er mit Alexander M. für den 26. April 2012 abends ein Treffen. Bevor er aufbrach, gab er GBL aus der „Cleanmagic"-Flasche in ein Fläschchen des Feigenlikörs „Kleiner Feigling" und füllte es mit Wasser auf. Wie sich der Abend im Einzelnen weiter gestaltete, konnte nicht sicher festgestellt werden. Dirk behauptete, sie hätten Oralverkehr gehabt, bevor Alexander unwissentlich vom GBL trank, das er ihm als sexuelles Stimulans hingestellt hatte. Er wollte Alexander M., den erklärten Drogengegner, von den positiven Seiten des Mittels überzeugen. Anschließend sei die Stimmung gekippt. Alexander soll dann ins Schlafzimmer gegangen und eingeschlafen sein, während er selbst noch dessen Smartphone, Geldbörse, Rucksack und Jacke eingepackt habe, bevor er ging. Dass es zwischen Dirk P. und Alexander M. zu sexuellen Handlungen gekommen sei, hielt das Gericht für unwahrscheinlich. Laut Gericht wollte Dirk mit dieser Aussage nur von seinem Motiv ablenken. Er habe mit dem GBL Alexander nicht sexuell stimulieren, sondern wohl eher für den Raub außer Gefecht setzen wollen. Nach Zeugenaussagen sei Dirk überhaupt nicht dessen Typ gewesen. Alexander ging wahrscheinlich nur aus alter Verbundenheit zu Dirks Lebensgefährten auf das Gesprächsangebot ein. Das sollte ihn das Leben kosten.

Das Gericht stellte fest: „Als die sedierende Wirkung des GBL einsetzte, begab sich Alexander M. – ob mit oder ohne Zutun des Angeklagten, ist unklar geblieben – ins Schlafzimmer, wo er sich schließlich, nur mit T-Shirt und einer Unterhose bekleidet, aufs Bett legte und im weiteren Verlauf zunächst das Bewusstsein verlor. Zu diesem Zeitpunkt begann der Angeklagte, sich in Umsetzung seines Tatplans in der Wohnung nach Beute umzusehen, und nahm schließlich zumindest das Mobiltelefon (iPhone), eine Jacke der Marke ‚Jack & Jones' und den Rucksack des Geschädigten mit dessen Portemonnaie an sich, in dem sich unter anderem eine auf den Geschädigten ausgestellte Kreditkarte befand. Alexander M. starb in der Folge zu einem nicht genau feststellbaren Zeitpunkt, sehr wahrscheinlich aber noch am 26. April 2012, an den Folgen der Wirkung des ihm verabreichten GBL."

Bevor Dirk P. schließlich die Wohnung verließ, deckte er den auf dem Bauch liegenden Alexander M. noch bis unter die Arme zu und strich die Decke glatt. Mit der Dosis GHB im Blut, die vom Sachverständigen später konstatiert worden war, wäre Alexander dazu wohl nicht mehr selbstständig in der Lage gewesen.

Dirk P., der immer noch ein enges Verhältnis zu seiner Familie im Saarland pflegte, kaufte mit der Kreditkarte seines Opfers noch am Morgen nach seiner Tat eine Bahnfahrkarte, um seine Familie – wie bereits länger geplant – zu besuchen.

Alexander M. wurde am nächsten Tag gefunden. Seine Mutter und der Stiefvater waren misstrauisch geworden, weil er einen beruflichen Termin nicht eingehalten hatte. Zunächst war im Zusammenhang mit seinem Tod kein Verbrechen vermutet worden. Zwar war der Leichnam obduziert, aber nicht toxikologisch auf GHB untersucht worden. Erst einen

Monat später, nachdem die Polizei die Videoaufnahmen des „Darkroom-Mörders", wie er von nun an in der Presse hieß, veröffentlicht und Alexanders Großmutter am 25. Mai 2012 die Polizei darauf aufmerksam gemacht hatte, dass auch ihr Enkel unter nicht geklärten Umständen gestorben sei, stellte die Kripo einen Zusammenhang her und ermittelte ernsthaft auch im Fall Alexander M.

Anfang Mai 2012 war Dirk P. von seinem Familienbesuch wieder zurück in Berlin. Nur kurz danach geschah der besagte Mord im Darkroom der Schwulenkneipe in Friedrichshain. Das Gericht beschrieb die Räumlichkeiten folgendermaßen: „Im vorderen Bereich des Lokals befindet sich ein gewöhnlicher Gastraum, die hinteren, zumeist spärlich beleuchteten und labyrinthartig angelegten Räumlichkeiten, zum Teil mit abgetrennten sogenannten Darkrooms, werden von den Gästen als Ort für sexuelle Handlungen genutzt. Hinter diesem Bereich befinden sich noch die Toilettenräume, darunter die ehemalige Damentoilette, in der sich neben einer einzelnen WC-Kabine eine weitere Kabine befindet, die mit einem Barhocker und einem Papierhandtuchspender ausgestattet ist und ebenfalls für die Ausübung von sexuellen Handlungen genutzt wird. Ein Guckloch ermöglicht es, von einer Kabine in die andere zu schauen."

Am Samstag, dem 5. Mai 2012, etwa um 4.00 Uhr früh, hatte sich Dirk entschlossen, in die nur wenige Minuten entfernte Schwulenbar „Große Freiheit" aufzubrechen. In der Tasche hatte er mindestens ein mit GBL gefülltes Fläschchen „Kleiner Feigling". Er selbst setzte sich zunächst auf eine Bank vor den Toiletten und trank von seinem Bier. Dann kam Niki M., dem er in die „Damentoilette" folgte. Nachdem sie sich taxiert hatten, fingen sie an, sich zu küssen und zu befummeln. Offenbar war Dirk in dem völlig abgedunkelten Raum mit seinem 32-jährigen Opfer allein und befriedigte ihn – nach eigenen Angaben – oral. Da in der Toilette ein Barhocker stand, habe er, so sagte Dirk aus, dort sein Bierglas abgestellt. Zum Eigengebrauch habe er etwas vom GBL in sein Glas geschüttet und die Flasche „Kleiner Feigling“ daneben gestellt. Dann sei – laut seiner Version – Folgendes geschehen: Als er bemerkte, dass Niki aus der Flasche trank, habe er ihn umgehend gewarnt. Anschließend habe Niki versucht, ungeschützten Analverkehr durchzuführen. Dagegen habe er sich gewehrt, keine Lust mehr gehabt und die Räumlichkeit verlassen. Danach sei ein anderer Mann in die Kabine gegangen – nach Meinung des Gerichts eine reine Schutzbehauptung. Offenbar versuchte Dirk P., den Verdacht auf einen unbekannten Dritten zu schieben, denn bei der polizeilichen Vernehmung hatte sich alles noch anders angehört. So hatte er in seiner Vernehmung vom 29. Mai 2012 geäußert, er habe das Fläschchen als „Aufforderung“ neben sein Bierglas gestellt.

Aufgrund des Alkoholisierungsgrads des Opfers – Niki M. hatte 1,37 Promille im Blut – musste seine Ohnmacht binnen weniger Minuten eingetreten sein. Dirk beraubte ihn anschließend. Bei der Obduktion der Leiche ergab sich, dass das Opfer zusätzlich Würgemale am Hals hatte. Dirk P. hatte ihn wohl gewürgt, um ihn am Verlassen der Kabine zu hindern, sodass sein Opfer in dieser unwürdigen Stellung in einer ehemaligen Damentoilette verharrte. Dass der Geschädigte an der Wirkung einer Überdosis GBL verstorben war, wurde später durch das toxikologische Gutachten belegt. Das Würgen, so der Sachverständige, sei nicht todesursächlich gewesen.

Kurz nach dieser Tat lief Dirk P., der mindestens noch ein mit zwanzig Milliliter GBL gefülltes „Kleiner-Feigling“-Fläschchen bei sich hatte, zum S-Bahnhof Warschauer Straße und fuhr eine Station weiter zum Ostbahnhof, um mit der gestohlenen Kreditkarte eine Fahrkarte zweiter Klasse nach Saarbrücken zum Preis von 135 Euro zu kaufen. Genau um 5.49 Uhr, wie die Kriminalpolizei später feststellte, versuchte er an einem Fahrkartenautomaten das erste Mal sein Glück, doch ohne Erfolg, denn Nikis Kreditkartenkonto wies keine ausreichende Deckung auf. Anschließend fuhr Dirk P. – er war auf dem Weg vom Fahrkartenautomaten zum Bahnsteig von einer Überwachungskamera gefilmt worden – mit der S-Bahn wieder zurück zum Bahnhof Warschauer Straße und suchte dort ein weiteres Opfer.

Brauchte er Geld oder einfach nur den „Kick"? Vieles spricht für Letzteres, denn er war nicht auf Bares angewiesen. Gegenüber der Polizei gab er zu, bereits seit 2011 immer wieder kleinere Diebstähle begangen zu haben. Ende 2011 hatte er nachweislich bei einem Mitreisenden in der Bahn die Kreditkarte gestohlen und danach benutzt.

Eine halbe Stunde später kam Dirk P. in der S-Bahn mit dem 26-jährigen Studenten Miroslaw W. ins Gespräch und bot ihm den lebensgefährlichen Getränkemix in der unverfänglich scheinenden kleinen Flasche an. Zuvor hatte er vom merklich alkoholisierten W. seinerseits Pfefferminzschnaps angeboten bekommen. Miroslaw trank aus dem Fläschchen „Kleiner Feigling", bemerkte aber einen unangenehmen Geschmack und sprach Dirk darauf an. Ein kleiner Rest soll im Fläschchen geblieben sein. Ein kleiner Rest, der möglicherweise den Unterschied zwischen Leben und Tod bedeutete. Als beide dann am Ostbahnhof ausstiegen, von wo W. weiter nach Wedding fahren wollte, war ihm bereits schwindlig und Dirk bot sich an, ihn bis zur Bushaltestelle zu begleiten. Er stützte ihn und machte Annäherungsversuche, was dem heterosexuellen, zunehmend wehrlosen W. deutlich missfiel. Dirk versuchte sein Opfer zu küssen, aber Miro, wie er sich vorgestellt hatte, gelang es, ihn auf Distanz zu halten. Als W. nicht mehr gehen konnte, setzte Dirk den bewusstlos werdenden Mann auf eine Bank an der Bushaltestelle und raubte dessen Bargeld und die Kreditkarte. Dann ließ er den Hilflosen zurück. Dirk P.s Opfer hatte allerdings sehr viel Glück. Es fiel kurz danach einer gegenüber der Bushaltestelle wohnenden Passantin, die ihren Hund Gassi führte, auf, sie alarmierte die Polizei. Rettungssanitäter brachten Miroslaw auf die Intensivstation des Klinikums Friedrichshain, er erlangte um etwa 11.30 Uhr wieder das Bewusstsein und konnte das Klinikum noch am selben Tag verlassen.

Um 6.45 Uhr kaufte Dirk P. mit der gestohlenen Kreditkarte von Miroslaw W. am Ostbahnhof ein Ticket nach Saarbrücken und zwei Minuten später eine Fahrkarte nach Hamburg. Beide Male wurde er von derselben Überwachungskamera gefilmt. Die Karte nach Saarbrücken konnte er wegen des Gültigkeitsdatums, das noch in die Schulzeit fiel, gar nicht nutzen. Das zweite Ticket sollte er später auf eBay verkaufen. Ein weiterer Kauf am nächsten Tag schlug fehl, da die Kreditkarte bereits von W. gesperrt worden war. Ob Dirk P. über dessen Überleben erleichtert oder eher über die Kreditkartensperrung verärgert war, ist nicht bekannt.

Als sei nichts geschehen, traf sich Dirk nach seiner zweiten Tat um etwa 8.00 Uhr mit seinem Lebenspartner, der ihm entsetzt vom Tod Alexander M.s berichtete, wovon er kurz zuvor von dessen Mutter erfahren hatte. Dirk schien das alles nicht sonderlich zu beeindrucken. Von seiner Begegnung mit Alexander berichtete er jedenfalls nichts. Er war sogar abgebrüht genug, bereits am nächsten Tag seiner Internetbekanntschaft Christoph G. vom Tod des Niki M. zu berichten und Links zu den Zeitungsmeldungen zu schicken. Kaltblütig machte er anschließend ein Date mit Christoph aus. Bereits für zwei Tage später verabredete er sich mit ihm. Beim Treffen nötigte er ihn dann, aus einer Flasche „Jägermeister“ zu trinken. Sein neues potenzielles Opfer hatte Glück, denn er nippte nur an der Flasche, weil er den Kräuterlikör nicht mochte. Trotzdem habe er sich körperlich merklich entkräftet und schwindelig gefühlt, sagte er später aus. Ein weiterer Tötungsversuch?

Laut dem späteren Urteil des Gerichts konnte dies nicht mit letzter Gewissheit festgestellt werden, da nicht ausgeschlossen werden konnte, dass die von Christoph G. im Prozess beschriebenen Anzeichen körperlicher Schwäche „alleine auf die vorher ausgeübten, über eine Stunde andauernden und vom Zeugen als intensiv beschrieben sexuellen Handlungen zurückzuführen waren“. In dieser Sache sollte P. wegen Mangels an Beweisen freigesprochen werden.

In der Nacht zum 16. Mai 2012, nur eine Woche nach diesem Vorfall und drei Wochen nach seinem ersten Verbrechen, tötete Dirk P. in Berlin-Friedrichshain einen dritten Menschen.

Opfer war der 41-jährige Peter M., ein Sozialpädagoge, den er einige Wochen zuvor über die Internetplattform „Gayromeo" kennengelernt hatte. Auch dieser Mann starb durch die verabreichte Droge. Der gebürtige Lausitzer wurde von seinem Lebensgefährten am Abend des 16. Mai 2012 leblos in seiner Wohnung in der Weserstraße aufgefunden.

Dirk P. war wie bei seinen vorigen Taten vorgegangen: Er hatte das Opfer mit einem Mix aus einer Überdosis „Liquid Ecstasy" und Alkohol vergiftet und danach beraubt. Mit der EC-Karte versuchte er anschließend Geld abzuheben, was ihm aber mangels PIN misslang. Peter M. starb zu einem nicht genau feststellbaren Zeitpunkt, wahrscheinlich aber noch am Abend des 15. Mai 2012.

Dirk P. behauptete diesmal, dass Peter M. das „Liquid Ecstasy" zur sexuellen Stimulation unbedingt hatte einnehmen wollen und sie es zuvor extra aus Dirks Wohnung geholt hätten. Angeblich hätten sie beide davon getrunken und ihm sei schlecht geworden, sodass außer dem vorhergehenden Oralverkehr nichts gelaufen sei. Peter habe ihm zum Abschied sogar wegen der Kälte seine Jacke „geschenkt". Warum er die EC-Karte eingesteckt habe, könne er sich im Nachhinein auch nicht erklären. Er habe sich am nächsten Tag online entschuldigen wollen.

Durchsichtige Ausreden! Vor allem im Lichte der Aussagen mehrerer Zeugen, dass Peter M. geradezu „phobisch" gewesen sei, was die Einnahme von Drogen oder sogar Medikamenten betraf. Das Gericht glaubte Dirk P., der sich zudem auch bei diesen Aussagen widersprochen hatte, wiederum nicht. Wie sich der Abend im Einzelnen gestaltet hatte, konnte das Gericht allerdings nicht mehr mit Sicherheit feststellen.

Die Jacken der Opfer schienen so eine Art Trophäe zu sein. Während der zweiten Tötung trug Dirk die Jacke seines ersten Opfers. Womöglich hätte er beim nächsten Opfer Peter M.s Jacke angehabt. Eine gespenstische Vorstellung! Peter M. wurde lediglich mit einer Unterhose bekleidet im Bett vorgefunden. Makabererweise hatte Dirk offenbar sein bewusstloses oder bereits totes Opfer – wie zuvor Alexander M. – noch bis unter die Arme zugedeckt und die Decke glattgestrichen. Die Mitteilung der Großmutter des ersten Opfers führte schließlich schnell auf die richtige Spur. Alexanders letzter telefonischer Kontakt vor seinem Tod war Dirk P. gewesen – der nun zur Vernehmung vorgeladen wurde.

Bald war klar: Man hatte einen Serienmörder gefasst! Serienmörder – die gab es doch nur in amerikanischen TV-Krimis? Nun aber offenbar auch in Berlin. Wahrscheinlich war es nur der beherzten Großmutter des ersten Opfers zu verdanken, dass weitere Taten verhindert wurden. Sie hatte sich zu Recht nicht mit einem „natürlichen Tod“ ihres Enkels abfinden können.

Der Täter gestand relativ schnell. Im Kühlschrank von Dirk P. fanden die Ermittler noch ein weiteres Fläschchen des mit GBL versetzen Feigenlikörs. Am 26. Mai 2012 wurde er vorläufig festgenommen. Noch am Tag der Festnahme beging er den ersten von insgesamt vier Suizidversuchen. War er etwa doch nicht der kaltblütige Typ, wie man angesichts seiner Taten annehmen musste? Das Gericht stellte dazu fest: „Der Angeklagte verfügt über eine sehr kontrollierte und emotional eher kühle Persönlichkeit. Sie ist zudem geprägt von einer mit einer starken Selbstbezogenheit einhergehenden narzisstischen und zwanghaften Akzentuierung. Auch ist der Angeklagte in seiner Empathiefähigkeit beschränkt. Unter einer forensisch relevanten psychischen Störung leidet er indes nicht.“

Dirk P. schien für Außenstehende ein ganz netter Typ zu sein. Im Urteil hieß es daher: „Seine Mitmenschen empfinden sein Auftreten zumeist – insbesondere in der Anfangsphase des Kennenlernens – als sympathisch. Der wahrscheinlich überdurchschnittlich intelligente und über eine gute Allgemeinbildung verfügende Angeklagte ist ein guter Gesprächspartner, der das Interesse seines Gegenübers zu wecken weiß. Er tendiert dazu, Konflikten aus dem Weg zu gehen, verhält sich dabei bisweilen berechnend und unehrlich, ist generell um äußere Harmonie und Kooperation bemüht und zeigt sich in diesem Rahmen auch hilfsbereit.“

Ein ehemaliger Sexualpartner sagte später in einem Interview mit der *Welt*, dass er nur gute Erinnerungen an Dirk P. habe. Er sei ein netter Typ gewesen. Schlank, groß, freundlich. Einer, mit dem man Spaß haben konnte. Ein eher konservativer Typ, zumindest politisch, denn er war überzeugter CDU-Wähler. Ein „guter Küsser" soll er gewesen sein. „Gute Feierabendentspannung" nannte es der IT-Experte, was er mit Dirk erlebt hatte. „Zu mir oder zu dir?" sei meist die Frage gewesen. Er hatte ihn als: „Dirk, 17x4, aktiv" auf „Gayromeo" kennengelernt. Nur kurze Zeit vor den Taten, am 2. April, hatte Dirk ihn dort ein letztes Mal angeschrieben. Sie hatten zuvor wochenlang miteinander gechattet. Dirk P., der Lehramtsanwärter, war in der Internetplattform passenderweise mit dem Pseudonym „Lehrer Lämpel", der bekannten Wilhelm-Busch-Figur mit dem Kneifer, der langen Meerschaumpfeife und dem ständig erhobenen Zeigefinger, angemeldet. Ein verabredetes Treffen, zu dem Dirk Bitter Lemon, Grapefruitsaft und Wodka mitbringen wollte, war allerdings kurzfristig nicht zustande gekommen. Notwendige Überstunden wegen eines Computerabsturzes in seiner Firma hatten es verhindert. Möglicherweise hatte ihm dies das Leben gerettet.

Am Freitag, dem 22. Februar 2013, begann der Prozess gegen Dirk P. Er versteckte sein Gesicht hinter einer grünen Mappe, als Kameras auf ihn gerichtet waren. Die Staatsanwältin warf ihm vor, dass er sich dazu entschlossen hatte, eine Vielzahl von Männern zu töten und ihnen Bargeld sowie Kreditkarten zu rauben. Aufgrund seiner Ausbildung zum Rettungssanitäter habe er die Wirkung von „Liquid Ecstasy" gekannt. Laut Staatsanwaltschaft waren somit die Mordmerkmale Heimtücke und Habgier erfüllt. P. hatte mit Kreditkarten der Toten Fahrkarten im Wert von insgesamt 478 Euro gekauft. Habgier als Motiv bei 478 Euro Beute? Bei einem Mann, der in einer festen Anstellung war und vor nicht allzu langer Zeit 96 000 Euro geerbt hatte? Als Referendar hatte er einen gesicherten Verdienst und auch nach dem Durchbringen der Erbschaft keinerlei materielle Probleme.

„Ich hatte eine ganz normale Kindheit“, berichtete Dirk P. vor dem Landgericht. Seine Mutter war gelernte Krankenschwester, sein Vater technischer Zeichner. Zusammen mit seiner sieben Jahre jüngeren Schwester wuchs er in bürgerlicher Harmonie auf dem Land in der Nähe von Saarbrücken auf. Dirk absolvierte eine Ausbildung zum Krankenpfleger, wollte dann aber höher hinaus. Finanziell war er gut ausgestattet mit dem Geld, das er von seiner Großmutter kurz zuvor geerbt hatte, als diese laut Staatsanwältin „unter seltsamen Umständen“ im September 2006 starb.

Dirk hatte ein enges Verhältnis zu seiner Großmutter gehabt und auch zeitweise bei ihr gewohnt. 2003 hatte sie ihn vor die Tür gesetzt, nachdem sie von seiner sexuellen Präferenz erfahren hatte. Sie war entsetzt, dass ihr Enkelkind schwul war, und brach den Kontakt zu Dirk abrupt ab. In ihrer Jugend war Homosexualität ja noch strafbar gewesen. Erst um die Jahreswende 2005/2006 kamen sie wieder zusammen. Man blendete nun das Thema Homosexualität einfach aus. Offenbar war die Oma froh über den wiedergewonnenen Kontakt zu ihrem Enkel und schenkte ihm 10 000 Euro. Außerdem erteilte sie ihm eine Kontovollmacht, die er allerdings kurz danach missbrauchte. Daraufhin widerrief die Großmutter die Vollmacht, verstieß Dirk aber nicht noch einmal. Im Gegenteil: Sie machte ihn, offenbar altersmilde geworden, Ende Juni 2006 zum Erben ihres gesamten Sparguthabens, was bei ihren Kindern zu verständlichem Unmut führte. Dirks Lebensgefährte hatte zu diesem Zeitpunkt gerade eine Stelle in Berlin angenommen und Dirk sich Anfang Juni 2006 mit seinem gefälschten Abiturzeugnis um einen Studienplatz für Grundschulpädagogik in Berlin beworben. Am 13. September 2006 verstarb plötzlich seine Großmutter. Der Arzt bescheinigte der 86-Jährigen einen natürlichen Tod. Für Dirk war der nun einsetzende Geldregen ein Segen. Er war nun endlich finanziell unabhängig. Am 4. Oktober 2006 nahm er in Berlin sein Studium auf.

Angesichts der späteren Morde kann einem der „natürliche Tod“ der Großmutter schon verdächtig vorkommen. Zumindest die Staatsanwältin machte dies im Prozess geltend, als sie die „seltsamen Umstände“ des Todes von Dirk P.s Großmutter thematisierte.

In Berlin bezogen P. und sein Lebensgefährte S. getrennte Wohnungen im selben Stadtviertel Friedrichshain. Das Lehramtsstudium absolvierte Dirk erfolgreich und machte im Sommer 2011 seinen Abschluss. Zum 1. Februar 2012 nahm er das Referendariat in Brandenburg auf, wo er bis zu seiner Verhaftung Ende Mai 2012 tätig war. Er hatte vorgehabt, am 1. Juni 2012 mit seinem langjährigen Freund zusammenzuziehen. S. hatte Anfang 2012 eine Eigentumswohnung in Zehlendorf erworben, die sie gerade gemeinsam renoviert hatten. Dazu kam es nun nicht mehr.

Drei Wochen nach seiner Verhaftung wurde der suizidgefährdete Dirk P. in die psychiatrische Abteilung des Justizkrankenhauses verlegt. Der 38-Jährige wurde nun streng bewacht. Nach seinem letzten Suizidversuch war er eine ganze Zeit lang dauerhaft fixiert worden – eine Hardcore-Maßnahme für extrem Suizidgefährdete, die nach und nach gelockert wurde. Von seinen Suizidversuchen zeugten später seine rechte bandagierte Hand und Verletzungsspuren an der linken Halsseite.

Nach einer mehrmonatigen Unterbrechung des Prozesses, in der Dirk P.s Verhandlungsfähigkeit geprüft worden war, wurde die Verhandlung im Juni 2013 fortgesetzt. Laut einem psychiatrischen Gutachten galt er als strafrechtlich voll verantwortlich. Psychische Störungen wurden nicht diagnostiziert. Dirk P. habe eine „narzisstische und zwanghafte Persönlichkeitsakzentuierung“ und es sei ihm um „Allmachts- und Kontrollfantasien“ gegangen, hatte ein Sachverständiger konstatiert. In seiner Vernehmung gestand Dirk: „Es war wie ein Spiel.“

Am 21. Juni erfolgte das Plädoyer der Staatsanwaltschaft. Die Staatsanwältin forderte dreimal lebenslange Haft sowie 13 und 7 Jahre Haft für die beiden Mordversuche. Sie forderte zwar keine Sicherungsverwahrung, aber sie beantragte, wegen der Verwerflichkeit der Taten die besondere Schwere der Schuld festzustellen. Die Staatsanwältin, so schrieb es die *Berliner Mor-*

genpost, erklärte: „Das ist nicht das Werk eines Kranken, es war das Werk eines kaltblütigen, bösen Menschen." Er habe sich schlicht bereichern wollen und dabei „bewusst eine mehrfach tödliche Dosis verabreicht". Als Rettungssanitäter sei ihm deren tödliche Wirkung bewusst gewesen. „Sie sind der größte Lügner, Betrüger, Blender, der mir je unterkam!", fügte die gleichaltrige Staatsanwältin an, während Dirk P. kopfschüttelnd auf seiner Anklagebank saß. Er hatte eine absichtliche Tötung bisher vehement bestritten. „Für den Angeklagten war es ein erhebendes Gefühl, seine Opfer sterben zu sehen. Das Einzige, was er bedauert, ist er selbst", urteilte die Staatsanwältin über ihn. Sie war sich sicher: „Ohne Verhaftung hätte er weitergemacht!"

Doch – eher ungewöhnlich – selbst die Verteidigung plädierte auf Mord aus Heimtücke und Habgier. Hatte P. denn nicht ausgesagt, dass die Todesfolge unbeabsichtigt gewesen war? Eigentlich hätte der Verteidiger auf Totschlag oder Körperverletzung mit Todesfolge plädieren können. Warum er das nicht tat, bleibt ein Rätsel. Einen konkreten Strafantrag stellte Dirk P.s Anwalt jedenfalls nicht. Die „innere Triebfeder" der Tat blieb nach seiner Meinung ungeklärt. Sein Mandant sei selbst fassungslos und ohne Erklärung für die Taten, sagte der Verteidiger vor dem Berliner Landgericht. Dirk P. selbst sei „der festen Überzeugung, dass er nicht bewusst töten wollte", sagte er. Aber er wisse, dass er sich nicht genügend über die hochgradige Gefährlichkeit der Droge informiert habe.

Das Gericht glaubte ihm auch das aus durchaus nachvollziehbaren Gründen nicht, denn er war aufgrund seiner langjährigen Berufserfahrung als Krankenpfleger kein Laie im Umgang mit derartigen Wirkstoffen. „Die Dosis macht das Gift" war unter dem Pflegepersonal ein gängiger Spruch, wie eine ehemalige Kollegin glaubhaft aussagte. Dirk galt als immer bestens informiert, wenn ihn eine Sache interessierte. Die Wirkung von GBL hatte ihn offensichtlich interessiert, denn er recherchierte darüber im Internet. Der bei ihm sichergestellte Laptop belegte, dass er sich auf den Seiten „KO-Fetisch" und „drugscouts.de" offensichtlich ausgiebig informiert hatte. Seit dem 29. März 2012 waren diese Websites unter den „Favoriten“ als Lesezeichen gespeichert gewesen.

Dirk P. muss den Tod seiner Opfer demgemäß zumindest billigend in Kauf genommen haben. Bedingter Vorsatz also. Das Gericht meinte diesbezüglich: „Dass der Angeklagte den Tod (...) aber zumindest für möglich gehalten hat, hat die Kammer hingegen in Anbetracht seiner Kenntnisse und der Höhe der verabreichten Dosis als erwiesen angesehen. Darüber hinaus bestanden in Anbetracht der ihm bekannten hohen Gefährlichkeit einer Überdosierung auch keine Zweifel, dass der Angeklagte, der nach den Taten zudem keinerlei Rettungsmaßnahmen ergriffen hat, mit dem Tod des Geschädigten letztlich auch einverstanden war, ihn mithin billigend in Kauf genommen hat.“

Die 40. Strafkammer des Landgerichts Berlin urteilte daher nach 22 Verhandlungstagen: „Der Angeklagte wird wegen Mordes in drei Fällen, jeweils in Tateinheit mit Raub mit Todesfolge, wegen versuchten Mordes in Tateinheit mit besonders schwerem Raub und gefährlicher Körperverletzung, wegen Computerbetruges in drei Fällen sowie wegen versuchten Computerbetruges in vier Fällen zu einer lebenslangen Gesamtfreiheitsstrafe verurteilt. Seine Schuld wiegt besonders schwer. Im Übrigen wird der Angeklagte freigesprochen.“ Die Pressestelle des Landgerichts verlautbarte ergänzend: „Von dem Vorwurf, einen weiteren Mordversuch begangen zu haben, ist der Angeklagte aus Mangel an Beweisen freigesprochen worden. Der Angeklagte hat nach der Überzeugung des Gerichtes die Taten begangen, um an die Wertgegenstände seiner Opfer zu gelangen. Erbeutete EC- bzw. Kreditkarten habe er in der Folge jeweils eingesetzt bzw. derartiges versucht. (...) Vieles deute aber darauf hin, dass die Taten dem Angeklagten ein berauschendes Machtgefühl verschafft hätten.“

Die mehr als eine Stunde dauernde Urteilsbegründung verfolgte der 38-Jährige mit ernster und nahezu regloser Miene. Das Gericht äußerte sich überzeugt, dass der gebürtige Saarländer „seine wahren Beweggründe nicht offenbart hat oder es nicht konnte". Er habe junge, erfolgreiche Männer aus dem Leben gerissen, die keinerlei Anlass zu den Taten gegeben hätten. „Der eine tut was, der andere steht entsetzt daneben", sagte Dirk P. über sich selbst. Schleierhaft blieb auch, warum er sich so wenig Mühe gab, seine Taten zu verheimlichen. Er hob mit den gestohlenen Kreditkarten trotz vorhandener Kameras Geld ab. Er telefonierte kurz zuvor mit seinen Opfern oder erzählte einem potenziellen Opfer, dass er Lehrer in Brandenburg sei. Man könnte fast meinen, er wollte gefasst werden. Im Gericht hinterfragte dies offensichtlich niemand.

Das Gericht war der Ansicht, dass Dirk P. heimtückisch handelte, denn die drei Todesopfer waren vollkommen arglos, als er ihnen das mit GBL durchsetzte Getränk anbot. Noch dazu hatte er laut Gericht ein weiteres Mordmerkmal verwirklicht, da er die drei tötete, um einen Raub durchzuführen. § 211 Abs. 2 Satz 3 StGB also: Mörder ist, wer einen Menschen tötet, „um eine andere Straftat zu ermöglichen oder zu verdecken". Wörtlich hieß es dazu im Urteil: „Die Kammer ist zu der Überzeugung gelangt, dass der Angeklagte in allen Fällen, in denen er seinen Opfern GBL verabreicht hat, von vornherein beabsichtigte, ihnen später Wertgegenstände abzunehmen und diese Absicht ihn zur Begehung der Taten auch entscheidend bestimmt hat. (...) Hierfür sprach zunächst, dass der Angeklagte seine Opfer tatsächlich in allen Fällen bestohlen hat, wobei für ein zielgerichtetes und nicht etwa wahlloses und an Zufälligkeiten ausgerichtetes Verhalten in diesem Zusammenhang auch die im Wesentlichen gleich geartete Tatbeute sprach."

Außerdem soll er aus Habgier gehandelt haben. Es sei ein abstoßendes Gewinnstreben um jeden Preis gewesen, auch wenn die Dinge, die er den Opfern abnahm, nicht sonderlich wertvoll gewesen seien, meinte das Gericht. Es war sich dessen offenbar sicher, obwohl es im Urteil dazu hieß: „Materielle Bedürfnisse waren für den Angeklagten nicht von vorrangiger Bedeutung. Er lebte freizeitorientiert und richtete seine Berufswahl nicht nach einem großen Verdienst aus."

„Eine nachvollziehbare Erklärung für die entsetzlichen Taten konnten wir nicht finden", sagte der Vorsitzende Richter in der mündlichen Begründung des Urteils. In den drei Todesfällen wurde Dirk P. wegen Mordes in Tateinheit mit Raub mit Todesfolge schuldig gesprochen. Lebenslänglich also, schon wegen dieser Taten. Da fielen bei der Strafzumessung seine anderen Taten nicht mehr sonderlich ins Gewicht. Lebenslang ist schließlich lebenslang, sollte man meinen. Allerdings beträgt aufgrund eines Urteils des Bundesverfassungsgerichts eine „lebenslange" Freiheitsstrafe „lediglich" maximal 15 Jahre, da alles andere gegen das Rechtsstaatsprinzip und gegen die Menschenwürde, also gegen Artikel 1 des Grundgesetzes, verstoßen würde. Einem Verurteilten muss die Möglichkeit eingeräumt werden, auch irgendwann die Freiheit wiederzuerlangen. Er darf nicht nur ein reines Objekt staatlichen Handelns sein, sagte das Bundesverfassungsgericht in seinem wegweisenden Urteil vom 21. Juni 1977. In § 57a StGB heißt es daher seitdem: „Das Gericht setzt die Vollstreckung des Restes einer lebenslangen Freiheitsstrafe zur Bewährung aus, wenn 1. fünfzehn Jahre der Strafe verbüßt sind, 2. nicht die besondere Schwere der Schuld des Verurteilten die weitere Vollstreckung gebietet." Zur Bewährung wird die Strafe jedoch nur dann nach 15 Jahren ausgesetzt, wenn „dies unter Berücksichtigung des Sicherheitsinteresses der Allgemeinheit verantwortet werden kann", das heißt also, wenn keine Sicherungsverwahrung angeordnet wurde. Damit der Rest einer lebenslänglichen Strafe zur Bewährung ausgesetzt werden kann, muss außerdem der Verurteilte einwilligen. Es passiert durchaus, dass ein „Lebenslänglicher" gar nicht mehr in die Freiheit will. Er führt im Gefängnis ein geregeltes Dasein und die sozialen Kontakte außerhalb des „Knastes" sind gekappt. Nach so vielen Jahren ist es nicht einfach, draußen in einer nunmehr fremden Welt wieder Fuß zu fassen.

In Berlin saßen 2013 dreizehn Männer länger als 24 Jahre hinter Gittern, ein 78-jähriger Kindsmörder sogar seit 44 Jahren. Er war im Juni 1969 zu damals noch möglichem lebenslangem „Zuchthaus" und „dauerndem Ehrenrechtsverlust" verurteilt worden, nachdem er ein fünfjähriges Mädchen getötet hatte.

Im Fall von Miroslaw W. hatte sich Dirk P. wegen versuchten Mordes in Tateinheit mit besonders schwerem Raub und gefährlicher Körperverletzung strafbar gemacht und wurde deswegen noch zu elf Jahren Gefängnis verurteilt. Ein strafbefreiender Rücktritt vom versuchten Tötungsdelikt sei laut Gericht nicht erfüllt gewesen, weil Dirk selbst keine Rettungsbemühungen unternommen hatte. Es war dem Zufall und den aufmerksamen Passanten geschuldet, dass das Opfer überlebt hatte.

Weil Dirk die zuvor entwendeten Kreditkarten an einem Fahrkartenautomaten unbefugt zum geglückten Erwerb von Fahrkarten eingesetzt hatte, wurde er dreimal wegen eines vollendeten Computerbetrugs schuldig gesprochen und zu je 90 Tagessätzen à 5 Euro verurteilt. Viermal war es ihm nicht gelungen und er wurde nur wegen vierfach versuchten Computerbetrugs zu viermal je 50 Tagessätzen à 15 Euro verurteilt. Warum das Gericht zu unterschiedlichen Tagessätzen kam, obwohl eigentlich das durchschnittliche Einkommen pro Tag herangezogen wird, bleibt ein Geheimnis.

Die Kammer stellte darüber hinaus die besondere Schwere der Schuld fest. Das würde bedeuten, dass Dirk damit rechnen musste, einige Jahre mehr abzusitzen als die vom Bundesverfassungsgericht festgelegten 15 Jahre. „Lebenslang“ beträgt in Deutschland durchschnittlich im Augenblick fast zwanzig Jahre. Es wird also häufiger die „besondere Schwere der Schuld“ festgestellt oder eine Sicherungsverwahrung angeordnet. Bisher gibt es allerdings keine gesetzliche Normierung des Begriffes „besondere Schwere der Schuld“. Die Gerichte haben daher einen sehr großen Ermessensspielraum. „Besondere Schwere der Schuld“ wird von den Gerichten dann festgestellt, wenn gegenüber vergleichbaren Taten ein „deutlich höheres Maß an Schuld“ vorliegt. Das kann die Tat, das Motiv oder die Täterpersönlichkeit betreffen. Mehrfacher Mord fällt meist darunter, aber auch erbarmungslose Brutalität und abartige sexuelle oder gewalttätige Neigungen. Das gesamte Tatbild einschließlich der Täterpersönlichkeit muss von „normalen Morden“ so sehr abweichen, dass eine Strafaussetzung der lebenslangen Freiheitsstrafe nach 15 Jahren auch bei günstiger Täterprognose unangemessen wäre. Das kann insbesondere dann der Fall sein, wenn mehrere Mordmerkmale verwirklicht oder mehrere Menschen ermordet wurden oder die Tatausführung durch besonders verwerfliche Umstände gekennzeichnet ist.

Das Gericht urteilte im Fall Dirk P. kurz und bündig: „Zum Nachteil des Angeklagten war zu werten, dass er bei den in Betracht kommenden Fällen (...) jeweils zugleich drei Mordmerkmale verwirklicht und tateinheitlich weitere schwere Delikte begangen hat. Von maßgeblicher Bedeutung für die Feststellung der Schuldschwere war aber vor allem, dass der Angeklagte insgesamt drei Menschen ermordet und dies in einem weiteren Fall versucht hat.“ Anders als in den USA ist es in Deutschland jedoch nicht möglich, jemanden „mehrfach lebenslang“ einzusperren. Auch wenn er wegen jedem der drei Morde lebenslang bekommen hätte – er kann nur einmal lebenslang eingesperrt werden. Klingt logisch, man hat ja auch nur ein Leben. Aus mehreren lebenslangen Freiheitsstrafen wird daher nach § 54 Abs. 1 StGB nur eine lebenslange Freiheitsstrafe als Gesamtstrafe gebildet. Diese Regelung wurde 1986 eingeführt und seither sind Urteile wie „zweimal lebenslang wegen Doppelmordes“ nicht mehr zulässig.

Dirk P. wäre wohl bereits nahe am Rentenalter gewesen, wenn er die Strafvollzugsanstalt wieder hätte verlassen dürfen. Allerdings wäre dies wohl auch davon abhängig gewesen, ob die Ermittlungsbehörden aufgrund der Erkenntnisse über Dirk P. weitere Nachforschungen durchgeführt hätten. In Anbetracht der drei aufgeklärten Morde des Verurteilten erscheint das plötzliche Ableben seiner Großmutter zumindest mysteriös. Zu weiteren Ermittlungen kam es jedoch nicht mehr, denn Ende März 2014 setzte Dirk P. im Haftkrankenhaus seinem Leben ein Ende. Zwar sollte der Suizidgefährdete dort immer noch rund um die Uhr von Pflegern überwacht werden, was eine sehr selten angeordnete Sicherungsmaßnahme war, aber zuletzt hatten die Ärzte anscheinend eine Besserung diagnostiziert, denn es war vorgesehen, P. in den normalen Vollzug der Justizvollzugsanstalt Tegel zu verlegen. Doch offenbar hatten sie sich geirrt.

Quellen

Berliner Zeitung vom 06.05.2012, 22.02., 02.03.2013, 01.04.2014
Der Tagesspiegel vom 22.05., 23.05., 27.05., 29.05.2012, 22.02., 02.03.2013
Die Welt vom 06.05.2012, 21.02.2013
Berliner Morgenpost vom 21.02.2013, 21.06., 25.06.2013
taz vom 22.02.2013
Landgericht Berlin, Urteil vom 28.06.2013, Az: (540) 234 Js 229/12 Ks (19/12)

Zerstückelt

Ob Mord oder Totschlag vorlagen, hatte das Landgericht Berlin im März 2010 zu entscheiden, als es über eines der abscheulichsten Verbrechen in Berlin seit der Wiedervereinigung urteilen musste. Was war passiert?

Der 27-jährige Germanistikstudent Mario Z. hatte am 30. August 2009 am Bahnhof Zoo den 42-jährigen Obdachlosen Jochen G. kennengelernt und wenige Stunden später in seiner Wohnung im Bezirk Schöneberg umgebracht. Erst zechte er mit seinem Opfer, danach zerstückelte er es mit einer Axt. Ein grauenhaft blutiges Verbrechen!

Mario Z. führte bis dahin ein relativ unauffälliges Dasein. Er wurde in Berlin geboren und wuchs hier gemeinsam mit seiner sieben Jahre älteren Schwester im Haushalt der Eltern auf. Als diese sich trennten, war er sieben Jahre alt. Mario blieb gemeinsam mit seiner Schwester bei der Mutter und besuchte Grund- und Hauptschule in Berlin. Der Vater ging nach der Trennung nach Thailand, wo er eine Zeit lang mit einer von dort stammenden Frau lebte, kehrte aber später nach Berlin zurück.

Im Alter von 14 Jahren zog Mario mit seiner Mutter, einer Sekretärin, und seiner Schwester – beide waren praktizierende Anhänger der Zeugen Jehovas – nach Baden-Württemberg. Er fühlte sich jedoch nicht wohl dort und ging etwa ein Jahr später zurück nach Berlin, um bei seinem alkoholkranken Vater, einem gelernten Feinmechaniker, zu leben. Einfach hatten sie es nicht miteinander, Mario war ein recht aufmüpfiger Jugendlicher.

Im März 2010 stand der von Boulevard-Blättern als „deutscher American Psycho“ bezeichnete Student der Humboldt-Universität zu Berlin vor Gericht, genauer gesagt vor der 29. großen Strafkammer des Landgerichts Berlin. Die mit drei Berufsrichtern und zwei Schöffen besetzte Kammer, die vor allem zur Aburteilung bei Mord- und Totschlagsdelikten zuständig ist, wird auch als Schwurgericht bezeichnet.

Die von den Medien kreierte Betitelung des gutaussehenden, intelligenten und offensichtlich skrupellosen Täters geht auf den im Jahre 2000 verfilmten Roman *American Psycho* zurück, in dem ein in der Oberschicht angekommener unauffälliger Snob aus purer Langeweile und Mordlust zum Serienmörder wird. Mario Z. war – ähnlich wie die Romanfigur – ein sozialer Aufsteiger: ziemlich unscheinbar, doch soll er mitunter versnobt gewirkt haben.

Die Vorsitzende Richterin des Schwurgerichts, offensichtlich inspiriert von den Boulevardmedien, verglich den Fall mit dem Hitchcock-Thriller *Psycho*, in dem ein junger, unauffälliger Mann mehrere Menschen umbringt. Glaubt man den Zeugen im Prozess, trat Mario häufig arrogant und zynisch auf. Dann zeigte er ein mitunter schwer erträgliches Überlegenheitsgehabe, wobei er trotzdem eher als introvertiert galt. Allerdings hatte er auch ein zweites, hilfsbereites Wesen, so sagte es zumindest eine Ex-Freundin vor Gericht aus.

Nach Abschluss der Oberschule mit einem erweiterten Hauptschulabschluss absolvierte Mario eine Ausbildung zum Maler und Lackierer, fand jedoch keinen Job. Er entschied sich daher, das Abitur auf dem zweiten Bildungsweg nachzuholen. Laut Gerichtsurteil hatte er „das Gefühl, er sei zu mehr als zu einer Lehre in der Lage und hatte auch keine Lust, in seinem erlernten Beruf zu arbeiten. So begann er am Einstein-Kolleg in Berlin-Schöneberg die Schule und finanzierte sich einerseits über BAföG-Zahlungen und andererseits mit Gelegenheitsjobs." Mario bewegte sich in der Gothic-Szene und war mit Sarah S. liiert, die er dort kennengelernt hatte. Man definierte sich über schwarze Klamotten und hielt sich bei düsterer Musik in dunklen Gothic-Locations auf. Eigentlich alles relativ normal für einen jungen Erwachsenen.

Mario Z. war allerdings bereits 2005, kurz vor seiner Abiturprüfung, erstmals mit dem Gesetz in Konflikt gekommen. Er hatte bereits etwa drei Jahre im Einstein-Kolleg absolviert und war auf dem besten Weg zum Abitur gewesen, als er zwei Tage vor Silvester festgenommen und ein Vierteljahr später wegen schwerer räuberischer Erpressung zu einer Freiheitsstrafe von drei Jahren verurteilt wurde. Mario hatte sich in Geldnot befunden und angetrunken auf offener Straße einen Mann mit einer Schreckschusspistole bedroht und ausgeraubt. Laut Gerichtsurteil spielten sich die Geschehnisse folgendermaßen ab: „Am 29. Dezember 2005 erfuhr der Angeklagte, dass er seine nächste BAföG-Zahlung (...) erst gegen Ende Januar 2006 erhalten würde. Über den damit entstehenden wirtschaftlichen Engpass verärgert, begann er in den Abendstunden Alkohol zu trinken. Da seine spärlichen Vorräte nach kurzer Zeit aufgebraucht waren, beschloss er, noch eine Flasche Wein zu kaufen. Gegen 21.40 Uhr begegnete ihm (...) der Zeuge B., der gerade seine Tochter und seine Freundin von der Kirche abholen wollte. Kurz entschlossen zog der Angeklagte seine mitgeführte und geladene Schreckschusswaffe (...), lud diese vor den Augen des Zeugen B. durch und hielt sie ihm mit ausgestrecktem Arm an die Schläfe. Anschließend forderte er den Geschädigten auf, sein Bargeld herauszugeben." Er erbeutete läppische 15 Euro und eine Schachtel Zigaretten: „Der Zeuge, der Angst um sein Leben hatte (...), übergab dem Angeklagten seine gesamten Barmittel in Höhe von 15,00 Euro. Als der Angeklagte sich damit nicht zufrieden gab und erneut die Waffe an die Schläfe des Geschädigten hielt, gab dieser noch eine Schachtel mit Zigarillos der Marke ‚Moods' heraus. Daraufhin entfernte sich der Angeklagte mit den ihm übergebenen Gegenständen, auf die er – wie er wusste – keinen Anspruch hatte."

Für diese Dummheit musste Mario drei Jahre in den Knast! Wie üblich bei guter Führung, kam er nach Verbüßen von zwei Dritteln der Strafe am 8. April 2008 auf Bewährung frei. Noch während der Untersuchungshaft hatte er sich um den Erhalt seines Schulplatzes bemüht, weil ihm bis zum Abitur lediglich ein halbes Jahr fehlte. Während der Haft wurde ihm der Schulbesuch als Freigänger ermöglicht, und im Herbst 2007 legte Mario kurz vor Ende seines Gefängnisaufenthalts das Abitur erfolgreich ab.

Sein Vater hielt zu ihm, und gerade während der Zeit seiner Inhaftierung entwickelt sich zwischen den beiden ein gutes Verhältnis. Auch die Beziehung zu seiner Freundin, einer Friseurin, überstand die Haftzeit, war aber schon von Beginn an nicht unproblematisch gewesen, sondern von häufigen Streitigkeiten und cholerischen Eifersuchtsanfällen geprägt. Mario soll gegenüber seiner jüngeren Freundin überheblich aufgetreten sein und sie häufig erniedrigt haben. Nach seiner Entlassung aus dem Gefängnis lebte er kurzzeitig in der Wohnung von Sarah, bevor sich beide endgültig trennten. Mitunter sei es der Katze besser ergangen als ihr, sagte die junge Frau während des Prozesses aus. Trotzdem – Mario schien bestens resozialisiert, löste sich aus der Gothic-Szene und trug fortan Jacketts. Sein Bewährungshelfer attestierte ihm, wie die *Frankfurter Allgemeine Zeitung* am 24. März 2010 schrieb, ein Leben in stabilen Verhältnissen: „Es gab keine Anzeichen für diese [die spätere, E. R.] Tat."

Ende 2008 kam Fränzi R., die frühere Freundin von Mario, nach mehreren Jahren Aufenthalts im Ruhrgebiet nach Berlin zurück und lebte kurze Zeit mit ihm in seiner Einzimmerwohnung in Berlin-Schöneberg, bevor sie in eine eigene Wohnung zog. Die Beziehung zwischen beiden war eher locker, ohne große Konflikte, sie trafen sich gelegentlich, hatten Sex, aber grundsätzlich ging jeder seiner eigenen Wege.

Mario hatte sich nach seiner Haftentlassung um einen Studienplatz bemüht und konnte schließlich im Sommersemester 2009 mit dem Studium seines Wunschfachs Germanistik an der Humboldt-Universität beginnen. Zuerst allerdings studierte er lediglich auf Sparflamme. Mario wollte wohl erst mal etwas hineinschnuppern und dann im Wintersemester voller Elan loslegen mit seinem Studium. Seinen Lebensunterhalt finanzierte er sich bis dahin durch BAföG-Zahlungen und über Nebenjobs. Er renovierte Wohnungen und verrichtete Gartenarbeiten.

Zum richtigen Studienbeginn sollte es jedoch nicht mehr kommen, denn zwei Monate vor Semesterbeginn tötete Mario einen Menschen. Mit mehreren Schlägen zertrümmerte er dessen Schädel, rammte, um ganz sicher zu gehen, dem Opfer noch mehrmals ein Messer in die Brust und zerstückelte anschließend die Leiche, um die Identifizierung zu erschweren. Zwei Tage lang tat Mario alles, um Spuren zu beseitigen. Er strich seine Küche weiß und deponierte mit Blut benetzte Sofapolster im Keller. Doch noch bevor er alles beseitigt hatte, stellte er sich der Polizei. Erst anhand gespeicherter Fingerabdrücke und nach Auswertung von Überwachungskameras am Bahnhof Zoo konnte die Polizei die Identität des verstümmelten Opfers aus Brandenburg klären.

Laut Gericht war der getötete Jochen G. schwer alkoholkrank: „Sein Leben bestand darin, sich im Übermaß Alkohol zuzuführen, wobei er sich auch in unregelmäßigen Abständen zur Entgiftung in Krankenhausbehandlungen begeben musste. Anlässlich einer Einlieferung wegen einer Alkoholvergiftung wurde eine Alkoholisierung von circa 5 ‰ festgestellt (...). Jochen G. war obdachlos und ergriff jede sich ihm bietende Gelegenheit, um Alkohol zu trinken. Ein Blutalkoholgehalt von 2 bis 4 Promille war nicht ungewöhnlich."

Einige Leichenteile des Opfers fanden die Ermittler später in Marios Gefrierschrank, Kopf und Torso waren allerdings nicht dort aufbewahrt. Der Täter hatte sie in Plastiksäcke verpackt und auf einem ehemaligen Bahndamm verschwinden lassen.

Warum diese schreckliche Tat? Welche Motive lagen dahinter? Mario gab vor Gericht darüber keine Auskunft. Er beharrte im Prozess auf seinem Aussageverweigerungsrecht und schwieg eisern. War Mario Z. wirklich wie dieser „American Psycho", wie es in den Zeitungen stand? Ein Psychopath, der aus purer Lust wahllos Menschen tötet? Oder plante er den perfekten Mord, wie es ein Zeuge aussagte? Der Gutachter konnte dies nicht vollkommen ausschließen, denn viele junge Männer hätten solche Fantasien, sich als „Herr über Leben und Tod" zu fühlen. Die Frage sei jedoch, ob man die auch wirklich auslebe.

Hatte Mario Z. etwa seine kruden Allmachtsfantasien ausgelebt? Stefan C., einem der Zeugen, hatte Mario Z. vor der Tat genau solche Fantasien offenbart. Der 27-jährige Architekturstudent, ein Bekannter aus dem Einstein-Kolleg, berichtete vor Gericht, dass Mario Z. schon Jahre zuvor von Albträumen erzählt habe, in denen er selbst der Mörder gewesen sei. Angeblich hätte er gern gewusst, wie sich das so anfühle, einen anderen Menschen umzubringen. Mario hatte jedoch in den polizeilichen Vernehmungen zuvor vehement bestritten, derartige Gespräche überhaupt geführt zu haben. Stefan C. berichtete außerdem von konkreteren Gedankengängen Anfang 2009. Die beiden Studenten seien sich darüber einig gewesen, dass man mit einem Alkoholrausch schlichtweg alles entschuldigen könne und es sich beim Opfer eines perfekten Mordes am besten um einen Obdachlosen handeln solle, den niemand vermissen dürfe und dessen Leiche man unkenntlich machen müsse. Das klingt nun tatsächlich wie die Blaupause zur späteren Tat! Aber das Gericht glaubte den Einlassungen des Zeugen nicht, da C. sich mitunter widersprach. Die große Strafkammer urteilte daher: „Insgesamt wirkte die diesbezügliche Aussage des Zeugen C. nicht in dem Maße glaubhaft, dass die Kammer hierauf sichere Feststellungen zu stützen vermochte. So hat der Zeuge zwar möglicherweise mit dem Angeklagten über die Frage der Begehung eines perfekten Mordes geredet. Wie ernsthaft solche Gespräche jedoch geführt wurden und bezüglich der hierbei im Detail zur Sprache gekommenen Gesichtspunkte hatte die Kammer Zweifel an der Glaubhaftigkeit der Bekundungen des Zeugen."

Stefan C.s Ausführungen vor Polizei und Gericht hatten sich in Nuancen unterschieden, allerdings in wichtigen. Die Richterin wurde schon während der Aussage skeptisch und unterbrach laut *Frankfurter Allgemeiner Zeitung* den Zeugen mit den Worten: „Kann es nicht sein, dass Sie da etwas durcheinandergebracht haben mit dem, was in der Presse berichtet wurde?" Trotz der vorherigen Vernehmungen bei der Polizei hatte Stefan C. erstmals im Rahmen der Hauptverhandlung ausgesagt, dass er mit Mario besprochen habe, Teile der Leiche möglicherweise an einem Bahnhof abzulegen. Da er dies nie vorher erwähnt hatte, kam dem Gericht diese Aussage sehr zweifelhaft vor. Endgültig unglaubwürdig machte Stefan C. sich jedoch, als er behauptete, das Gespräch in Marios Wohnung beim Fernsehen geführt zu haben, und es sich herausstellte, dass dort kein Fernsehempfang möglich gewesen war. Die Kammer urteilte daher wie folgt: „Es erschien eher so, als dass der Zeuge in seine Erinnerung auch Schilderungen, die er der Tagespresse über das vorliegende Verbrechen entnehmen konnte, eingebunden hatte. (...) Zudem erklärte die Zeugin N., dass in der Wohnung des Angeklagten zum damaligen Zeitpunkt (Anfang 2009) kein Fernsehen zu empfangen gewesen sei, sodass auch die Aussage des Zeugen C., er erinnere sich an das Gespräch Anfang 2009, da man zuvor eine Talkshow gesehen habe, insoweit widerlegt ist."

War es also doch eine Tat im Affekt? Seiner Mutter schrieb Mario Z. aus dem Gefängnis, es habe Streit um Kleingeld gegeben und er sei dabei ausgerastet, habe wie von Sinnen mit der Axt zugeschlagen und danach in Panik versucht, die Spuren zu verwischen. War das wirklich so gewesen? Kann jemand, der im Affekt zuschlägt und über sich selbst entsetzt ist, tatsächlich noch die Kälte aufbringen, einen Körper zu zerstückeln, in Plastiktüten zu packen und teilweise zu vergraben? Das waren die entscheidenden Fragen, die die 29. große Strafkammer des Berliner Landgerichts zu beantworten hatte. Geplanter Mord oder Totschlag im Affekt? Nur diese Alternativen kamen in Betracht – das machte allerdings einen Unterschied zwischen einer zeitigen, also zeitlich begrenzten Freiheitsstrafe und lebenslänglich.

Mehr als zwei Wochen lang wurde vor dem Landgericht Berlin an sechs Verhandlungstagen ein Tötungsdelikt verhandelt, in dem gar nichts „normal" zu sein schien. Die Staatsanwaltschaft ging davon aus, dass Mario Z. einen perfekten Mord begehen wollte. Monatelang schon habe der Student diese Tat geplant, hieß es in der Anklage. Mario sei der Ansicht gewesen, dass ihm niemand auf die Schliche komme, wenn sich keine Verbindung zwischen Opfer und Täter herstellen lasse. Deshalb habe er sich als Opfer einen Obdachlosen – einen vollkommen Fremden – ausgesucht. Klingt plausibel, wenn man den perfekten Mord plant. Morde sind meistens Beziehungstaten und werden zu 99 Prozent aufgeklärt. Die Aufklärung ist jedoch dann am schwierigsten, wenn weder ein persönliches Motiv noch eine persönliche Beziehung zwischen Opfer und möglichem Täter ermittelt werden.

Die Verteidigung plädierte im Falle von Mario Z. auf Totschlag und beantragte wegen des vermutlich hohen Alkoholpegels ihres Mandanten eine Strafe im unteren Drittel des Strafrahmens. Laut Marios Anwalt habe man zu zweit eine Art Wetttrinken veranstaltet und sei dann in Streit geraten. Es sei um Kleingeld gegangen, nur um ein paar Münzen. Im Suff habe dann sein Mandant „wie von Sinnen" mit der Axt auf den Obdachlosen eingeschlagen und noch mit einem Messer zugestochen. Eine Tat im Affekt also. Am nächsten Morgen sei er panisch erwacht, habe sich an kaum etwas erinnern können und wollte alle Spuren verwischen. Außerdem, so sein Verteidiger, habe sich Mario Z. zwei Tage nach der Tat schließlich freiwillig gestellt. „So handelt niemand, der einen perfekten Mord begehen will", führte er laut *Süddeutscher Zeitung* vom 8. März 2010 in seinem Plädoyer aus.

Das Gericht bezeichnete Mario Z. als eine nach außen stets geordnete und unauffällige Persönlichkeit und attestierte ihm „eine nicht nur gute Intelligenz, Konzentriertheit und Gedächtnisleistung, sondern auch eine sehr gute Selbstkontrolle". Seine geistige Leistungsfähigkeit sei nach dem klinischen Eindruck überdurchschnittlich. Z. sei intelligent, relativ unauffällig, außergewöhnlich kontrolliert, überlegen und besonnen, sagte der Gutachter. Allerdings habe er „gelegentlich im Übermaß Alkohol getrunken, wobei er dann vereinzelt auch aggressiv und ausfällig wurde, sowohl verbal als auch handgreiflich". Der Gutachter diagnostizierte mangelndes Selbstwertgefühl mit narzisstischem Bewältigungsmodus, was – besonders in angetrunkenem Zustand – bei Z. schon mehrfach zu aggressiven Ausbrüchen geführt habe. Beispielswiese war er nach einer Schlägerei aus einer Burschenschaft ausgeschlossen worden und auch schon mal wegen eines ähnlichen Vorfalls im Krankenhaus gelandet. Trotzdem glaubte der Gutachter nicht, dass Z. sein Opfer nur wegen eines bisschen Wechselgeldes attackiert habe, wie Mario Z. später in dem abgefangenen Brief an seine Mutter behauptete. Nach seiner Auffassung sei der Angeklagte ziemlich normal. Der Tod seines Vaters kurz vor der Tat sei für ihn überraschend gekommen und habe ihn nachvollziehbar erschüttert, ohne dass dieses

Ereignis jedoch weitere psychische Folgen bei ihm gezeitigt habe. Kurzum: Alles keine Ursachen für diese schreckliche Tat.

Im Urteil sollte schließlich stehen: „Anhalte für Schwachsinn, eine schwere andere seelische Abartigkeit oder eine krankhafte seelische Störung hätten sich in Anbetracht des Lebenslaufes und der Persönlichkeitsstruktur des Angeklagten nicht ergeben." Eine Szene prägte sich den Zuschauern des Prozesses dennoch ein: Mario Z. stand mit einer Hand locker in der Hosentasche vorn am Richtertisch und schaute sich mit den anderen Prozessbeteiligten interessiert die Hochglanzfotos von den Leichenteilen an, als ginge ihn alles nichts an. Wer die Fotos gesehen hat, sprach von einem schwer zu ertragenden Anblick. „Herr Z. hat sich völlig emotionslos diese Bilder angeschaut. Ist das ein normales Verhalten?", fragte laut *Frankfurter Allgemeiner Zeitung* vom 24. März 2010 anschließend der Staatsanwalt, ohne darauf eine Antwort zu erhalten.

Bevor sich das Gericht genauer mit Marios Persönlichkeitsstruktur beschäftigen konnte, musste es zunächst den genauen Ablauf der Tatnacht rekonstruieren. Mario Z. war in der Nacht zum Sonntag, dem 30. August 2009, nach dem Besuch eines Internetcafés mit der U-Bahn zum Bahnhof Zoologischer Garten gefahren. Es musste schon nach Mitternacht gewesen sein, denn um halb eins tätigte er von seinem Handy noch einen Anruf, der von einem Sendemast aus der Nähe des Internetcafés aufgefangen wurde. Am „Bahnhof Zoo", wie man den einstmals sozialen Brennpunkt Westberlins nennt, lernte Mario sein späteres Opfer kennen. Er bot dem obdachlosen Alkoholiker an, bei ihm zu übernachten. Warum? Aus reiner Menschlichkeit? Oder plante er da bereits, ihn umzubringen? Nach Ansicht des Gerichts war ein solches Verhalten, „nämlich mit einem Wohnungslosen gemeinsam zu trinken und diesen gar mit in die eigene Wohnung zu nehmen", für Mario ziemlich unüblich. Warum war er überhaupt auf seinem Heimweg am Bahnhof Zoo ausgestiegen? Vom „Zoo" aus musste er noch einen ordentlichen Fußmarsch zu seiner Wohnung zurücklegen. Er hätte mit öffentlichen Verkehrsmitteln durchaus schneller zu seiner

Wohnung kommen können. Ein Indiz dafür, dass er ein passendes Opfer suchte?

Fakt ist, dass Mario und Jochen, nachdem sie am Bahnhof Zoo schon Bier miteinander getrunken hatten, sich auf den Weg zu Marios Wohnung machten. Der obdachlose Jochen freute sich vermutlich über Marios Angebot und ging bereitwillig mit. Gegen 3.30 Uhr erreichten sie auf halbem Weg eine Tankstelle und kauften dort vier Flaschen Bier als Wegzehrung. Allerdings konsumierten sie dann das Bier doch gleich vor Ort. Mario geriet mit dem Tankwart in Streit, weil er glaubte, beim Wechselgeld betrogen worden zu sein. Erst als der Tankwart mit der Polizei drohte, gab Mario klein bei, um mit seinem neu gewonnenen Kumpel weiter zu trinken. Unauffälliges Verhalten bei der Planung eines perfekten Mordes war das nun gerade nicht. Spricht das eher für Affekt? Oder betrank sich Mario mit dem Vorsatz, dann im Vollrausch schuldunfähig zu sein, und suchte sich sicherheitshalber Zeugen dafür? Er hätte sich dann lediglich gemäß § 323a StGB strafbar gemacht, als jemand, der sich in einen Rausch versetzt und in schuldunfähigem Zustand eine Straftat begeht. Immerhin hätte er auch dafür fünf Jahre Haft bekommen können, soweit man nicht hätte nachweisen können, dass er genau dies wollte. In diesem Fall hätte ihm sein Rausch gar nichts genutzt, im Strafrecht actio libera in causa genannt. Letztendlich spielten jedoch derartige Feinheiten in diesem Fall keine Rolle. Der Tankwart stellte jedenfalls keine sonderlichen Ausfallserscheinungen bei Mario fest, auch wenn der sich später auf Erinnerungslücken berufen sollte. Eine Tat im Vollrausch hielt das Gericht schon wegen dieser Aussage für eher unwahrscheinlich.

Definitiv ausgeschlossen wurde von der Kammer ein Vollrausch jedoch vor allem wegen jener Handlungen, die Z. nach der Tötung vollzog. Im Urteil hieß es: „Der Angeklagte habe über einen Zeitraum von mehreren Stunden mit dem Zerlegen der Leiche, Verpacken und Abtransport von Torso und Kopf ein außerordentlich starkes und differenziertes Leistungsbild gezeigt.“ In nur acht Stunden hatte der Student die Leiche zerlegt,

Arme und Beine in den Tiefkühlschrank gesteckt, Kopf und Torso mit dem Fahrrad auf ein altes Bahngelände geschafft und teilweise verscharrt sowie seine Küche neu gestrichen. „Gegen eine Tat im Vollrausch spricht sein makaberes Leistungsverhalten danach", sagte daher laut *B.Z.* die Vorsitzende Richterin in ihrer mündlichen Urteilsbegründung. Im Hinblick auf diese die Tat begleitenden Umstände könne ein Vollrausch sicher ausgeschlossen werden. Keine krankhafte Störung und nicht einmal ein Vollrausch in der Tatnacht also. Das konnte knapp werden für Mario.

Weiter im Tatgeschehen: Um 4.55 Uhr trat Jochen G. an den Nachtschalter der Tankstelle heran, um zwei weitere Flaschen Bier zu kaufen. Mario, der sich wegen des vorangegangenen Streites nicht mehr selbst in die Nähe des Tankwarts traute, hatte ihn geschickt und ihm Kleingeld gegeben. Danach verließen sie mit den Bierflaschen das Tankstellengelände, um gemeinsam den Rest der Strecke bis zu Marios Z.s Wohnung anzutreten. Frühestens zwanzig Minuten später, so gegen 5.15 Uhr, erreichten sie die im Hinterhaus gelegene Erdgeschosswohnung. Mario kletterte durch das zum Hof gelegene, angelehnte Fenster, da er den Wohnungsschlüssel verloren hatte. Im Gerichtsurteil wurde zweifelsfrei festgestellt, dass Mario dem späteren Opfer in der Küche das Nachtlager bereitete. Hierfür klappte er die in der Küche stehende Couch aus und holte für seinen Gast Zudecke und Kissen. Danach sollen laut Mario Z. beide noch ein Bier auf Ex getrunken haben.

Bis hierhin hatte Mario den Sachverhalt bei der Polizei ausführlich selbst geschildert, aber an das, was danach geschah, wollte sich Mario Z. angeblich nicht mehr erinnern können. Amnesie oder vorgetäuschter „Filmriss"? Anhand der Beweisaufnahme muss sich das Geschehen dann folgendermaßen abgespielt haben: Jochen G. entkleidete sich bis auf den Slip und legte sich hin, um zu schlafen, wobei er sich mit der Zudecke bis zum Hals bedeckte. Er war wie so oft vollkommen betrunken. Er hatte mindestens 3,7 Promille im Blut, wie die Gerichtsmediziner später feststellten.

Dann geschah eine erschütternde, eine blutige Tat! Als im Gerichtssaal die überaus grausamen Details verlesen wurden, wurde einem Zuhörer übel und die Richterin musste kurz unterbrechen, bis der zusammengesackte Mann auf der Zuhörerbank wieder zu sich kam. Wirklich kaum zu glauben und völlig unverständlich: Während sich sein Kumpel zur Ruhe gebettet hatte, holte Mario Z. eine in seinem Besitz befindliche massive Axt, die er schon seit geraumer Zeit in seiner Wohnung aufbewahrt hatte. Warum er überhaupt eine Axt in seiner Stadtwohnung hatte, wurde vor Gericht nicht thematisiert. Doch eine Axt zu besitzen, ist nicht verboten und allenfalls ein schwaches Indiz für ein geplantes Verbrechen. Es handelte es sich um eine offensichtlich ältere Zimmermannsaxt mit einem stabilen, circa 40 Zentimeter langen Holzstiel und einer 25 Zentimeter langen Schneide. Mit dieser Axt jedenfalls holte Mario Z. aus und schlug in Richtung Stirn des auf der Couch liegenden Opfers. Jochen G. nahm wohl die Ausholbewegung im letzten Moment wahr und hielt sich reflexartig die Hände schützend vor sein Gesicht. Mehr konnte er nicht tun. Die Axt fuhr durch Haut, Fleisch und Knochen. Die Klinge trennte von der rechten Hand des Opfers einen Teil des Zeige-, Mittel- und Ringfingers und das Endglied des linken Ringfingers ab und zertrümmerte seine Stirn. Die Stirnverletzung konnte laut Gutachter nur deshalb dieses Ausmaß haben, weil das Opfer gelegen hatte und der Kopf etwas fixiert gewesen war. Hätte das Opfer den Schlag gegen die Stirn in einer stehenden oder sitzenden Position erhalten, hätte der Kopf nachgegeben und die Wunde wäre weniger tief gewesen. Im trockenen Juristendeutsch des Gerichts liest sich das so: „Sodann öffnete die Schneide der Axt die Schädelhöhle im Stirnbereich nahezu horizontal verlaufend breitflächig bei Bruch des Schädeldaches und der Schädelbasis, wobei es zur Verletzung und dem Heraustreten des Hirngewebes kam. Der Axthieb reichte in der Tiefe vom rechten Ohr bis zum linken Hinterhaupt und endete dort circa 7 cm hinter dem linken oberen Ohransatz. Entsprechend der breit klaffenden Verletzung wurde das Großhirn relativ glatt bis an das Kleinhirn heran durchtrennt." Tröstlich ist zumindest, dass Jochen bereits durch diesen einen Schlag getötet und nicht weiter gequält wurde. Mario versetzte seinem Opfer nach dessen Tod noch einen weiteren Schlag und spaltete den Unterkiefer bis hinunter zum Hals. Danach holte er ein Messer und stach seinem bereits toten Opfer dreimal wuchtig tief in die Brust und verletzte Herz, Leber, Lunge, Zwerchfell und Magen. Der Täter habe „Vernichtungsbereitschaft" und „Vernichtungswillen" gezeigt, erklärte der Staatsanwalt in seinem Plädoyer. Die „kaltblütige" Tat käme einer „Hinrichtung" gleich, meinte er laut *Bild*.

Unmittelbar nach der Tat in den Morgenstunden des 30. August 2009 zerteilte Z. sein Opfer, um die Leiche besser beseitigen zu können. Der Kopf sei „mehrfach angesetzt abgehackt" worden, hieß es im Gutachten. Auch die Füße in Höhe des oberen Sprunggelenks wurden mit der Zimmermannsaxt abgehackt. Arme und Beine habe Mario Z. aus den Gelenkpfannen „herausgeschält", was laut Gericht eine langwierige und schwierige Arbeit sei. Mario müsse daher sofort nach der Tat damit begonnen haben. Danach trennte Mario Z. laut Gericht „mittels eines Messers die Rückenhaut großflächig ab über die gesamte Rückenbreite und in einer Länge von circa 50 cm. Lediglich im Bereich der seitlichen Schulteranteile sowie im Kreuzbeinbereich blieben Hautanteile zurück: Die Wirbelsäule wurde dadurch vom Nacken bis zum Lendenbereich freigelegt. Zudem entfernte der Angeklagte Teile der Muskulatur." Entsetzlich! Er häutete sein Opfer also auch noch! Warum er dies tat, wurde bis zum Ende des Verfahrens nicht aufgeklärt. Zur besseren Beseitigung der Leiche war das schlichtweg nicht notwendig. Irgendwelche sadistischen oder psychotischen Anwandlungen des Z. waren dem Gutachter allerdings nicht aufgefallen.

Sowohl die Leichenzerteilung als auch die Lösung der Haut und Muskelteile vom Rücken des Opfers waren eine außerordentlich aufwendige und schwierige Tätigkeit über einen nicht unerheblichen Zeitraum, die mit einem Vollrausch nicht vereinbar sei, meinte der Gerichtsmediziner. Danach verstaute Mario Z. Arme und Beine sowie die abgetrennten Füße des

Opfers in seinem Gefrierschrank. Kopf und Rumpf steckte er in schwarze Plastiksäcke und brachte sie am Sonntagmorgen mit seinem Fahrrad zu einem abgelegenen Bahngelände des ehemaligen Güterbahnhofs Schöneberg in der Nähe seines Wohnortes. Die Plastiktüte mit dem Torso legte er in das unzugängliche Unterholz des Geländes. Den Kopf des Opfers vergrub er zunächst in der Erde. Die abgetrennten Hautteile, das herausgeschnittene Muskelfleisch sowie die abgetrennten Fingerglieder wurden nie gefunden. Danach begann Mario Z. seine Wohnung, die mit Blutspritzern bis in einer Höhe von über zwei Metern übersät war, zu säubern und strich eine Wand mit weißer Farbe. Bettzeug und Couch deponierte er im Keller. Später wurde daran Hirnmasse des Getöteten gefunden.

Warum Mario Z. ein solch scheußliches Verbrechen ausführte, konnte das Gericht letztendlich nicht zweifelsfrei feststellen: „Möglicherweise hatte sich der Angeklagte schon längere Zeit mit dem Gedanken getragen, einen Menschen zu töten, und er nutzte die Gelegenheit, die ihm sein Übernachtungsgast bot, zur Umsetzung des Vorhabens spontan aus. Dass er Jochen G. planungsvoll in seine Wohnung gelockt hat, um diesen zu töten, vermochte die Kammer nicht sicher festzustellen."

Mario Z. konnte allerdings nach der Tat nicht mehr richtig schlafen. Gewissensbisse? Am Morgen des 1. September 2009 hatte er bei seinem Bewährungshelfer zu erscheinen, er hinterließ dort einen sehr verstörten Eindruck. Am selben Tag noch beichtete er seine Tat seiner Freundin Fränzi R. Er telefonierte mit ihr und deutete an, dass etwas Schlimmes passiert sei und er mit ihr reden müsse. Er erschien kurz danach in ihrer Wohnung und beichtete, dass er im Suff „aus dem Nichts heraus zu einer Axt gegriffen" und einen Trinkkumpan „von hinten mit der Axt erschlagen" habe. Alles sei ganz schnell gegangen, sein Opfer sei ziemlich betrunken gewesen und habe gar keine Chance gehabt zu schreien. Auf Anraten seiner Freundin nahm Mario Z. noch in den Abendstunden zu seinem Bewährungshelfer Kontakt auf und berief sich dort auf einen Filmriss. Man rief gemeinsam die Polizei.

Aufgrund der Angaben von Mario sicherte die Polizei schließlich die Leichenteile und fand außerdem in der Wohnung ein gut sichtbar auf dem Schreibtisch abgelegtes handschriftliches „Geständnis" mit folgendem Inhalt: „1.9.09 Geständnis Ich habe einen Menschen mit einer Axt erschlagen. Teile seines Körpers liegen in meiner Tiefkühltruhe, weitere habe ich am Bahndamm neben der Brücke Handjerystraße verscharrt. Desweiteren befinden sich in meinem Keller Säcke mit blutigen Textilien etc. (...)"

Da kein zweifelfrei nachweisliches Motiv für die Tat vorlag, fiel das Mordmerkmal der niedrigen Beweggründe weg. Einen lang geplanten „perfekten Mord" sah das Gericht nicht und folgte den diesbezüglichen Ausführungen des Staatsanwalts nicht. Mario Z. hatte ja von Anfang an abgestritten, die Tat geplant zu haben. Er habe im Affekt gehandelt, weil er sich mit dem Mann um Wechselgeld stritt.

Noch vor Beginn der Hauptverhandlung schrieb Mario Z. einen Brief an seine Mutter. Der wurde beschlagnahmt und im Prozess ausgewertet. Darin stand: „Ich kam zunächst nicht an das Geschehen heran, die Erinnerung fiel schwer denn ich hatte, und habe ein quälendes Gefühl von Scham und musste mich lange damit beschäftigen um nach und nach die Erinnerung an das Geschehene wieder zu erlangen, welches ganz anders ist als in der Anklage dargestellt." Mario behauptete also, dass ihm langsam seine Erinnerungen zurückkämen. Rechtzeitig zu Prozessbeginn fiel ihm also ein, wie sich das Ganze abgespielt hatte. Vorher konnte er sich ja angeblich an die Tat nicht erinnern, während er zum Vor- und Nachtatgeschehen konkrete Angaben machen konnte. Das glaubte das Gericht, welches bereits Zweifel an der Amnesie hatte, nun überhaupt nicht mehr. Mario hatte den Brief auch erst dann geschrieben, nachdem er die Anklageschrift gelesen hatte und ergo vom Vorwurf des Mordes wusste.

Der psychiatrische Sachverständige Prof. Dr. K. stellte zum Brief Marios an seine Mutter lediglich lakonisch fest, dass die Behauptung, die Erinnerung sei zurückgekommen, bloßer „Volksaberglaube" sei. Zwar könnten Randgeschehnisse ausgeblendet werden, dramatische Ereignisse jedoch nicht. Es gelinge lediglich, nicht ständig daran zu denken. Mario hatte geschrieben, dass er in betrunkenem Zustand mit Jochen G. ins Gespräch gekommen sei und der ihn gebeten habe, noch etwas mit ihm zu trinken, als er sich in Richtung „Heimat" in Bewegung setzen wollte. Sie hätten keine „billige" Kneipe mehr gefunden, sodass sie an einer Tankstelle anhielten und dort tranken. Zuletzt habe er seinem obdachlosen Zechkumpan dann sein gesamtes Kleingeld von zehn Euro gegeben, um dort noch Nachschub zu holen, bevor sie die letzten beiden Flaschen Bier auf Ex in Marios Küche getrunken hätten. Er habe sein restliches Münzgeld zurückverlangt, um noch mehr Alkohol in der benachbarten Bar zu holen. Jochen bestritt angeblich, noch Geld übrig zu haben, und daraufhin sei die Tat geschehen, deren Hergang Mario Z., der sich ja nun vermeintlich wieder erinnern konnte, in seinem Brief an seine Mutter folgendermaßen beschrieb: „Ich geriet außer mir vor Wut, dieser Typ betrügt mich nachdem ich ihn die ganze Zeit eingeladen hatte! Ich lief ins Wohnzimmer und holte das Beil das dort lag, trat vor ihn und hielt es drohend. Ich verlangte das Wechselgeld, sonst würde etwas passieren. Er bekam es mit der Angst, stieß mich mit beiden Händen von sich und wollte offenbar abhauen. Ich hielt ihn auf und stieß ihn zurück auf die Liege und schlug wie von Sinnen zu, ich muss auch ein Messer genommen haben, der Arzt hat Messerstiche festgestellt."

Das Schwurgericht hielt den vermeintlichen Streit um Kleingeld allerdings nicht für sonderlich glaubhaft. Der psychologische Gutachter verneinte diese Tatvariante, da eine solche Unstimmigkeit viel zu unbedeutend sei, um bei Marios Persönlichkeitsbild eine derart starke affektive Erregung auszulösen, aus der heraus es zu einem Tötungsdelikt hätte kommen können. Durch die Rechtsmedizin konnte zudem nachgewiesen werden, dass Jochen G. bei der Tat nur mit einem Slip bekleidet war. Er musste sich also bereits zu Bett begeben haben, als er ermordet wurde. Das passte nicht zu Marios Schilderungen, der zuvor erklärt hatte, dass er sich lediglich an ein extrem starkes Schockgefühl erinnern konnte, als er den Mann vollständig bekleidet in seinem Blut liegend vorfand. Dies schloss die Rechtsmedizin aus, denn dann hätten sich Fasern in den Wunden des Opfers finden lassen müssen. Die Strafkammer stellte fest: „Der von dem Angeklagten im Brief an seine Mutter behauptete Ablauf der Tat ist dagegen mit dem festgestellten Spurenbild nicht vereinbar und die diesbezügliche Schilderung des Angeklagten durch die Beweisaufnahme in der Hauptverhandlung widerlegt worden. (...) Die Kammer ist insoweit zu der Überzeugung gelangt, dass der Angeklagte sich diese Tatschilderung ausgedacht hat, um die Tötung von Jochen G. zumindest ansatzweise gegenüber Dritten erklärbar zu machen, und deshalb nunmehr als Tatanlass einen Streit behauptet hat und den Tatablauf im Ansatz nunmehr so geschildert hat, dass die Axthiebe das Opfer auf der Liege getroffen haben, um damit auch eine Stimmigkeit zu der polizeilichen Rekonstruktion des Tatablaufs zu erzielen. Ein solches taktisches Verhalten steht auch im Einklang mit dem vom Sachverständigen Prof. Dr. K. aufgezeigten Persönlichkeitsbild des Angeklagten, das von guter Intelligenz, Selbstkontrolle und Zielorientierung geprägt ist."

Also keine Affekttat! Aber welches Mordmerkmal war erfüllt, wenn keine niederen Beweggründe vorlagen? Grausam war die Tathandlung erst nach dem Tod des Jochen G., nämlich die Zerteilung von dessen Leiche. Die Tat selbst war – im juristischen Sinn – nicht grausam gewesen. Also kam auch dieses Mordmerkmal nicht in Betracht. Ohne Mordmerkmal jedoch kein Mord! Etwa doch „nur" Totschlag? Es blieb noch „Heimtücke", doch die Staatsanwaltschaft hatte genau dieses Mordmerkmal zuvor aufgegeben und sich auf den Vorwurf des geplanten „perfekten Mordes" kapriziert. Die Staatsanwaltschaft meinte, dass sich der Obdachlose gegen den ersten, tödlichen Hieb mit dem Beil gewehrt haben könnte. Er sei also nicht mehr arg- und wehrlos gewesen.

Wäre das Gericht dieser Argumentation gefolgt, hätte es kein einziges Mordmerkmal mehr feststellen und Mario Z. nur wegen Totschlags verurteilen können – wie es sein Verteidiger beantragt hatte. Doch das Gericht widersprach dem Staatsanwalt. Heimtücke sei „sicher festgestellt", sagte die Vorsitzende

Richterin laut *Tagesspiegel* vom 24. März 2010. Der Obdachlose sei „völlig arglos“ gewesen, als er sich in der Wohnung von Z. auf die als vermeintliches Nachtlager angebotene Klappcouch legte. Das Opfer habe sich sicher gefühlt und geglaubt, „als Freund aufgenommen zu sein“. Einem Angriff habe er nichts entgegensetzen können. Weitere Abwehrverletzungen oder andere Verletzungen, die auf ein Kampfgeschehen hingedeutet hätten, waren nicht festgestellt worden. Das Gericht urteilte daher: „Der Angeklagte hat sich nach dem festgestellten Sachverhalt eines Mordes gemäß § 211 StGB schuldig gemacht. Er hat heimtückisch einen Menschen getötet.“ Es war der Ansicht, dass Mario Z. die Hilflosigkeit des zum Schlafen niedergelegten Opfers ganz bewusst ausgenutzt habe. Jochen G. hatte sich zuvor bis auf den Slip entkleidet und auf der Couch ausgestreckt, den Kopf abgelegt und sich mit der Decke zugedeckt, um zu schlafen. Ein solches Verhalten verdeutlicht laut Gericht, dass das Opfer sich keines Angriffes versehen hat. Jochen G. war arg- und wehrlos, so wie es der Tatbestand des § 211 StGB fordert. Also doch Heimtücke! Belegt sei dies mit den Erkenntnissen der Gerichtsmediziner, da die einzigen Abwehrverletzungen an den Händen durch einen Schlag unmittelbar vor dem Eintritt des Todes entstanden waren. Eine andere Gegenwehr war dem Opfer aufgrund des Überraschungsmomentes nicht mehr möglich gewesen und folgerichtig keine weiteren Abwehrverletzungen feststellbar. Im Übrigen hatte Mario seiner Freundin gestanden, dass alles sehr schnell gegangen sei und sein Opfer nicht mal reagieren konnte.

Im Gegensatz zur Staatsanwaltschaft urteilte das Gericht daher nachvollziehbar: „Das Mordmerkmal der Heimtücke war auch nicht dadurch ausgeschlossen, dass dem Opfer noch Zeit verblieb, den Angriff des Angeklagten wahrzunehmen und seine Hände vor dem tödlichen Schlag schützend vor sein Gesicht zu halten. Die auf Arglosigkeit beruhende Wehrlosigkeit des Opfers eines Tötungsdeliktes besteht auch dann, wenn der Täter seinem Opfer entgegentritt, die Zeitspanne zwischen dem Erkennen der Gefahr und dem unmittelbaren Angriff aber so kurz ist, dass keine Möglichkeit bleibt, dem Angriff irgendwie zu begegnen. Dies war vorliegend der Fall."

Allerdings hielt das Gericht dem Angeklagten eine „mittelgradige Beeinflussung" durch Alkohol zugute. Ihm wurde für die Tatzeit ein Promillewert zwischen 1,1 und 1,7 zugebilligt. Deshalb ging das Gericht von einer verminderten Schuldfähigkeit wegen der nicht ausschließbaren erheblich eingeschränkten Steuerungsfähigkeit aus. Zu Lasten des Z. wirkte sich die Grausamkeit der Tatumstände aus, wobei das Gericht nicht ausschloss, dass auch dies Ausdruck der alkoholbedingten Enthemmung gewesen sein kann. Strafmildernd wirkte sich schließlich auch aus, dass der Student sich selbst gestellt hatte und dass er wegen Bewährungswiderrufs mit einer Erhöhung der Gesamtstrafe zu rechnen hatte. So gab es für Mario Z. auch nicht die für Mord eigentlich übliche lebenslängliche Haft, sondern „nur" 13 Jahre und 10 Monate!

Seine Zukunft hat sich Mario Z. verbaut. Ein Jahrzehnt wird er wohl hinter Gittern verbringen müssen und wahrscheinlich erst im Alter von vierzig Jahren das Gefängnis verlassen können, denn nach § 57 StGB kann die Haftstrafe frühestens nach Absitzen von zwei Dritteln der verhängten Strafe unter Umständen zur Bewährung ausgesetzt werden.

Quellen

Der Tagesspiegel vom 02.09.2009, 18.03., 22.03., 23.03., 24.03., 25.03.2010
Berliner Zeitung vom 04.09., 05.09.2009, 09.03., 23.03., 25.03.2010
Berliner Morgenpost vom 25.03.2010
B.Z. vom 25.03.2010
Bild vom 24.03.2010
Frankfurter Allgemeine Zeitung vom 24.03.2010
Süddeutsche Zeitung vom 25.01.,08.03., 24.03., 25.03.2010
Der Spiegel vom 24.03.2010
Landgericht Berlin, Urteil vom 24.03.2010, Az: (529) 1 Kap Js 1765/09 Ks (1/10)

Der Feuermord

Im Oktober 2013 starb am Richard-Wagner-Platz in Berlin-Charlottenburg eine Frau eines grausamen Todes. Ihr Freund hatte sie nachts um 2.00 Uhr im Bett mit Spiritus angezündet. Zwar versuchte ein Nachbar, die Kleidung der ins Treppenhaus geflüchteten Frau noch zu löschen, aber dafür war es bereits zu spät. Ulrike N. stand bereits in Flammen und verbrannte bei lebendigem Leib. „Sie rannte schreiend, einer Fackel gleich, in das Treppenhaus, wo sie starb“, sagte die Staatsanwältin später während des Prozesses.

Ulrike N. wurde nur 45 Jahre alt. Täter war ihr 51-jähriger Freund Jorge Q., der kurz danach weinend auf einem Polizeirevier auftauchte und den überraschten Polizisten verkündete: „Ich habe meine Freundin umgebracht.“ Er wurde umgehend festgenommen, denn eine Verbindung zum nicht weit entfernten Tatort war umgehend hergestellt. Der Fall schien also schnell geklärt. Allerdings widerrief Jorge später sein Geständnis. Seine Aussagen bei der Polizei durften im Prozess nicht verwertet werden, da kein Rechtsanwalt anwesend gewesen war, obwohl Q. dies gefordert hatte. Alle Ungereimtheiten mussten nun also im Prozess geklärt werden. Am 15. April 2014 war der erste Verhandlungstag. Noch sechs weitere Verhandlungstage sollten folgen, bis dann am 4. Juni desselben Jahres das Urteil gesprochen wurde.

Die ehemalige Waldorflehrerin und der gebürtige Kubaner mit italienischem Pass waren seit 2004 liiert. Er arbeitete seit Anfang 2012 in Bayern und kam zuletzt nur noch an den Wochenenden regelmäßig zu ihr nach Berlin. Sie hatte inzwischen ihren Job an den Nagel gehängt und organisierte Seminare in „Naturaufstellungen“, bei denen man durch eine enge Verbindung mit der Natur „Klarheit gewinnen“ sollte. Außerdem half sie als „Releasingbegleiterin“, also beim „Loslassen belastender Erinnerungen“. Er war dagegen eher pragmatisch veranlagt und verfolgte solche Veranstaltungen seiner Freundin mit einer gewissen Skepsis.

Jorge Q. war ein kleiner, schmächtiger Mann mit kahlem Kopf. Hinter ihm lag eine Ehe in Italien, die wegen Gewalt gescheitert war, und eine Beziehung zu Constanze K., einer anderen Frau aus Berlin. Die damals 33-jährige Constanze K. hatte den vier Jahre älteren Q. im Sommer 1999 in einer S-Bahn kennengelernt. Schnell kam es zu einer Beziehung. Q., der zu diesem Zeitpunkt illegal in Deutschland lebte, war vor allem daran interessiert, von ihr finanziell unterstützt zu werden. Er erzählte ihr, dass ihn ein sehr schweres Schicksal getroffen habe, denn seine Ehefrau und die gemeinsame Tochter seien bei einem Verkehrsunfall in Italien ums Leben gekommen und er nun ganz allein in Europa. Dem Sachverständigen erklärte er später, dass er diese Legende immer als „Verführungstaktik" benutzte, denn man müsse den Frauen „ja etwas bieten". Die Geschichte wirkte offenbar: Constanze K. hatte, wie später Ulrike N., Mitleid mit ihm und gab ihm Geld. Constanze sagte später aus, dass sie eher sexuelle als partnerschaftliche Interessen an ihm gehabt habe. Als Partner betrachtete sie einen Mann, der in den USA lebte und mit dem sie ein gemeinsames Kind hatte. Q. sah das nach seinem Selbstverständnis gänzlich anders. Er nistete sich regelrecht bei Constanze ein, was dieser zunehmend missfiel, da er anscheinend nur wenig Rücksicht auf ihre Bedürfnisse nahm. Bald kam es zu Tätlichkeiten ihres neuen Freundes. Im März 2000 erstattete sie eine Anzeige, weil er sie mit einem Küchenmesser bedroht hatte, nahm die Anzeige aber später zurück und blieb weiterhin mit ihm zusammen.

Nur zwei Monate später kam es nachts um 2.00 Uhr, als er zu ihr nach Hause kam und sie schon geschlafen hatte, zu einem folgenschweren Streit. Daraufhin übergoss er die im Bett liegende Constanze mit einer Nitroverdünnung und drohte damit, sie anzuzünden. Er hielt ein brennendes Streichholz in der Hand. Constanze K. erlitt durch die Nitroverdünnung deutlich sichtbare Verätzungen an den Beinen und schrie vor Schmerzen laut auf. Sie hatte Todesangst wegen des brennenden Streichholzes und traute sich nicht, sich zu rühren. Jorge Q. schien das jedoch kaum zu beeindrucken. Er vergewaltigte sie. Das Gericht schilderte das Geschehen wie folgt: „Hiervon unbeeindruckt, gab der Angeklagte der Geschädigten K. mit Worten wie, dass er jetzt ‚tun werde, was ein Mann tun muss‘, zu verstehen, dass er über sie bestimmen könne und sie ihm jederzeit sexuell gefügig sein müsse, da er jetzt den Geschlechtsverkehr auch gegen ihren Willen mit ihr durchführen würde. (…) Daher ließ es die rücklings auf dem Bett liegende Geschädigte K. zu, dass der Angeklagte nun über Stunden hinweg bis zum frühen Morgen mehrfach vaginal in sie eindrang und den ungeschützten Geschlechtsverkehr gegen ihren mehrfach geäußerten Willen mit ihr ausführte. Der Angeklagte, der weitergehende Gewalt über das notwendige Maß der Vergewaltigung hinaus nicht ausübte, kam hierbei mindestens einmal zum Samenerguss. Am darauffolgenden Morgen durfte Constanze K. mit seiner „gnädigen“ Erlaubnis die Wohnung verlassen, um zu ihrer Ausbildungsstelle zu fahren. Offenbar war er sich seiner Macht über seine Freundin sicher. Sie erlitt jedoch an ihrer Arbeitsstelle einen Nervenzusammenbruch. Constanze K. zeigte Jorge Q. daraufhin an und trennte sich von ihm, gab allerdings schon bald wieder seinem Drängen nach. Obwohl sie zunächst keinen weiteren Kontakt mehr wünschte, schaffte er es laut Gericht, „durch sein penetrantes Drängen die wenig selbstbewusste und wenig durchsetzungsfähige Geschädigte dazu zu bewegen, dass er sie weiter besuchen durfte“. Sie ließ sich also auch nach diesem Vorfall wieder mit ihm ein. Bei der Erstattung der Anzeige im Mai 2000 gab sie zwar an, dass der Angeklagte sie mit der Nitroverdünnung übergossen und sie Verätzungen erlitten habe. Von der anschließenden Vergewaltigung erzählte sie jedoch nichts. Noch dazu nahm sie später auch diese Anzeige zurück.

Erst als Jorge Q. die später Getötete kennenlernte, wurde die intime Beziehung zu Constanze K. endgültig beendet. Sie hielt allerdings auch während des nunmehrigen Gerichtsverfahrens zu ihm, half beispielsweise dabei, Q.s Wohnung in Ismaning zu räumen und bewahrte einige Umzugskisten bei sich auf, da er sie aus dem Gefängnis heraus darum gebeten hatte. Constanze K. sagte später aus, dass sie immer noch Mitleid mit ihm habe, ihr sexuelles Interesse nicht erloschen sei und sie ihn als Babysitter für ihren Sohn gut gebrauchen konnte. Jorges Blick auf seine Ex war ein ganz anderer. Dem Sachverständigen gegenüber soll er sie, im Vergleich zu seiner später getöteten Lebensgefährtin, als „einen gleichen Hund mit anderem Halsband" bezeichnet haben.

Wegen Vergewaltigung in einem minder schweren Fall gemäß § 177 Abs. 5 StGB wurde Jorge Q. 2014 letztendlich doch noch zu drei Jahren Gefängnis verurteilt. Das Gericht hielt Constanze K. für restlos glaubwürdig, obwohl sie die Vergewaltigung erst Jahre später offenbarte, aber eine solche Tat verjährt erst nach zwanzig Jahren. Sie hatte laut Gericht keinerlei übermäßige Belastungstendenzen erkennen lassen und vielmehr deutlich gemacht, dass sie dem Angeklagten durchaus noch zugetan war, indem sie ihm auch in seiner jetzigen Situation noch half. Als minder schwerer Fall galt das Verbrechen deshalb, weil die Tat lange zurücklag, Jorge Q. nicht vorbestraft war und Constanze K. die Folgen der Tat recht gut verkraftet hatte. Sie war ja sogar wieder mit ihrem Vergewaltiger intim geworden. Außerdem wertete das Gericht zugunsten des Angeklagten, „dass für sie die Vergewaltigung, die zudem den üblichen sexuellen Gewohnheiten des Angeklagten und der Geschädigten K. entsprach, mit einer die eigentliche Vergewaltigung übersteigenden, körperlichen Gewaltanwendung nicht verbunden war".

Jorge Q. war egomanisch veranlagt. Er war sehr besitzergreifend und egoistisch. Ein Narziss. Obwohl oder gerade, weil er große Komplexe wegen seiner Körpergröße von nur 1,63 Metern hatte, war er äußerst selbstverliebt. Das Gericht stellte in seinem Urteil fest: „Hinweise auf eine psychiatrisch relevante Erkrankung des durchschnittlich intelligenten Angeklagten haben sich nicht ergeben. Der Angeklagte weist jedoch eine ausgeprägte narzisstische Persönlichkeitsstörung (ICD-10 F60.8) [entsprechende Kategorie im Klassifikationssystem der Weltgesundheitsorganisation, E. R.] mit schizoiden und paranoiden Zügen auf. Diese Störung besteht in dem unambivalenten Erleben eigener Grandiosität und Vollkommenheit. Der über eine nur kleine Körpergröße verfügende, unscheinbare Angeklagte (1,63 m Körpergröße, spärlicher Haarwuchs) hat von sich ein grandioses Selbstbild, das vollkommen unterfüttert wird mit dem Erleben eigener Größe, das kaum mit der Realität übereinstimmt. Die narzisstische Persönlichkeitsstörung des Angeklagten geht auch einher mit einer großen Selbstbezogenheit und einer eingeschränkten Kritikfähigkeit in Bezug auf seine Mitmenschen. Der stets auf seinen eigenen Vorteil bedachte Angeklagte zeigt auch deutliche Empathiestörungen seinem persönlichen Umfeld gegenüber; im Hinblick auf seine Mitmenschen neigt er zu ausgeprägten, ausbeuterischen Verhaltensweisen. Mit seiner Persönlichkeitsstörung verbunden ist zudem ein taktisch manipulatives Verhalten, um eigene Vorteile zu erzielen oder zu sichern. Auch neigt er im Umgang mit seinen Mitmenschen zu Rechthabereien und zu einem provozierenden, unangebrachten Argumentationsstil."

Jorge Q. wurde in Kubas Hauptstadt Havanna geboren und wuchs dort als drittes Kind einer relativ begüterten Familie auf. Er erhielt eine gute Schulausbildung, geriet aber schon in seiner Heimat mit dem Gesetz in Konflikt. Er gehörte einer Bande von Devisenbetrügern an, die aufflogen. Im Gegensatz zu den anderen Bandenmitgliedern landete er allerdings nicht im Gefängnis, was wohl den Beziehungen des Vaters, eines hohen Ministerialbeamten, geschuldet war. Danach versuchte er sich als Schwarzhändler, was erneut aufflog, aber wiederum keine Strafe zur Folge hatte. Nun wollte er weg aus Kuba. Er „angelte" sich in seiner Heimatstadt eine italienische Touristin, die er 1995 heiratete, um legal in Europa leben zu können. Laut Gericht fand er dort jedoch keine „seinen überzogenen Erwartungen entsprechende Anstellung" und arbeitete mitunter als Putzmann. Seine Frau finanzierte ihn. Nachdem er sie geschlagen hatte, hatte sie jedoch schnell genug von ihm und beantragte schon nach zwei Jahren die Scheidung. Das anberaumte Eilverfahren begründete sie mit der Gefährlichkeit des Angeklagten. Als er von dem Scheidungsantrag erfuhr, soll er seine bereits von ihm getrennt lebende Ehefrau zu Hause aufgesucht, die Eingangstür ihres Hauses zertrümmert und sie im Haus verprügelt haben. Auch den Scheidungsanwalt seiner Gattin soll er wütend beschimpft haben und dann in dessen Kanzlei versucht haben, sich mit Tabletten das Leben zu nehmen. Die Beweisführung der antragstellenden Ehefrau schien nun ganz simpel zu sein und ihrem Scheidungsbegehren hätte wohl nichts mehr im Wege gestanden, wenn sich Jorge Q. nicht weiteren Scheidungsterminen entzogen hätte, indem er nach Berlin ging. Die 1998 im Eilverfahren beantragte Ehescheidung konnte daher bis heute nicht durchgeführt werden.

Seit 1999 lebte Jorge Q. in Deutschland, wo er zunächst bei Bekannten in Berlin und dann bei Constanze K. eine Unterkunft fand. Fünf Jahre später zog er bei Ulrike N. in Berlin-Charlottenburg ein. Sie hatten sich in einem Fast-Food-Restaurant kennengelernt. Ihr hatte er erzählt, dass seine Ehefrau und die gemeinsame Tochter durch kubanische Rebellen brutal getötet worden waren. Weitere Nachfragen lehnte er brüsk ab und vermittelte den Eindruck, unter dem angeblich mit eigenen Augen Erlebten noch ziemlich zu leiden. Er erreichte damit schnell sein Ziel und erregte sowohl bei seiner neuen Freundin als auch bei deren Familie und Freunden viel Mitleid. Schon kurz nach dem Kennenlernen nistete er sich bei Ulrike N. ein, von der er sich selbstverständlich auch finanziell unterstützen ließ. Ansonsten hatten die beiden wenige Gemeinsamkeiten.

Jorge litt anscheinend sehr unter seiner geringen Körpergröße. Ulrike N. war neun Zentimeter größer als er, störte sich aber nicht an dem Größenunterschied. N. galt als überaus gute Pädagogin und war bei ihren Schülern, deren Eltern und ihren Kollegen sehr beliebt. Von ihren Freunden wurde sie wegen ihres ausgeglichenen Wesens und ihres offenen, anderen gegenüber stets zugewandten Naturells sehr geschätzt. Stoisch und milde, war sie immer bemüht, etwaige Streitigkeiten – auch mit Jorge – durch ruhige, freundliche Worte zu schlichten. Sie half ihrem Freund, wo sie konnte und schaffte es sogar, dass er als italienischer Staatsbürger in Deutschland den Status eines EU-

Bürgers erhielt und fortan Sozialleistungen beziehen konnte. Ihr hatte er es auch zu verdanken, dass er 2010 zwei Fortbildungsmaßnahmen im IT-Bereich vom Jobcenter finanziert bekam. Jetzt konnte er sich als ausgebildeter Informatiker um eine Arbeitsstelle bemühen, die ihm letztlich die Arbeitsagentur zum Jahresanfang 2012 in der Nähe von München vermittelte. Erstmals in seinem Leben bezog Jorge Q. nun eine eigene Wohnung in Ismaning bei München, für deren Ausstattung ihm Ulrike N. 5 000 Euro als Startkapital überließ. Fortan verbrachte er die Werktage in Bayern und die Wochenenden in Berlin. Im Urteil hieß es zu dieser neuen Beziehungssituation: „Er lebte unter der Woche in Süddeutschland und kehrte nur zu den Wochenenden nach Berlin zurück, wobei er unabhängig von der Tages- bzw. Nachtzeit, zu der er in die Wohnung der später Getöteten zurückkehrte, erwartete, dass diese geschlechtlich mit ihm verkehrte, auch wenn er etwa erst mitten in der Nacht in Berlin ankam und die Geschädigte bereits eingeschlafen war und er sie deswegen wecken musste. Die später Getötete fügte sich in ihrer nachgiebigen Art dann meist den Wünschen des Angeklagten, da sie ihn nicht zurückweisen wollte." Für Ulrike N. schien sich nun alles zum Guten zu wenden. Zwar fielen ihre Versuche, ihrem Freund ihre esoterischen Vorstellungen näherzubringen, nicht auf sonderlich fruchtbaren Boden, aber was nicht war, konnte ja noch werden.

Kurz bevor Jorge nach Bayern zog, hatte Ulrike den Absprung versucht und sich getrennt, denn sie war sich der Unterschiede zwischen ihnen und der Schwierigkeiten einer Fernbeziehung bewusst. Allerdings hatte dies nicht allzu lange geklappt. Nach drei Wochen gab sie seinem Drängen wieder nach. Da sie an Reinkarnation glaubte, meinte sie laut Gericht, „trotz der unübersehbaren Unterschiede die Beziehung zu dem Angeklagten noch eine Weile aufrechterhalten zu müssen, um zu klären, ob man sich vielleicht in einem früheren Leben schon einmal begegnet war". Q. aber wollte nichts mit ihren esoterischen Ansichten zu tun haben. Mitunter provozierte er sogar Freunde und Kollegen seiner Freundin und machte sich lustig über ihre anthroposophischen Lebensweisheiten. Er selbst hatte nur ein paar wenige kubanische Bekannte, die er seiner Freundin allerdings nie vorstellte. Ulrikes Freunden und Familienangehörigen blieben diese charakterlichen Unterschiede nicht verborgen und sie fragten sich, warum Ulrike überhaupt an dieser Beziehung festhielt. Ihre Mutter sollte später vor Gericht aussagen, dass es nach ihrer Wahrnehmung wohl die sexuelle Beziehung ihrer Tochter zu dem Angeklagten gewesen war, die beide so lange zusammengehalten habe. Dies schien für alle die einleuchtendste Erklärung für den Kitt dieses so ungleichen Pärchens zu sein. So waren die beiden auch noch zur Tatzeit, im Oktober 2013, ein Paar.

Ulrike N., die seit 2011 wegen eines Burn-outs zunächst für ein Jahr arbeitsunfähig krankgeschrieben war und anschließend ihren Lehrerberuf aufgab, hatte im Spätsommer 2013 den Kontakt zu einem früheren Freund wieder intensiviert, nachdem sie ihn bei einem Besuch bei ihren Eltern in Süddeutschland wiedergesehen hatte. Sie schrieben sich E-Mails und SMS, was Jorge Q. sehr missfiel. Dem Gutachter sagte er später, sie hätten sich „romantisch geschrieben" und er wollte seine Freundin nicht mit einem anderen teilen. Er war sehr eifersüchtig und kontrollierte Ulrikes E-Mails. Heimlich installierte er auf Ulrikes Computer eine sogenannte Blacklist, sodass sie E-Mails der auf dieser Blacklist verzeichneten Personen nicht mehr empfangen oder an diese senden konnte. Bei der Zuweisung von Kontakten zu dieser Blacklist war Jorge nicht gerade kleinlich. Zahlreiche missliebige Freunde oder Freundinnen von Ulrike konnten plötzlich mit ihr nicht mehr per E-Mail kommunizieren, was freilich aufflog und zu einem heftigen Krach führte. Ulrikes ehemaliger Freund, der ebenfalls IT-Fachmann war, hatte seine Ex im September 2013 darauf aufmerksam gemacht. Q. reiste nach der darauffolgenden lautstarken Auseinandersetzung wutentbrannt aus Berlin ab, nahm aber den Wohnungsschlüssel mit, sodass Ulrike mehrere Tage aus ihrer Wohnung ausgeschlossen war und bei einem ihr nur flüchtig bekannten Nachbarn wohnen musste, da sie das Geld für ein Hotelzimmer sparen wollte. Trotzdem versöhnte sich die harmoniebedürftige Frau wieder mit ihrem Freund, und kurze Zeit später, am 3. Oktober 2013, erschien er überraschend als Teilnehmer bei einem ihrer esoterischen Seminare. Ulrike war glücklich ob der offenbar gelungen Überraschung. Jorge und Ulrike wirkten an diesem Abend laut mehreren Zeugenaussagen äußerst harmonisch. Auch an den beiden folgenden Abenden besuchten sie gemeinsam dieses Seminar, bevor sie in den Abendstunden des 5. Oktober 2013 in die in der dritten Etage gelegene Wohnung zurückkehrten. Dann geschah das Unfassbare.

Nachbarn hatten vorher keinen Streit gehört. Ulrike legte sich um 2.00 Uhr wohl ohne Argwohn ins Bett, als Jorge beschloss, sie mit Spiritus zu übergießen und anzuzünden. Später behauptete er, dass er sie gar nicht habe töten wollen, was das Gericht allerdings als reine Schutzbehauptung ansah. Laut Gericht ging Jorge Q. in die Küche, „,wo er eine Flasche mit haushaltsüblichem Brennspiritus nahm und planvoll den restlichen Inhalt der einen Liter fassenden Flasche in einen Krug mit einer deutlich größeren, runden Öffnung (ca. 12 cm Durchmesser) füllte, um auf diese Weise nicht nur ein dünnes Rinnsal aus der nur über ein kleines Loch als Öffnung verfügenden Spiritusflasche, sondern gleich einen großen Schwall auf die Geschädigte und die Bettdecke gießen zu können, was dem geschickt agierenden Angeklagten das geplante Anzünden der Geschädigten und damit ihren Tod, den der Angeklagte bezweckte, deutlich erleichtern würde. Dem Angeklagten war nämlich klar, dass er schnell und geschickt handeln musste, damit ihm die ihm an Körpergröße deutlich überlegene Geschädigte (Körpergröße 1,72 cm, sportlicher Körperbau) keine Gegenwehr würde entgegensetzen können."

Mit dem Krug Spiritus in der Hand und bewaffnet mit einem ungefähr 18 Zentimeter langen Küchenmesser ging er ins Schlafzimmer. Ob Ulrike bereits schlief, konnte nicht festgestellt werden. Jedenfalls goss Jorge ohne weitere Vorwarnung einen größeren Schwall Brennspiritus aus dem Krug auf das Bett und über den Kopf und Oberkörper von Ulrike und zündete sie an. Das Bett brannte innerhalb kürzester Zeit lichterloh und das Feuer erfasste den Holzfußboden des Schlafzimmers und die Zimmertür. Selbst der Putz hinter dem Kopfteil platze aufgrund der immensen Hitze ab und Fensterscheiben gingen zu Bruch. Ulrike N. hatte jedenfalls keine Chance. Sie brannte wie eine Fackel und schrie panisch um Hilfe. Die Schmerzen müssen unerträglich gewesen sein. Jorge rannte vor ihr aus der Wohnung, das Küchenmesser warf er vor der Haustür auf den Gehsteig. Dann flüchtete er vom Tatort. Ulrike versuchte ihm brennend zu folgen und fiel – bereits bewusstlos – einem Nachbarn, der sie mit einer Wolldecke retten wollte, von den letzten Stufen entgegen. Sodann blieb sie tot auf dem letzten Treppenabsatz liegen.

Im Urteil hieß es: „Ulrike N. war äußerst qualvoll gestorben. Das Anzünden ihres Kopfes und des Oberkörpers führte zu großflächigen Verbrennungen, zunächst der Hautoberfläche, aber auch der phasenweise danach erfolgten Verbrennungen an den inneren Organen und Blutgefäßen, insbesondere auch am Kopf und der Lunge. Sie erlitt äußerste Schmerzen, da die Schmerzempfindlichkeit des menschlichen Organismus evolutionsbedingt vor allem am Kopf- und Oberkörper besonders ausgeprägt ist. Parallel zu diesen schmerzhaften Verbrennungen verfielen ihr Flüssigkeitshaushalt und ihr gesamter Organismus schnell in eine pathologische Unordnung, was weitere Qualen verursachte. Anders, als beim Verbrennen normalerweise üblich, wurde die Geschädigte nicht rasch nach Inbrandsetzen ihres Körpers durch das Einatmen von Rauchgasen infolge einer Kohlenmonoxidvergiftung bewusstlos, sondern atmete immer wieder frischen Sauerstoff ein, als sie hilfesuchend durch ihre Wohnung und das Treppenhaus schwankte; hierdurch erlitt sie diese Schmerzen bis zum Eintritt des Todes bei vollem Bewusstsein."

Da es sich bei dem Wohnhaus um ein typisches Altberliner Mehrfamilienhaus mit vier Etagen und insgesamt zwölf Wohnungen handelte, die alle vermietet und bewohnt waren, hatte Jorge auch die anderen Bewohner gefährdet. Er wusste, dass das

Haus über eine Gasversorgung verfügte und bei dem Brand in die Luft hätte fliegen können. Dank der Feuerwehr gab es keinen weiteren Toten, aber traumatisiert waren alle. Ein Nachbar zog sich Verbrennungen am rechten Unterarm und am Ellenbogen zu. Noch heute muss er aufgrund der Schmerzen medikamentös behandelt werden. Er ist wie seine Frau und seine Tochter wegen des Geschehens in jener verhängnisvollen Nacht bis heute in psychiatrischer Behandlung. Ein weiterer Nachbar gab seine Wohnung auf.

Warum aber hatte Jorge seine Freundin angezündet? So ganz wurde das auch während der Verhandlungen nicht klar. Er sagte aus, dass sie gestritten hätten. Es sei eine ähnliche Situation gewesen wie bei seiner vorhergehenden Freundin. Er wollte, wie damals Constanze K., nun Ulrike N. verletzen, weil er sich verletzt gefühlt habe. Er habe ihr also nur drohen wollen, um sie zu erschrecken und ihr klar zu machen, wie er sich gefühlt habe. Das Gericht glaubte ihm das jedoch nicht, ebenso wenig wie der Aussage, dass Ulrike nicht im Bett gelegen, sondern vor ihm gestanden habe, als er den Spiritus verschüttete, was für das Mordmerkmal Heimtücke von entscheidender Bedeutung ist. Das Gericht war davon überzeugt, dass nur in liegender Haltung eine derart große Flüssigkeitsmenge auf den Kopf der erheblich größeren Ulrike N. gelangt sein konnte. Sie sei arg- und wehrlos gewesen, als sie mit dem Spiritus übergossen wurde, und habe keine Möglichkeit der Gegenwehr gehabt. Das Gericht meinte, „die im Bett schlafende, jedenfalls aber ruhig liegende Geschädigte N. rechnete nicht mit einem Angriff durch den Angeklagten, als er sie mit dem Brennspiritus übergoss und anzündete; für den Fall, dass die Geschädigte noch nicht eingeschlafen war, als sie im Bett lag, konnte sie sich dem Angriff des Angeklagten jedenfalls nicht mehr rechtzeitig entziehen, da dieser seinem Tatplan entsprechend sehr schnell gegen die Geschädigte vorging und den Überraschungsmoment nach dem Übergießen mit dem Spiritus zielgerichtet ausnutzte, sodass sie keine Möglichkeit der Gegenwehr mehr hatte."

Neben dem Mordmerkmal Heimtücke erkannte das Gericht noch drei weitere Tatbestandmerkmale des § 211 Abs. 2 StGB. Jorge Q. wurde auch Grausamkeit vorgeworfen, da er Ulrike N. bei lebendigem Leib verbrannte und ihr dadurch äußerste Qualen bereitete. Das hatte der Sachverständige eindeutig belegt. Ferner habe Jorge mit gemeingefährlichen Mitteln getötet, da er durch das Inbrandsetzen des Hauses auch eine Explosion billigend in Kauf genommen habe, bei der auch Wohnungsnachbarn hätten getötet werden können. Außerdem sei seine übermäßige, unangebrachte Eifersucht der Auslöser der Tat gewesen, was als niedriger Beweggrund zu werten sei. Noch dazu wurde er wegen Brandstiftung und versuchten Mordes an vier weiteren Hausbewohnern verurteilt.

Die 32. große Strafkammer des Landgerichts Berlin sprach nach acht Verhandlungstagen am 4. Juni 2014 das Urteil: „Der Angeklagte wird wegen Mordes in Tateinheit mit Brandstiftung mit Todesfolge und mit 4 tateinheitlich zusammentreffenden Fällen des versuchten Mordes sowie wegen besonders schwerer Vergewaltigung zu einer lebenslangen Freiheitsstrafe als Gesamtstrafe verurteilt." Zudem wurde die besondere Schwere der Schuld festgestellt, was eine Entlassung nach 15 Jahren im Gefängnis ausschließt.

Die Gerichte haben bei der Feststellung der besonderen Schwere der Schuld einen sehr großen Ermessensspielraum, denn bisher gibt es keine gesetzliche Normierung dieses Begriffs. „Besondere Schwere der Schuld" wird dann festgestellt, wenn gegenüber vergleichbaren Taten ein „deutlich höheres Maß an Schuld" vorliegt. Das kann die Tat, das Motiv oder die Täterpersönlichkeit betreffen. Mehrfacher Mord fällt meist darunter, aber auch erbarmungslose Brutalität und abartige sexuelle oder gewalttätige Neigungen. Das gesamte Tatbild einschließlich der Täterpersönlichkeit muss von „normalen Morden" so sehr abweichen, dass eine Strafaussetzung der lebenslangen Freiheitsstrafe nach 15 Jahren auch bei dann günstiger Täterprognose unangemessen wäre. Das kann insbesondere dann der Fall sein, wenn mehrere Mordmerkmale verwirklicht oder mehrere

Menschen ermordet wurden oder die Tatausführung durch besonders verwerfliche Umstände gekennzeichnet ist.

Jorge Q. beging die Tat grausam, heimtückisch, aus niedrigen Beweggründen und mit gemeingefährlichen Mitteln. Gleich vier Mordmerkmale. Das ist selten und weicht von einem „normalen" Mord erheblich ab, sagte das Gericht und urteilte: „Bei einer zusammenfassenden Würdigung beider Taten und der Persönlichkeit des Angeklagten wiegt die Schuld zur Überzeugung der Kammer besonders schwer und es liegen Umstände von besonderem Gewicht vor, aufgrund derer das Tatbild so stark von den erfahrungsgemäß vorkommenden Mordfällen abweicht, dass die Aussetzung der lebenslangen Freiheitsstrafe nach 15 Jahren auch bei dann günstiger Prognose unangemessen wäre." Jorge Q. wird wohl schon lange Rentner sein, bevor er aus der Haft entlassen werden wird.

Quellen

Der Tagesspiegel vom 06.10., 07.10.2013, 15.04., 04.06.2014
Landgericht Berlin, Urteil vom 04.06.2014, Az: (532 Ks) 234 Js 442/13 (1/14)

Tod aus dem Schlafzimmerschrank

Beziehungstaten aus Eifersucht sind im Bereich Mord und Totschlag sehr häufig. Zur tödlichen Eskalation kommt es besonders oft dann, wenn eine Trennung im Raum steht. Die *Süddeutsche Zeitung* berichtete 2012 von Statistiken des Bundeskriminalamts, nach denen jede zweite der im Rahmen des § 211 StGB getöteten Frauen Opfer einer Eifersuchtstat sei. Das Klischee des besonders eifersüchtigen Südländers schien danach nicht ganz zu stimmen, offenbar wurden entsprechende Taten nicht selten auch von deutschen Ehemännern verübt. 2011 wurden in der Bundesrepublik 313 Frauen getötet. Bei 154 von ihnen waren Ehemann, Freund oder Ex-Freund die Hauptverdächtigen. Es war das erste Mal, dass die BKA-Statistiker ihre Zahlen danach aufschlüsselten, wie der mutmaßliche Täter und das Opfer „verbandelt" waren. In 100 dieser Tötungsfälle galt der jeweilige Ehemann als mutmaßlicher Täter, in je 27 Fällen war es der Freund oder der Ex-Freund. Umgekehrt kam es eher selten vor, dass Frauen ihre Partner töteten. 2011 wurden zwar 349 Männer umgebracht, aber in nur 23 dieser Fälle galt die Partnerin des Getöteten als Täterin. 16-mal war es die Ehefrau, siebenmal die Freundin. Männer leben diesbezüglich also weitaus sicherer, sie werden eher von anderen Männern umgebracht.

Im Folgenden soll eine solche Tat geschildert werden. Ein eifersüchtiger Mann erstach am 9. November 2013 in Berlin-Reinickendorf seinen Nebenbuhler. Derartige Verbrechen kommen durchaus öfter vor, doch die Ausführung dieses Eifersuchtsdramas machte den Fall zu einer Besonderheit. Die Begleitumstände des Verbrechens ähnelten eher einem schlechten Film, denn der Täter hatte sich im Schlafzimmerschrank versteckt und war aus demselben gesprungen, um seinen Konkurrenten, der mit seiner Angebeteten im Bett lag, zu erstechen.

Der Täter war der 35-jährige Uwe D. aus dem Märkischen Viertel, einer Trabantenstadt im Berliner Bezirk Reinickendorf. Hier war Uwe aufgewachsen und hier lebte er zehn Jahre lang mit der 28-jährigen Denise W. in einer Wohnung, bevor sie sich trennten. Uwe zog am 1. November 2013 mit Sack und Pack zu seiner ebenfalls im Märkischen Viertel lebenden Mutter. Er war über die Trennung sehr unglücklich, besonders als er von seiner Ex-Freundin erfuhr, dass sie, die – genau wie er – seit Mitte des Jahres bei ein und derselben Gebäudereinigungsfirma arbeitete, inzwischen mit ihrem gemeinsamen Vorgesetzten, dem 45-jährigen Thomas Z., liiert war.

Da Denise und Uwe seit 2010 eine gemeinsame Tochter hatten und gemeinsam im selben Betrieb arbeiteten, war der Kontakt zwischen beiden noch regelmäßig und unvermeidlich. Uwe versuchte seine Freundin zurückzugewinnen, Denise blieb unschlüssig. Das Gericht beschreibt das in seinem Urteil folgendermaßen: „So schickte er ihr zahlreiche WhatsApp-Nachrichten, in denen er ihr seine Liebe beteuerte. Ferner schmückte er ihre Wohnungstür mit Rosen und veranlasste sie zu einem Treffen an dem Ort, an dem die beiden sich seinerzeit kennen gelernt hatten. Denise W. reagierte auf diese Versuche des Angeklagten uneinheitlich. Einerseits mochte sie den Angeklagten noch und war gerührt über seine Bemühungen, was sie ihm sowohl verbal zu verstehen gab als auch dadurch, dass sie ihn nach seinem Auszug noch zweimal küsste. Andererseits erklärte sie ihm, dass sie an eine anhaltende Änderung seines Verhaltens nicht glaube und daher nicht zu ihm zurückkommen wolle."

Aber Uwe ließ nicht locker. Nach zehn Jahren Beziehung und der Kürze der Trennung durchaus nicht ungewöhnlich. Im Laufe der Jahre hatten die Streitigkeiten der anfänglich glücklichen Beziehung stetig zugenommen. Denise fühlte sich von Uwe nicht genügend bei der Versorgung der im Jahr 2010 geborenen gemeinsamen Tochter unterstützt und mochte es gar nicht, wenn Uwes Freunde in die gemeinsame Wohnung kamen, um mit ihrem Freund zu zechen. Eine Paartherapie, wie von Denise vorgeschlagen, lehnte er kategorisch ab. Außerdem war sie zum Trennungszeitpunkt ihrem Vorgesetzen, der ihr bestens gefiel – laut Gericht – „bereits ein wenig näher gekommen". Allerdings war Denise ziemlich verunsichert, was ihre neue Beziehung betraf. Vor allem deshalb, weil Uwe versuchte, ihr eine gemeinsame Zukunft mit Thomas Z. auszureden, denn der war verheiratet und hatte eine 14-jährige Tochter. Ob das funktionieren würde, wusste Denise nicht. Uwes düstere Prophezeiungen taten ein Übriges. Sie war also ziemlich durcheinander, was ihre Gefühlswelt betraf. Uwe dagegen war zwischen Hoffnung und Verzweiflung hin- und hergerissen. Ein klarer Fall von Liebeskummer. Die Gedanken über das Warum der Trennung kreisten andauernd in seinem Kopf und führten zu Schlafstörungen, gegen die er sich von seiner Hausärztin ein Antidepressivum verschreiben ließ. Wohl in der Hoffnung, dass Denise Mitleid mit ihm haben würde, schickte er ihr ein Foto des von der Ärztin ausgestellten Rezepts – ohne großen Erfolg. Am nächsten Tag bei der Arbeit setzte er noch einen drauf. Es war Donnerstag, der 7. November 2013. Wie gewohnt, war er zu seiner Arbeitsstelle gekommen, alarmierte aber von dort aus einen Krankenwagen. Die Sanitäter des Malteser Hilfsdienstes, die ihn zitternd auf den Treppenstufen im zwölften Stock sitzend vorfanden, konnten keine körperlichen Auffälligkeiten feststellen und fuhren ihn in die nächste Rettungsstelle, wo er ein Beruhigungsmittel bekam. Sie habe Uwe D. als sehr weinerlich, labil, verzweifelt und unruhig erlebt, sagte die Ärztin der Rettungsleitstelle später im Prozess aus. Einen Termin bei einem Psychiater hätte er erst für Januar 2014 bekommen, sodass er von ihr für den 11. November einen Termin in der Institutsambulanz angeboten bekommen habe. Da war es allerdings schon zu spät.

Thomas Z. war am 11. November schon zwei Tage tot und Uwe seitdem in Haft. Da die behandelnde Ärztin weder eine Eigen- noch eine Fremdgefahr erkennen konnte, schickte sie ihn erst mal wieder nach Hause, wo er sich von seiner Hausärztin bis zum Ende der darauffolgenden Woche krankschreiben ließ, was er seiner Ex selbstverständlich unmittelbar via WhatsApp mitteilte. Denise nahm dies allerdings lediglich zum Anlass, gleich am nächsten Morgen ihren nun arbeitsfreien Ex-Freund darum zu bitten, die gemeinsame Tochter für die Kita fertig zu machen, da sie verschlafen habe und nun dafür keine Zeit habe. Freudig übernahm Uwe diese Aufgabe und fuhr seine Ex anschließend noch mit dem Auto zur Arbeitsstelle. Sie erzählte ihm, dass sie ihrem neuen Freund eine Frist gestellt habe, ein klares Zeichen zu setzen, dass er seine Frau verlassen wolle, und gespannt sei, ob er noch den Ehering trage. Ein Hoffnungsschimmer für den verzweifelten Uwe! Außerdem durfte er noch den ganzen Nachmittag in der ehemals gemeinsamen Wohnung verbringen. Denise hatte ihn gebeten, auch auf den Techniker eines Kabelunternehmens zu warten. Die kleine Tochter von Uwe und Denise blieb nach der Kita bei den Großeltern.

Uwe wartete noch brav auf den Techniker, als Denise von der Arbeit zurückkam, sich umzog und ihm erläuterte, dass sie sich noch mit ein paar Arbeitskollegen treffen wolle, darunter auch Thomas Z. Uwe musste wohl kurz schlucken, fügte sich aber. Ein Choleriker war er offenbar nicht, sonst hätte er möglicherweise anders reagiert. Er blieb in der Wohnung, um weiterhin wie versprochen den Techniker zu empfangen, der, wie in der Branche nicht unüblich, gehörig auf sich warten ließ. In den folgenden Stunden schickten sich Uwe und Denise zahlreiche WhatsApp-Nachrichten. Uwe wollte sich mit ihr am Abend noch mal treffen und fragte, ob es okay sei, wenn er in ihrer Wohnung auf sie wartete. Denise erklärte sich, das wurde bei den Ermittlungen festgestellt, gegen 18.00 Uhr mit den Worten „Ja ist Oki." einverstanden und schrieb: „Wir sehen uns nachher bei mir."

Für Uwe sah es wohl so aus, als ob alles wieder gut werden würde zwischen ihnen. Ein Freund sagte später vor Gericht aus, dass Uwe ihm noch am selben Abend mitgeteilt habe, dass er sich an diesem Abend nicht wie verabredet mit ihm treffen könne, da Denise ihn sehen wolle. Uwe soll dabei sehr glücklich gewirkt haben, sagte der Freund, der ohnehin nicht recht an eine dauerhafte Trennung geglaubt hatte, da es bei den beiden häufig auf und ab gegangen sei.

Uwe D. saß also in der Wohnung, wartete und schrieb WhatsApp-Nachrichten. Er wollte wissen, ob und wie es mit

Denise und Thomas Z. weitergehen würde. Er hoffte immer noch, dass Denise ein Einsehen haben und die – für Uwe – unselige Liaison beenden würde. Laut Gerichtsurteil entspann sich folgender Wortwechsel: „Um 18.04 Uhr schickte der Angeklagte Denise W. die Nachricht ‚Lass ihn aber nicht ran. Sei mir bitte nicht böse wegen dem Satz weil du sahst heute Mega sexy aus mit deiner Bluse'. Denise W. reagierte darauf mit den Worten ‚Ja ist Oki. danke sehr lieb.'" Der offenbar gutmütige Uwe wartet derweil weiter geduldig und wahrscheinlich voller Hoffnung in der ehemals gemeinsamen Wohnung auf seine Ex-Freundin. Dreieinhalb Stunden später, so gegen 21.30 Uhr, Uwe wartete immer noch, teilte sie ihm dann plötzlich mit, dass es später werden würde, und fügte kurz danach hinzu: „Sorry wir seen [sic] uns Morgen Oki?!" Kurz darauf dann: „„Qirs [sic] den Schlüssel einfach in den Briefkasten oder so." Offenbar ging es mit ihren Arbeitskollegen ziemlich feuchtfröhlich zu oder sie schrieb die Nachrichten ausgesprochen eilig. Für Uwe muss das wie eine kalte Dusche gewesen sein. Was in ihm beim Lesen der Nachrichten vorging, lässt sich nur erahnen. Erstaunlicherweise ließ er aber immer noch nicht locker und wollte nun auf einmal auch bei dem Umtrunk dabei sein. Offensichtlich wollte er bei Denise sein, außerdem waren es ja auch seine Arbeitskollegen. Nach einigem Hin und Her gab Denise seinen flehentlichen Bitten nach und schickte die Adresse der Wohnung eines Arbeitskollegen, in der sie feierten. Uwe, der während des Wartens auf Denise nach eigenen Angaben schon einiges getrunken hatte, machte sich schnurstracks mit dem Fahrrad seiner Ex-Freundin auf zur zwanzig Minuten entfernten Wohnung. Er erschien dort gegen 23.00 Uhr. Den Wohnungsschlüssel hatte er zuvor in ihren Briefkasten geworfen.

Es kam, wie es kommen musste. Als Uwe seinen Vorgesetzten dort traf, mit dem er bisher privat keinen Umgang gepflegt hatte, erklärte er ihm prompt und unverzüglich, dass Denise seine Freundin sei, was Thomas Z. sofort brüsk zurückwies, der sie für sich reklamierte. Denise hielt sich anfänglich zurück, bevor sie sie sich zu ihrem neuen Freund bekannte. Thomas hatte ihr zuvor beteuert, dass er seine Ehefrau um die Scheidung gebeten habe. Das war zwar eine Lüge, aber Denise war erst mal zufrieden. Seinen Ehering hatte er für diesen Abend abgelegt. Eine Zeugin sagte später aus, dass Thomas Z. zwar laut geworden sei und Platzhirschgehabe an den Tag gelegt habe, aber letztlich sachlich geblieben sei. Er habe erklärt, dass Denise jetzt zu ihm gehöre und dass der Angeklagte nicht befürchten müsse, entlassen zu werden. Thomas soll Uwe sogar eine Beförderung in Aussicht gestellt haben – gewissermaßen als Kompensation für die verlorene Freundin. Uwe D. schien laut Zeugenaussagen zunächst etwas beruhigt gewesen zu sein. Denise W. wiederum fühlte sich vom Hahnenkampf geschmeichelt, trotzdem wollte sie Frieden zwischen den beiden Männern. Laut Gericht begaben sie sich zu dritt auf den Balkon der Wohnung „und rauchten dort gemeinsam – quasi als Friedenspfeife – zwei Joints, die der Angeklagte zuvor mitgebracht hatte".

So ganz schien Uwe es allerdings dann doch noch nicht begriffen zu haben, dass Denise endgültig mit ihm Schluss gemacht hatte. Er bat sie, mit ihm nach Hause zu gehen, was diese jedoch ablehnte. Sie eröffnete ihm vielmehr, dass ihr neuer Freund mit zu ihr nach Hause kommen würde. Großzügig gestatte sie Uwe jedoch, mit ihrem Fahrrad zurückzufahren, und bat ihn zugleich, das Rad vor ihrer Wohnungstür abzustellen. Uwe fügte sich abermals und verließ gegen 2.30 Uhr wohl ziemlich gedemütigt die Wohnung. Obwohl er noch weitere fünf Bier getrunken haben soll, schien er laut Zeugenaussagen nicht sonderlich betrunken gewesen zu sein. Doch dann muss eine Sicherung bei ihm durchgebrannt sein und es geschah, was mit ein wenig mehr Abstand vielleicht nicht geschehen wäre.

Da Uwe noch einen Briefkastenschlüssel besaß, holte er sich den Wohnungsschlüssel aus dem Briefkasten wieder heraus, stellte das Rad vereinbarungsgemäß vor der Wohnungstür im achten Stock ab, schloss die Tür auf und warf anschließend den Wohnungsschlüssel erneut in den Briefkasten. Danach ging er in sein ehemaliges Zuhause, zog die Tür ins Schloss und holte zwei große Messer aus der Küche. Ein machetenartiges Fleischermesser mit einer dreißig Zentimer langen und fünf Zentimeter breiten Klinge sowie ein normales Küchenmesser mit einer zwanzig Zentimeter langen und zwei Zentimeter breiten Klinge. Aus dem Wohnzimmerschrank holte er eine ungeladene Schreckschusspistole. Derart bewaffnet, versteckte er sich nun im Schlafzimmerschrank. Das Licht hatte er zuvor gelöscht. Der Kleiderschrank befand sich am Fußende des Doppelbetts. Dort war viel Platz, denn hier hatte Uwe bis vor Kurzem noch seine eigenen Klamotten aufbewahrt. Diesen Platz konnte der nur 1,65 Meter große, aber 130 Kilogramm schwere Uwe nun gut gebrauchen. Lange musste er diesmal nicht warten.

Kurz nach 3.00 Uhr betraten Denise W. und Thomas Z. den Flur. Denise hatte den Wohnungsschlüssel in ihrem Briefkasten vorgefunden und das Fahrrad stand vor der Wohnungstür. Alles schien in bester Ordnung zu sein. Denise war zufrieden ob der Zuverlässigkeit ihres Ex-Freundes und sicherlich glücklich, ihren neuen Partner dabei zu haben. Sie hatten einen nächtlichen Spaziergang unternommen, wie es Verliebte halt so tun. Thomas hatte seiner Frau noch schnell eine Nachricht geschrieben, dass er bei einem Arbeitskollegen übernachten werde. Dass dem nicht so war, sollte die Betrogene erst einige Stunden später von der Polizei erfahren – und hatte damit gleich zwei Hiobsbotschaften zu verkraften. Denise und Thomas bezogen das Bett neu, rauchten eine Zigarette auf dem Balkon und legten sich ungefähr eine Viertelstunde nach ihrer Ankunft ins Bett. Nun wollten sie sich aber einander widmen. Keiner von beiden rechnete mit dem, was bald über sie hereinbrechen sollte. Sie waren im wahrsten Sinne des Wortes arglos.

Allerdings kamen die beiden Turteltäubchen nicht sonderlich weit, denn schon fünf Minuten später sprang der zornesbebende Uwe mit lautem Getöse aus dem Schrank. Wie bei einer Sitcom. Laut Gericht geschah dann folgendes: „Er betätigte den unmittelbar neben dem Schrank befindlichen Lichtschalter und forderte Denise W., die sich vor Schreck die Bettdecke über den Kopf gezogen hatte, auf, unter der Decke hervorzukommen. Denise W. und Thomas Z. saßen nun aufrecht im Bett, den

Rücken an das Kopfende des Bettes gelehnt. Der Angeklagte ging am Fußende des Bettes auf und ab, fuchtelte mit Pistole und Messer herum und forderte Denise W. und Thomas Z. als Erstes auf, die Handys wegzulegen."

Keiner sollte die Polizei anrufen können. Uwe forderte Thomas erfolglos dazu auf, seine Ehefrau anzurufen, damit Denise endlich merke, dass er es nicht ernst mit ihr meinte. Dann forderte er Thomas Z. auf, aus der Wohnung zu verschwinden. Denise versuchte zaghaft einzuwenden, dass immer noch sie das zu entscheiden habe, und sie wolle nicht, dass Thomas, sondern Uwe unverzüglich gehen solle. Es folgte eine lautstarke zehnminütige Diskussion, bei der Uwe den beiden drohte, sie umzubringen. Denise appellierte an Uwes Vernunft wegen der gemeinsamen Tochter. Thomas, der gerade erst einen Herzinfarkt überstanden hatte und seinen Widersacher möglicherweise nicht ganz ernst nahm, meinte, dass er keine Angst vor ihm habe. Er habe schon in den Tod geblickt, woraufhin Uwe ihn aufforderte zu wählen, ob er mit dem Messer oder mit der Pistole getötet werden wolle. Das alles hätte sich kein zweitklassiger Sitcom-Autor besser ausdenken können. Doch das war keine Komödie mehr, es war ein Drama mit blutigem Ende, denn Thomas entgegnete mehrfach provozierend: „Tu es doch endlich. Hör auf zu posen." Das war sein Todesurteil. Uwe, der nun all sein Pulver verschossen hatte, wusste sich nicht mehr anders zu helfen, als aus der Drohung Wirklichkeit werden zu lassen. Er ging mit dem Messer ums Bett herum auf Thomas zu, der ihn zurückstieß. Es kam zwischen Bett und Kleiderschrank zu einem kurzen Kampf zwischen den beiden Männern. Thomas Z., der den Herzinfarkt erst am 1. November erlitten hatte und dem stationär ein Stent implantiert worden war, war körperlich nicht auf dem Höhepunkt seiner Leistungsfähigkeit. Der 130 Kilogramm schwere Uwe kniete auf seinem zwanzig Zentimeter größeren, aber mehr als vierzig Kilogramm leichteren Widersacher und stach wie von Sinnen mehrfach mit beiden Messern auf ihn ein.

Im Urteil wurde später festgestellt: „Es kam zu einer penetrierenden Schnittverletzung des Bauches mit Verletzung der Körperhauptschlagader, des Dünndarms, der Gekrösewurzel, des Gekröses sowie des großen Netzes, zu einer Durchtrennung von Muskulatur am rechten Arm, linken Oberschenkel und rechten Brustmuskel mit Einkerbung der 3. Rippe links, zu zahlreichen annähernd parallel gestellten, glattrandigen Hiebverletzungen im Nacken und auf der Kopfhöhe mit Einkerbungen und Bruch des Schädelknochens sowie zu passiven Abwehrverletzungen im Bereich beider Hände und Unterarme in Form von zahlreichen Schnitt-/Stich- und Hiebverletzungen mit Bruch der linken Elle, des 5. Mittelhandknochens rechts und Einkerbung der rechten Speiche. Zum Zeitpunkt, als sowohl die Hauptschlagader – wahrscheinlich mit dem Küchenmesser – getroffen wurde, als auch zum Zeitpunkt, als der Angeklagte – wahrscheinlich mit dem Fleischermesser – auf den Nackenbereich von Thomas Z. einhieb, war dieser bereits so geschwächt, dass er keine nennenswerte Gegenwehr mehr geleistet hat." Seine nach dem Herzinfarkt eingenommenen blutverdünnenden Medikamente taten ein Übriges. Thomas Z. starb, zwischen Bett und Schrank liegend, innerhalb weniger Minuten. Denise war inzwischen aus der Wohnung geflüchtet und fand Zuflucht bei einer Familie im sechsten Stock, die sofort die Polizei alarmierte. Uwe, der bei seiner Raserei selbst eine blutende Handverletzung erlitt, flüchtete zu seiner in der Nähe wohnenden Schwester. Seinem die Tür öffnenden Schwager soll er entgegengerufen haben: „Ich hab ihn plattgemacht, das Schwein" und „Ich kann nicht mehr."

Für die inzwischen um 3.48 Uhr eingetroffenen Polizisten war es ein Leichtes, den Täter zu stellen. Zeugen hatten eine blutverschmierte Person die Treppe heruntergehen sehen, und im anderen Haus wurde der blutverschmierte Uwe wenige Minuten später mit einem Messer in der Hand im Fahrstuhl gesehen. Die Polizisten mussten nur der Blutspur bis zum Wohnhaus seiner Schwester folgen, um auf Uwe zu stoßen, der dort gerade wegen seiner Wunde versorgt wurde. Uwe D. war umgehend verhaftet und das Gericht hatte nun das Problem zu entscheiden, ob es Mord oder Totschlag war, was in dieser Nacht geschehen war. War es heimtückisch, was Uwe D. getan hatte? Geschah die Tat aus niedrigen Beweggründen?

Der Prozess begann ein Dreivierteljahr später. Für die Staatsanwaltschaft schien die Sachlage eindeutig. Die *Berliner Zeitung* hielt bei Prozessbeginn am 19. August 2014 fest: „Uwe D. ist ein kleiner, stämmiger Mann. 1,65 Meter misst er. Zur Tatzeit soll der gelernte Gebäudereiniger 130 Kilogramm gewogen haben. Und eifersüchtig soll er sein. So eifersüchtig, dass er im November des vorigen Jahres den neuen Freund seiner einstigen Lebensgefährtin erstochen haben soll. Seit Dienstag steht Uwe D. vor Gericht. Die Staatsanwaltschaft geht von Mord aus. Heimtückisch und aus niederen Beweggründen soll der 34-Jährige seinen Nebenbuhler aus dem Weg geschafft haben."

Denise, die sich für die Tat mitverantwortlich fühlte, war nachhaltig traumatisiert. Eine Kriminalkommissarin sagte vor Gericht aus, dass sie in den vielen Jahren, in denen sie schon bei der Mordkommission arbeitete, noch nie eine so traumatisierte Person erlebt habe. Denise sagte aus, ihr sei inzwischen klar, dass sie sich Uwe gegenüber besser eindeutiger hätte verhalten sollen. Ihre Aussagen wurden immer wieder durch heftiges Schluchzen unterbrochen. Sie habe einerseits mit Uwe Schluss machen wollen, andererseits sei sie aber auch von seinen Bemühungen, sie zurückgewinnen zu wollen, gerührt gewesen. Angesichts der langen Dauer ihrer Beziehung habe sie noch Gefühle für Uwe D. gehabt. Die Beziehung mit Thomas Z. stand noch ganz am Anfang und sie war sich nicht sicher, ob das mit dem verheirateten Familienvater auch Zukunft haben würde. Denise W. wird wohl mit ihren Schuldgefühlen leben müssen und möglicherweise ein Leben lang traumatisiert bleiben.

Wie war aber nun mit Uwe D. zu verfahren? Dieser schien selbst in der Haft nicht von seiner Liebe lassen zu können und bat sie brieflich um Verzeihung, wies aber gleichzeitig auf die Untreue seines Opfers und Nebenbuhlers hin und forderte Denise auf, vorsorglich einen Aidstest machen zu lassen. Er selbst hatte Angst, sich durch das viele Blut seines Opfers möglicherweise angesteckt zu haben. Eine haltlose Vermutung und zugleich eine Verleumdung seines Opfers. Von Empathie seiner Ex-Freundin und seinem Opfer gegenüber sprach das jedenfalls nicht. Ein ermittelnder Polizeibeamter, der Uwe mehrfach vernommen hatte, charakterisiert ihn vor Gericht als eine von starkem Selbstmitleid geprägte Person, die ihre eigene Handlung nicht habe wahrhaben wollen.

Der zur Tatzeit 35-jährige Uwe D. wurde als jüngstes von sechs Geschwistern verschiedener Väter geboren. Sein Zwillingsbruder war bei der Geburt gestorben. Er wuchs in einem Haushalt mit seinen Eltern und seinen Geschwistern im Märkischen Viertel in Berlin auf und soll von beiden Elternteilen ziemlich verwöhnt worden sein. Seine Mutter sei recht besitzergreifend gewesen und Uwe soll immer noch ein sehr enges Verhältnis zu ihr gehabt haben. Sie telefonierten täglich. Kontakt zu seinem von der Mutter getrennt lebenden Vater, einem Alkoholiker, hatte er seit zwanzig Jahren nicht mehr. Uwe war ein ziemlich schlechter Schüler, der oft den Unterricht schwänzte. Er ging mit der neunten Klasse von der Schule ab und absolvierte ein Berufsvorbereitungsjahr. Eine Lehre in einem Metallbaubetrieb brach er ab. Nach einigen Hilfsarbeiterjobs war er dann sechs Jahre lang als Flugzeugabfertiger tätig, bevor er wegen hohen Krankenstands gekündigt worden war. Er schulte zum Busfahrer um und arbeitete für vier Monate bei den Berliner Verkehrsbetrieben, bevor er wieder entlassen wurde. Im Juni 2013 hatte er als Reinigungskraft bei der Gebäudereinigungsfirma angefangen, bei der auch seine Freundin bereits seit einem Monat arbeitete.

Das Gericht hatte nun über den nicht vorbestraften Uwe D. ein Urteil zu fällen. Geprüft wurde, ob er bei der Tat eventuell vermindert schuldfähig gewesen war. Das Gericht verneinte dies jedoch, obwohl Uwe nach eigenen Angaben einiges an Alkohol getrunken, Cannabis konsumiert und außerdem seine Antidepressiva genommen hatte. Fahrlässigerweise hatte die Polizei nach seiner Festnahme keine Blutentnahme veranlasst, sodass sich das Gericht auf die eigenen Angaben von Uwe verlassen musste. Da er aber nach Aussagen von Zeugen keine Ausfallerscheinungen gehabt hatte und das Gericht feststellte, dass die nach seinen Angaben hochgerechnete Blutalkoholkonzentration zur Tatzeit allerhöchstens bei 1,29 Promille gelegen haben konnte, war das nicht schuldmindernd.

Die Blutalkoholkonzentration wird normalerweise nach der sogenannten Widmark-Formel berechnet. Die Formel des schwedischen Chemikers wird allgemein anerkannt und bereits seit Jahrzehnten erfolgreich angewendet. Man zieht dafür das Gewicht der Person in Kilogramm heran und teilt dies durch den Masseanteil des Alkohols im Körper in Gramm, den man zuvor mit dem Verteilungsfaktor im Körper multipliziert. Bei einem halben Liter Bier mit fünf Prozent Alkoholgehalt wären das 25 Gramm Alkohol. Der Verteilungsfaktor im Körper ist bei Männern und Frauen unterschiedlich, bei Männern ungefähr 0,7, bei Frauen 0,6. Klingt kompliziert, ist es aber nicht. Hätte ein 100 Kilogramm schwerer Mann vier solche Biere getrunken, hätte er 100 Gramm Alkohol im Blut, was man mit 0,7 multiplizieren müsste. 100 Kilogramm Körpergewicht geteilt durch 70 ergäbe 1,44 Promille. Von diesem Ergebnis müsste man dann noch 10 Prozent Resorptionsverlust durch Schwitzen oder ähnliches abziehen und für jede Stunde seit Trinkbeginn mindestens 0,1 Promille. Dann hätte man ein gerichtlich verwertbares Ergebnis gemäß der Widmark-Formel.

Das Gericht kam also bei Uwe zu folgendem Ergebnis: „Unter Zugrundelegung der von dem Angeklagten gemachten Trinkmengenangaben habe der Angeklagte vom Trinkbeginn um 19.30 Uhr bis zum Zeitpunkt der Tat um 3.40 Uhr insgesamt 211,22 g reinen Alkohol zu sich genommen. Ausgehend von einem zehnprozentigen Resorptionsdefizit, einem Körpergewicht von 130 kg, einem Reduktionsfaktor von 0,7 und einem stündlichen Abbau von 0,1 mg/g über acht Stunden errechne sich nach der Widmark-Formel eine Blutalkoholkonzentration zur Tatzeit von 1,29 mg/g. Dies führe jedoch auch unter Berücksichtigung des Cannabiskonsums und der Einnahme einer Tablette Trimipramin nicht zu einer erheblich verminderten Steuerungsfähigkeit. Der Angeklagte habe während des

Tatgeschehens und auch in der Zeit unmittelbar danach keine Zeichen der massiven Intoxikation mit Lallen, Gangstörungen oder anderen psychopathologischen Symptomen gezeigt."

Uwe D. war voll zurechnungsfähig. Zwar wurden Bildungsdefizite diagnostiziert, aber ein forensisch relevanter Schwachsinn oder eine tiefgreifende Bewusstseinsstörung war laut Gericht auszuschließen. Mit einem IQ von 85 galt Uwe gerade noch so als durchschnittlich intelligent, aber als geistig gesund. Laut Sachverständigen handelte es sich bei ihm „um eine Person mit einer narzisstischen Regulationsstörung, hoher Kränkbarkeit sowie geringer Affektdifferenzierung und Introspektions- und Empathiefähigkeit. Diagnostisch besteht bei ihm eine Persönlichkeitsakzentuierung im Sinne einer negativistischen oder auch passiv aggressiven Persönlichkeit mit ausgeprägten dissozialen Zügen. Darüber hinaus bestand ein ausgeprägter Missbrauch von Alkohol und Drogen." Eine die Steuerungsfähigkeit beeinträchtigende Affekttat wurde durch den Sachverständigen ausgeschlossen. Freilich sei Uwe D. durchaus nachvollziehbar gekränkt und diese Tat sei für ihn an sich wesensfremd gewesen, da er eher nicht zu Aggressionen neige. Aber er sei auch während der mit Thomas Z. geführten Diskussion durchaus zu kontrollierten Reaktionen fähig gewesen. Selbst noch nach Z.s Provokation. Außerdem habe Uwe unmittelbar nach dem Verbrechen keinerlei Erschütterung über seine Tat gezeigt, sondern vielmehr sinngemäß erklärt, er habe eben getan, was getan werden musste. Letzteres hatte einer der behandelten Ärzte ausgesagt. Bei einem Affekt wäre – laut Gericht – eher Erschrecken über die eigene Tat zu erwarten gewesen. Das war aber bei Uwe D. nicht der Fall gewesen.

Auch wurde ihm, der seine Aussagen zum Tatablauf mehrfach änderte und anfangs behauptet hatte, sich an überhaupt nichts erinnern zu können, auch keine Notwehrsituation zugebilligt. Notwehr ins Feld zu führen, war ihm reichlich spät eingefallen und eher unglaubwürdig, zudem sprach die Aussage von Denise dagegen. Die Kammer ging jedoch zu Uwes Gunsten davon aus, dass er den Vorsatz, Thomas Z. zu töten, erst gefasst habe, nachdem dieser mehrmals zu ihm „Tu es doch endlich, hör auf zu posen" gesagt hatte.

In dubio pro reo – im Zweifelsfall für den Angeklagten – hieß es wieder mal, da Uwe D. behauptete, zu dem Zeitpunkt, als er sich im Schrank versteckt hatte, noch keinen Tötungsvorsatz gehabt zu haben. Er habe die beiden nur erschrecken wollen. Dafür sprach laut Gericht auch, dass es Uwe zunächst darum ging, Denise davon zu überzeugen, dass Thomas Z. ihr seine Liebe nur vorgaukelte und dass Thomas die Wohnung verlassen sollte. Er habe gehofft, mit Thomas' Geständnis Denise zurückgewinnen zu können. Erst als er realisierte, dass seine Einschüchterungsversuche nicht fruchteten, habe er sich entschlossen, Thomas Z. tatsächlich zu töten.

Diese Annahmen wirkten sich auch auf die Tatbestandsmerkmale aus. Heimtückisch handelt, wer die Arg- und Wehrlosigkeit des Opfers bewusst zur Tat ausnutzt. Zum Zeitpunkt der Tat war Thomas jedoch nicht mehr arglos, denn zuvor hatte man ja eine zehnminütige Diskussion geführt. Allerdings hätte die Tat auch heimtückisch sein können, wenn Thomas vom plötzlichen Vorpreschen Uwes so überrascht gewesen wäre, dass keine Möglichkeit geblieben wäre, den Angriff zu parieren. Dem war allerdings nicht so. Thomas hatte Uwe weggestoßen und die beiden kämpften anschließend, wenn auch nur kurz. Es wäre auch heimtückisch gewesen, wenn der Täter das Opfer planvoll in einen Hinterhalt gelockt hätte oder in dessen Schutzbereich eingedrungen wäre, um es dann dort in offener Konfrontation zu töten. Das Schlafzimmer ist sicherlich ein solcher Schutzbereich. Das ganze Tatgeschehen hätte allerdings von langer Hand geplant und vorbereitet sein müssen. Auch das war hier jedoch nicht der Fall gewesen, da Uwe den Tötungsvorsatz erst nach der Provokation gefasst hatte. Entgegen dem Antrag der Staatsanwaltschaft ging das Gericht daher nicht von Heimtücke aus und urteilte: „Thomas Z. war zum Zeitpunkt, als der Angeklagte mit Tötungsvorsatz auf ihn zugegangen und unmittelbar danach zugestochen hat, nicht mehr arglos. Aufgrund des vorherigen zehnminütigen Geschehens, der verbalen Drohungen und der Aufschaukelung der Situation war Thomas Z. klar, dass von dem Angeklagten zumindest lebensbedrohliche Angriffe zu erwarten waren. Dieser Argwohn hielt auch über einige Zeit bis zum Beginn des Messerangriffs an. Während dieser Zeit war Thomas Z. auch nicht wehrlos, hatte er doch die nicht von vorneherein aussichtslose Möglichkeit, verbal auf den Angeklagten einzuwirken und ihn von seinem aggressiven Verhalten abzubringen."

Heimtücke war also vom Tisch. Nun beschäftigte sich das Gericht mit dem Mordmerkmal „niedrige Beweggründe", die dann vorliegen, wenn die Tat nach allgemeiner sittlicher Wertung als besonders verachtenswert erscheint. Rache, Wut, Hass und Eifersucht wären dabei laut Gericht „nur dann als niedrige Beweggründe in Betracht [gekommen], wenn sie (...) jeglichen nachvollziehbaren Grundes entbehren". Das Gericht konnte derartige Gefühlsregungen aber offenbar nachvollziehen und urteilte: „Der Angeklagte hatte die Trennung von Denise W. (...) nicht verkraftet. (...) Noch bis zum Abend des 08.11.2013 ging er davon aus, dass Denise W. vielleicht zu ihm zurückkehren würde. (...) Diese Hoffnung wurde auch dadurch genährt, dass Denise W. eigentlich zugesagt hatte, den Abend des 8.11. mit ihm zusammen zu verbringen. Dass sie dieses Treffen dann relativ unvermittelt abgesagt hat, und zwar obwohl der Angeklagte sie an diesem Tag nicht nur zur Arbeit gefahren, sondern auch in ihrer Wohnung auf Handwerker gewartet hatte, lässt seine Enttäuschung nachvollziehbar erscheinen. Die Kränkung wurde schließlich noch gesteigert, als Denise W. in der Wohnung des Zeugen U. nicht nur erklärt hat, Thomas Z. werde mit ihr nach Hause gehen, sondern der Angeklagte Thomas Z. schließlich gemeinsam mit Denise W. in dem Bett vorgefunden hat, in dem er noch bis vor Kurzem selbst mit Denise W. gelegen hatte." Dementsprechend fehle es „ungeachtet der Verwerflichkeit, die jeder vorsätzlichen und rechtswidrigen Tötung einer anderen Person innewohnt, nicht an jeglichem menschlichen Verständnis für die den Angeklagten zur Tat bestimmenden Motive".

Da das Gericht auch niedrige Beweggründe als Mordmerkmal ausschloss, kam also nur Totschlag in Betracht, wobei weder ein besonders schwerer noch ein minder schwerer Fall des Totschlags bejaht wurde. Zumindest ein minder schwerer Fall des Totschlags (§ 213 1. Alt. StGB) hätte in Betracht gezogen werden können, wenn „der Totschläger ohne eigene Schuld durch eine (…) schwere Beleidigung von dem getöteten Menschen zum Zorn gereizt und hierdurch auf der Stelle zur Tat hingerissen worden [wäre]". Es fehlte allerdings schon die Tatbestandsvoraussetzung, dass die Provokation durch Thomas Z. ohne eigenes Zutun Uwes erfolgt war, hatte Letzterer doch erst durch sein Verhalten und seine Morddrohungen für die darauffolgende Provokation gesorgt. Gegen die Annahme eines minder schweren Falls sprach auch, dass Uwe mit unbedingtem Tötungsvorsatz tötete und noch weiter auf ihn einstach, als Thomas zu einer Gegenwehr nicht mehr in der Lage war. Erschwerend kam hinzu, dass er die Tat vor den Augen seiner ehemaligen Freundin begangen hatte und somit für ihre schwere Traumatisierung direkt verantwortlich gewesen war.

Das Gericht erachtete daher eine Freiheitsstrafe von neun Jahren und sechs Monaten für tat- und schuldangemessen. Kein weiches Urteil, aber durchaus zu vertreten. Bleibt zu hoffen, dass Uwe D. und Denise W. nach Uwes Entlassung den nötigen Abstand wahren werden.

Quellen

Berliner Morgenpost vom 19.08., 20.08.2014
Berliner Zeitung vom 19.08.2014
Der Tagesspiegel vom 05.09.2014
Süddeutsche Zeitung vom 23.05.2012
Landgericht Berlin, Urteil vom 05.09.2014, Az: (522 Ks) 234 Js 495/13 (3/14)

Familienehre?

Im Fall S. lag nicht das Problem „Mord oder Totschlag“ vor, denn Hatun S. wurde eindeutig ermordet. Die Tat war heimtückisch und erfolgte aus niedrigen Beweggründen. Die schwierige Frage war eher: Wer war der Mörder?

Hatun S. wurde am 7. Februar 2005 kurz vor 21.00 Uhr im Berliner Stadtteil Tempelhof mitten auf der Straße erschossen. Drei Kugeln hatten sie in den Kopf getroffen. Die Schüsse wurden in schneller Folge aus nächster Nähe abgefeuert. In gewisser Weise war es eine Hinrichtung. Die alleinerziehende Mutter starb nur wenige Meter von einer Bushaltestelle entfernt auf dem Gehweg. Als der Notarzt um 21.08 Uhr ihren Tod feststellte, waren ihre Augen noch halb geöffnet, aus dem Kopf floss Blut und in der Hand der 23-Jährigen verglühte gerade langsam ihre Zigarette.

Der Mord an Hatun S. und die Umstände, die zu ihrer Ermordung geführt hatten, lösten eine heftige politische und gesellschaftliche Debatte aus: die Diskussion um den sogenannten Ehrenmord. Eine absurde Begrifflichkeit, die die vorsätzliche Tötung eines Familienmitglieds zur Herstellung der „Familienehre“ bezeichnen soll. Nach Schätzungen der UNO werden alljährlich weltweit mindestens 5 000 Mädchen und Frauen aus derartigen Motiven ermordet. Dies geschieht meist in eher archaisch-patriarchalischen Kulturkreisen. Aber auch in Deutschland kann geschehen, was für aufgeklärte Menschen unfassbar ist. In diesem Fall schien es sich um einen solchen Mord zu handeln, denn sechs Tage nach Hatuns Ermordung wurden drei ihrer fünf Brüder verhaftet. Gegen diese erhob die Berliner Staatsanwaltschaft im Juli 2005 Anklage wegen gemeinschaftlichen Mordes, wobei sie ihnen niedrige Beweggründe und eine heimtückische Vorgehensweise zur Last legte. Hatun hatte nicht im Geringsten geahnt, dass sie einer ihrer Brüder umbringen könnte, und war daher vollkommen arglos, als sie sich mit ihrem jüngsten Bruder in der Nähe ihrer Wohnung traf. Der älteste der angeklagten Brüder, der 25-jährige Mutlu, angeblich ein religiöser Fanatiker, soll die Waffe besorgt und der mittlere Bruder, der 24-jährige Alpaslan, in Tatortnähe „moralischen Beistand" geleistet haben. Der 18-jährige Ayhan, jüngster der drei, soll geschossen haben.

Hatun S. wurde 1982 in Berlin als Tochter strenggläubiger sunnitischer Kurden aus Ostanatolien geboren. Acht ihrer neun Geschwister kamen ebenfalls in Deutschland zur Welt. Sie war das fünfte Kind der Familie und das erste Mädchen. Hatun wuchs mit fünf Brüdern und drei Schwestern in Kreuzberg auf. Kerem, der Vater, war 1971 als Gastarbeiter nach Deutschland gekommen und arbeitete als Gärtnergehilfe. Sieben Jahre nach dem Vater war Hatuns Mutter nach Deutschland gefolgt. Sie lebten seitdem zusammen in Berlin-Kreuzberg am Kottbusser Tor, wie viele ihrer Landsleute. Das Viertel wird deswegen auch „Klein-Istanbul" genannt. Die Eheleute S. konnten hier in ihrer Muttersprache alles zum Leben Notwendige besorgen, nach ihrer Tradition leben und mittels Satellitenschüssel ihr Heimatgefühl weitgehend konservieren. Sie sahen keine Notwendigkeit, sich mit der deutschen Sprache, der Kultur und den Gepflogenheiten ihrer neuen Umgebung zu beschäftigen.

Nachdem Hatun sich in der Pubertät immer mehr gegen ihre Familie aufgelehnt hatte, musste sie auf Geheiß ihres Vaters das Gymnasium nach der achten Klasse verlassen. Sie wurde mit einem Cousin in der Türkei zwangsverheiratet, als sie gerade 15 Jahre alt war. Kaum ein Jahr später kam sie schwanger nach Berlin zurück und zog vorerst zu ihren Eltern. Hatun hatte sich mit ihren strenggläubigen Schwiegereltern und dem Ehemann zerstritten. Aber auch bei ihren Eltern war es um den häuslichen Frieden nicht sonderlich gut bestellt. Vier Zeugen berichteten während des Prozesses von sexuellem Missbrauch in der Familie. Einer ihrer älteren Brüder soll Hatun sexuell belästigt haben. Welcher, das wurde nicht geklärt. Angeblich wusste die ganze Familie Bescheid. Hatun suchte deshalb eine eigene Wohnung und meldete sich bei einer Jugendberatungsstelle. Kurze Zeit später bekam sie einen Sohn. Sie nannte ihn

Can, was auf Türkisch „Leben" oder „Seele" heißt. Sie zog aus der elterlichen Wohnung aus, legte den Schleier ab und kam in einem Wohnheim für minderjährige Mütter unter. Während sie dort wohnte, holte sie den Hauptschulabschluss nach und suchte zugleich psychotherapeutische Unterstützung. Hatun, die auch Aynur genannt wurde und sich selbst gern so nannte, wurde selbstständig. Sie suchte sich fortan ihre Freunde selbst aus, fand eine eigene Wohnung in Berlin-Tempelhof und begann eine Lehre als Elektroinstallateurin. Aynur – das heißt so viel wie „Jemand leuchtet so hell wie der Mond". Mondstrahl, das gefiel ihr.

Das Landgericht Berlin stellte fest: „Es kam zu Spannungen, als H. ihr Leben abweichend von den tradierten familiären Vorstellungen zu gestalten begann. Sie verließ mit ihrem gerade erst geborenen Sohn ihr Elternhaus und bezog wenig später eine eigene Wohnung, um ihr Leben nach eigenen Vorstellungen führen zu können. Auch von ihrem äußeren Erscheinungsbild her vollzog sie einen Wandel, sie trug kein Kopftuch mehr, schminkte sich und kleidete sich nach westlichen Maßstäben. Sie ging zuweilen abends aus und hatte Beziehungen zu einigen Männern."

Hatun hatte es fast geschafft. Sie beendete die Lehre erfolgreich und stand Anfang Februar 2005 nur wenige Tage vor dem Abschluss ihrer Gesellenprüfung. Vier Jahre hatte sie in der Werkstatt gearbeitet. Nur jeder zweite Jugendliche hielt dort so lange durch. Hatun hatte die deutsche Staatsbürgerschaft erhalten und ihren Führerschein gemacht. Es schien, als sei sie angekommen in ihrem neuen Leben. Die quälende Sehnsucht nach ihrer Familie war trotzdem immer vorhanden. Sie hatte zaghaft begonnen, sich ihrer Familie wieder anzunähern. Es waren schließlich ihre Blutsverwandten. Wahrscheinlich wollte sie auch von ihnen akzeptiert werden. Vielleicht sogar ein klein bisschen Anerkennung finden für das, was sie inzwischen ganz allein geleistet hatte. Und ihr Sohn sollte seine Großeltern kennenlernen. Manchmal empfing sie ihren jüngeren Bruder Ayhan, ihren späteren Mörder, zu Hause, wo dieser mit ihrem

Sohn spielte. Hatun brachte Can auch manchmal am Wochenende in die Wohnung ihrer Eltern. Alles schien sich letztendlich glücklich zu fügen. Dennoch musste die 23-Jährige sterben. Warum?

Hatun S. musste sterben, weil sie nicht nach traditionellen türkischen Vorstellungen – sondern angeblich „wie eine Deutsche" – lebte. Sie trug kein Kopftuch, hatte ein Bauchnabelpiercing und einen deutschen Freund. Laut Anklage soll ihre Familie dies als Kränkung der Familienehre empfunden und zudem befürchtet haben, dass Can nicht nach den Regeln des Islam erzogen und möglicherweise ein „Deutscher" werden würde. Für die Familie ein unverzeihlicher Frevel.

Bis zum Prozessbeginn im September 2005 bestritten die angeklagten Männer die Bluttat. Doch schon am ersten Prozesstag ließ Ayhan von seinem Anwalt verlesen: „Ich habe meine Schwester getötet, ich habe die Tat allein begangen, niemand hat mir geholfen." Er wollte damit angeblich „die Ordnung in der Familie wiederherstellen". Das zumindest erklärte er so vor dem Gericht.

Es gab keine DNA, es gab keine Fingerabdrücke, die Tatwaffe wurde nie gefunden. Es gab nur die Aussage und die teils widersprüchlichen Einlassungen des 18-jährigen Bruders des Mordopfers. Doch war er wirklich ein Einzeltäter? Prozessbeobachter werteten das Tatgeständnis des jüngsten Bruders als Taktik, um die anderen Familienmitglieder zu entlasten. Wegen seines Alters hatte er lediglich mit einer Jugendstrafe von bis zu zehn Jahren zu rechnen. Für seine Brüder und den Vater hätte eine Verurteilung wegen Mordes eine lebenslängliche Freiheitsstrafe bedeutet.

Vier Tage nach dem Mord an Hatun hatte Ayhan von seinem Vater eine Armbanduhr geschenkt bekommen. In strenggläubigen islamischen Familien wird solch ein Geschenk des Vaters für den Sohn als Belohnung und Aufwertung betrachtet. War dies der „Lohn" für den vollbrachten „Ehrenmord"? Oder für die Bereitschaft, den Sündenbock zu spielen? Beides würde zumindest Ayhans Verhalten während des Prozesses erklären, denn jedes Mal, wenn die Hauptzeugin den Gerichtssaal betrat, krempelte er den Ärmel hoch und zeigte demonstrativ seine goldene Armbanduhr. Ayhan, der kleinste und schmalste unter den Brüdern, spielte jedenfalls als pöbelnder, drohender Angeklagter erfolgreich die Schurkenrolle und gefiel sich anscheinend darin. Von Freunden ließ er sich Carlito nennen, nach einem Mafioso, den Al Pacino in einem Hollywoodfilm verkörpert hatte.

Das Landgericht stellte fest: „Ay. S. suchte H. in ihrer Wohnung auf, unterhielt sich mit ihr und bat sie später, ihn zur Bushaltestelle zu begleiten. Dort angelangt, zog Ay. die Waffe aus der Tasche. Er hatte sie verborgen getragen, da er die Überraschung seiner Schwester zur Tatbegehung ausnutzen wollte. Nachdem er sie gefragt hatte, ob sie ihre Sünden bereue, schoss er ihr um 20.55 Uhr aus kurzer Distanz dreimal in den Kopf. H. brach zusammen und starb wenige Minuten später."

Trotz des Geständnisses quälte sich das Landgericht Berlin sieben Monate durch den Prozess. Hatun S.s drei Brüder redeten dazwischen, lachten immer wieder laut auf oder beleidigten den Staatsanwalt. Die anderen Familienmitglieder schwiegen. Mit einer mehr als zehnstündigen Befragung versuchte die Verteidigung, die Glaubwürdigkeit der Hauptzeugin Melek, zur Tatzeit die Freundin des geständigen Ayhan, zu erschüttern. Allein durch ihre Aussage war die Staatsanwaltschaft überhaupt dazu in der Lage gewesen, Anklage zu erheben.

Das Gericht verurteilte schließlich im April 2006 Ayhan wegen Mordes zu neun Jahren und drei Monaten Jugendhaft. Das Landgericht stellte fest, dass er seiner Schwester mit Tötungsvorsatz aus unmittelbarer Nähe mehrmals in den Kopf geschossen hatte, da ihm ihre Lebensführung missfiel und er die vermeintlich verletzte Familienehre wiederherstellen wollte. Seine mitangeklagten Brüder wurden freigesprochen. Ihnen konnte keine Tatbeteiligung nachgewiesen werden. In dubio pro reo – im Zweifelsfall für die Angeklagten hieß die Devise. Der Richter begründete den Freispruch ausschließlich damit, dass die Aussagen von Melek nicht ausreichten, den Beweis für die Täterschaft der Mitangeklagten zu erbringen. Prozessbeobachter kritisierten dagegen einen Mangel an Gründlichkeit der Prozessführung. Der kurz vor seiner Pensionierung stehende Richter schien ihnen überfordert und uninteressiert.

Das Gericht hatte sich letztlich nicht mit hundertprozentiger Gewissheit davon überzeugen können, dass der Verurteilte diese Tat gemeinsam mit seinen beiden älteren Brüdern begangen habe. Der Verteidigung war es offensichtlich gelungen, die These der Alleintäterschaft zu erhärten. Melek, die den Gerichtssaal nur zusammen mit ihrer Mutter sowie Bodyguards und in Schussweste betrat und inzwischen unter einem Zeugenschutzprogramm stand, hatte ausgesagt, dass ihr Freund ihr erzählt habe, dass einer der Brüder die Waffe beschafft und bei Glaubensbrüdern Erkundigungen eingezogen habe, ob die Tat erlaubt sei, und sein anderer Bruder ihn zur Wohnung der Schwester begleitet und bei der Tatausführung in der Nähe eines S-Bahnhofs gewartet habe. Ihre belastenden Angaben reichten nach Ansicht der Strafkammer nicht aus, um die Brüder zu verurteilen. Zwar gab Ayhan zu, dass die Aussage seiner Freundin hinsichtlich des von ihm Gesagten richtig war, behauptete jedoch, dass er sie belogen habe, um sie damit zu beruhigen.

Als die Brüder als freie Männer das Gebäude verließen, winkten die jüngeren Schwestern Hatuns froh, lachten und streckten den Fotoapparaten und Fernsehkameras zwei gespreizte Finger für „Victory“ entgegen, obwohl es um die Ermordung ihrer eigenen Schwester gegangen war. Aber der Rest der Familie hielt offenbar noch zusammen. Eine von Hatuns Schwestern wollte danach das Sorgerecht für Can beantragen. Das Vormundschaftsgericht lehnte im Dezember 2006 ihren Antrag jedoch mit der Begründung ab, eine Übertragung der Vormundschaft würde nicht dem Willen der verstorbenen Mutter entsprechen und sei außerdem mit dem Kindeswohl nicht vereinbar. Die dagegen eingelegte Beschwerde wurde im Juli 2007 vom Landgericht Berlin abgelehnt. Hatuns Sohn Can lebt bis heute in einer Pflegefamilie.

Während die Verurteilung von Ayhan rechtskräftig blieb, wurde gegen die Freisprüche der beiden anderen Brüder von der Staatsanwaltschaft Revision eingelegt, die vor dem Bundesgerichtshof am 28. August 2007 zur Verhandlung kam. Dort wurde die Entscheidung des Landgerichts aufgehoben und an eine Schwurgerichtskammer des Landgerichts Berlin zurückverwiesen. Nach Ansicht des 5. Senats des Bundesgerichtshofs war die Aussage des verurteilten Ayhan, es habe sich um eine Spontantat gehandelt, falsch, da die Planung der Tat und die Beschaffung der Waffe dagegen sprechen würden. Vielmehr erhärte dies die Vermutung, dass Ayhan bemüht war, als Alleintäter zu gelten, um seine Brüder zu decken. Außerdem habe das Landgericht die Tatsache nicht ausreichend gewürdigt, dass er einerseits seine Schwester aus Gründen der „Familienehre" ermordete, andererseits aber bis zu seinem Geständnis seine Brüder fälschlich belastete und diese unschuldig in der Untersuchungshaft schmoren ließ. War Letzteres nicht „unehrenhaft"? Irgendetwas konnte da nicht stimmen. Mit diesen und weiteren Fragen hätte sich das Landgericht weitaus intensiver auseinandersetzen müssen. Warum wertete es beispielsweise die Angaben der früheren Freundin des Ayhan nur als Zeugin vom Hörensagen? Im Gegensatz zum Augenzeugen hat der sogenannte Zeuge vom Hörensagen eine geringere Beweiskraft. Ayhan hatte die Aussage seiner Freundin aber bestätigt und damit hätte das Gericht die Aussage stärker bewerten müssen. So zumindest die Kritik des Bundesgerichtshofs.

Die Pressestelle des Bundesgerichtshofs teilte deshalb mit: „Der Bundesgerichtshof hat die Beweiswürdigung des Landgerichts vor allem aus folgenden Gründen als rechtsfehlerhaft beanstandet: Das Landgericht ist bei der Bewertung der Belastungsindizien teilweise von falschen Anforderungen an seine Überzeugungsbildung ausgegangen. Es hat seine Würdigung im Wesentlichen an den Angaben der früheren Freundin des Ayhan als sogenannter Zeugin vom Hörensagen ausgerichtet und dabei nicht ausreichend bedacht, dass deren Angaben durch Ayhan bestätigt worden sind, wenn er sie auch inhaltlich nicht mehr gelten lassen wollte. So bleibt die Erörterung der zentralen Frage, ob Ayhan damals tatsächlich seiner Freundin, der er uneingeschränkt vertraute, die Unwahrheit erzählte, unvollständig. Nicht alle Gesichtspunkte, die dem entgegenstehen könnten, sind von der Strafkammer erwogen worden. Darüber hinaus weist die Beweiswürdigung Lücken auf, da weitere Umstände, z. B. dass Ayhan wenige Minuten nach der Tat eine SMS an den Angeklagten A. sandte, bei der Würdigung der belastenden Indizien nicht berücksichtigt worden sind."

Die Berliner Staatsanwaltschaft beantragte daraufhin für Alpaslan und Mutlu internationale Haftbefehle, aber ohne Erfolg. Beide Brüder hatten sich – wohl dieses Urteil ahnend – bereits aus dem Staub gemacht. Sie waren inzwischen in die Türkei geflüchtet, die sie jedoch nicht auslieferte. Beide hatten türkische Pässe, damit konnte ihr Land die Auslieferung ohne nähere Angaben ablehnen. Der Berliner Staatsanwaltschaft blieb nichts weiter übrig, als das Verfahren im Jahr 2008 einzustellen – zumindest bis zu dem Zeitpunkt, an dem einer der Verdächtigen wieder deutschen Boden betreten würde. Erst im Jahr 2013, nach fünf Jahren, eröffnete die Hauptstaatsanwaltschaft der Türkei ein eigenes Strafverfahren gegen die Brüder Mutlu und Alpaslan S. und bat um alle Unterlagen der Berliner Strafjustizbehörden. Ihrem Gesuch wurde entsprochen. Aber die Justizmühlen mahlen – besonders in der Türkei – anscheinend sehr langsam, denn erst Ende Mai 2017 kam es dort zu einem Urteil. Auch diesmal wurden die beiden Brüder überraschend freigesprochen. Es gab nicht genügend eindeutige und glaubhafte Beweise, so das Gericht. Erneut also im Zweifelsfall für die beiden Angeklagten. Ayhan hatte das Seinige zum Prozess beigetragen, als er beim Istanbuler Prozessbeginn im Januar 2016 persönlich vor Gericht erschienen war und angab, die Tat allein begangen zu haben. Er habe seine Schwester nur deswegen umgebracht, weil er bei einem Streit die Fassung verloren habe. Vor den deutschen Gerichten klang das noch anders. Das Ende bleibt also weiterhin offen.

Die Familie S. wurde durch die Tat jedenfalls vollkommen auseinandergerissen. Die Gattin von Alpaslan wurde wegen Falschaussage im Mordprozess angeklagt. Sie hatte ihrem Mann ein falsches Alibi verschafft. Später ließ sie sich von ihrem in die Türkei geflüchteten Mann scheiden. Ein Bruder der Ermordeten, der erfolgreich Jura studiert hatte, dachte darüber nach, seinen Nachnamen ändern zu lassen, und kann sich inzwischen sogar vorstellen, anstelle von Hatun als Nebenkläger gegen seine Brüder aufzutreten, wenn der Prozess neu aufgerollt werden würde. Vater Kerem starb 2007 an Krebs. Hatuns Mutter wohnt heute in einer kleinen Wohnung in Kreuzberg, bei ihr blieb nur ihre jüngste Tochter. Im Sommer 2006 wurde Hatuns damals 16-jährige Schwester von der Schule abgemeldet, da sie freiwillig in die Türkei ziehe. Ihre Lehrer hielten dies für unglaubwürdig, da sie sich zuvor „erkundigt hatte, wie sie von zu Hause ausbrechen könne". Ayhan absolvierte neben seiner Tischlerlehre ein Fernabitur. Er genoss, vielleicht gerade wegen seiner Tat, ein relativ hohes Ansehen bei seinen Mithäftlingen. 2006 versuchte er während eines Gefangenentransports zu entkommen. 2007 erhielt er drei Monate Haftverlängerung wegen einer Schlägerei in der Jugendstrafanstalt, Gefangenenmeuterei und Drogenbesitzes. Nach Verbüßung seiner vollständigen Haftstrafe am 4. Juli 2014 wurde er in die Türkei abgeschoben. Laut Ausweisungsbescheid habe er keine plausible Reue gezeigt und sei daher nicht willens und bereit „sich in die hiesige gesellschaftliche und verfassungsmäßige Ordnung zu integrieren".

Der Mord an Hatun S. hatte aber noch weitere Folgen: 2006 wurde der Frauennothilfeverein Hatun & Can gegründet. Laut Satzung war dessen vorgeblicher Zweck, „Maßnahmen zur Hilfe und zum Schutze von Frauen verschiedener Nationalitäten, die von sogenannten Zwangsehen bedroht sind oder sich bereits in diesen befinden", zu fördern und durchzuführen. 2012 wurde der damals 43-jährige Gründer des Vereins, Udo G., wegen Betruges zu einer Freiheitsstrafe von vier Jahren und zehn Monaten verurteilt. G., ein Hartz-IV-Empfänger aus Neukölln, hatte sich als ehemaliger Freund Hatuns ausgegeben und bis Anfang 2010 etwa 708 000 Euro an Spendengeldern eingenommen, darunter im Oktober 2009 eine Spende über 500 000 Euro, die Alice Schwarzer in der Quizsendung *Wer wird Millionär?* gewonnen hatte. Schwarzer wurde misstrauisch und erstattete nach eigenen Recherchen schließlich Anzeige. Es stellte sich heraus, dass von den erzielten Einnahmen lediglich rund 17 000 Euro dem Vereinszweck unmittelbar zugutegekommen waren. Stattdessen hatte sich der Gründer des Vereins schöne Reisen und einen 63 500 Euro teuren BMW X6 gegönnt.

Seit 2006 gibt es in Berlin, auch unter Berufung auf Hatuns Ermordung, einen verpflichtenden Ethikunterricht. Viele Kinder mit Migrationshintergrund hatten in den Schulen die Tat lauthals befürwortet. Eine kirchliche Initiative mit ihrem Zugpferd Günther Jauch wollte 2009 diese Regelung zugunsten eines Pflichtfachs Religion ändern. Der daraufhin durchgeführte Volksentscheid blieb allerdings erfolglos.

Auf einem Gedenkstein vor Hatuns Wohnhaus wurde 2008 eine Tafel angebracht, auf der in türkischer und deutscher Sprache erläutert wird, dass sie ermordet worden sei, „weil sie sich Zwang und Unterdrückung ihrer Familie nicht unterwarf, sondern ein selbstbestimmtes Leben führte“. Eine in Planung befindliche Brücke wird den Namen der jungen, wegen der Familienehre ermordeten Frau tragen.

2010 wurde der vielfach ausgezeichnete Film *Die Fremde* mit prominenter Besetzung gedreht, der deutlich auf Hatuns Schicksal anspielt.

Quellen

Berliner Zeitung vom 04.03.2005, 14.09., 20.09., 22.09., 27.09., 28.09.2005

Der Tagesspiegel vom 16.12., 23.12.2005, 20.08.2007, 05.07.2014, 03.05.2017, 06.02.2018

Süddeutsche Zeitung vom 19.05.2010

Landgericht Berlin, Urteil vom 13.04.2006, Az: (518) 1 Kap Js 285/05 Kls (39/05)

Bundesgerichtshof, Urteil vom 28.08.2007, Az: 5 StR 31/07

Senatsverwaltung der Berliner Justiz, Pressemitteilung Nr. 41/2013 vom 23.07.2013

Der Hammermörder

Der *Tagesspiegel* berichtete Ende Januar 2017, dass der zu lebenslanger Haft verurteilte Birk D. in der Justizvollzugsanstalt Tegel gestorben sei. Mysteriös, da er erst vierzig Jahre alt war. Suizid? Das war eher nicht wahrscheinlich. Herzversagen nach einer Lungenembolie soll die Ursache gewesen sein. Nähere Umstände ließen sich jedoch nicht ermitteln, da die Behörden schwiegen. „Einzelheiten zu Inhaftierten können wir aus Gründen des Persönlichkeitsschutzes – der auch über den Tod hinaus noch beachtet werden muss – nicht mitteilen." Dies war die lapidare Antwort auf die Anfrage des Autors. Nicht mal den Tod wollte man bestätigen.

Birk D. hatte im Jahr 2011 in Reinickendorf eine monströse Tat begangen, für die er zu lebenslänglicher Haft verurteilt worden war. Was war damals geschehen? Am Montagnachmittag des 18. April 2011 hatte der geschiedene Birk D. seine Kinder zu Besuch, die seit der Trennung 2003 bei der Mutter und deren Lebensgefährten in Spandau lebten. Der 12-jährige Julien Hans-Joachim und seine zwei Jahre jüngere Schwester Joyce-Joline übernachteten bei ihrem Vater in Reinickendorf, der dort mit einem Altenpfleger wohnte, den er in homosexuellen Kreisen kennengelernt hatte. Joyce sah im Wohnzimmer fern, während Julien am Computer spielte. Sie waren seit Samstagvormittag bei ihrem Vater. Es war der erste Osterferientag. Ausnahmezeit. Regeln gab es kaum. Die Tage verbrachten die drei wie gewohnt vor allem mit Computerspielen und Fernsehen.

Die Kinder mochten ihren Vater, der als sehr liebevoll galt. Zwar hatte es schwierige Zeiten gegeben, aber der Kontakt zu den Kindern war in den letzten zwei Jahren immer besser geworden. Es war Julien, der den Kontakt via Internet zu seinem Vater wiederaufgenommen hatte. Tragischerweise war die Kontaktaufnahme erfolgreich, wie man aus heutiger Sicht sagen muss. Birk D. freute sich, dass er nicht vergessen worden war. Die Mutter erlaubte die persönlichen Kontakte zunächst nur stundenweise und unter Aufsicht, wobei sie den Eindruck gewann, dass Birk liebevoll mit den Kindern umging und diese gerne mit ihm zusammen waren. Es kam daher zu unregelmäßigen, unbegleiteten Wochenendaufenthalten, die aber nur dann stattfanden, wenn sich Birk danach fühlte. Mitunter war er jedoch im depressiven Selbstmitleid versunken und wollte auch seine Kinder nicht sehen. Eine ernsthafte Depression konnte allerdings auch nach gründlicher Untersuchung kein Psychologe bei ihm feststellen.

Diesmal hatte es jedoch mit dem Besuch mal wieder geklappt. Birk hatte offenbar gute Laune. Mit seiner Ex-Frau hatte er verabredet, dass die Kinder am Montagabend um 18.00 Uhr wieder zu Hause in Spandau sein sollten. Der Tag war harmonisch und ohne Auseinandersetzungen verlaufen, trotzdem wurde Birk immer melancholischer und haderte wie so oft mit sich und seinem Leben. Er begann daher, seinen Kummer mit Kirschwein und Pfefferminzlikör zu ertränken. Wie das Gericht später feststellte, war dadurch seine Steuerungsfähigkeit jedoch nicht wesentlich beeinträchtigt. Er hatte höchstens 1,5 Promille im Blut. Nach einigem Hin- und Herüberlegen fasste er den unvorstellbaren und folgenschweren Entschluss, seine Kinder zu töten. Julien sollte das erste Opfer sein. Birk D. schloss die Tür zur fernsehenden Tochter, stellte den Staubsauger an, um mögliche Geräusche zu übertönen, und schlug mit einem 1370 Gramm schweren Hammer seinem am Computer spielenden nichtsahnenden Sohn von hinten wuchtig auf den Kopf, um ihn zu töten. Eine unfassbare Tat, vor allem auch, weil Birk seinen Kindern gegenüber zuvor nie gewalttätig gewesen war.

Das Gericht beschreibt die Tat folgendermaßen: „Nach diesem Schlag sackte Julien zusammen und rutschte Richtung Haustür vom Stuhl. Der Angeklagte, der den Flur für einen kurzen Augenblick Richtung Küche verlassen hatte, kehrte rechtzeitig zurück, um seinen Sohn aufzufangen und auf den Boden zu legen. Um den Körper von Julien und das austretende Blut nicht sehen zu müssen, breitete er eine Decke auf seinem Opfer aus. Als der Körper unter der Decke noch einmal zuckte, schlug der Angeklagte, ‚damit sein Sohn nicht leiden müsse und um es zu beenden', mit dem Fäustel mit großen Ausholbewegungen drei bis vier weitere Male in Tötungsabsicht auf Juliens Kopf." Juliens Schädel war von seinem Vater mit mindestens vier kräftigen Hieben zertrümmert worden. Danach holte Birk D. aus dem Zimmer, in dem die nichtsahnende Joyce weiterhin ihre volle Konzentration und Aufmerksamkeit dem bunten Bildschirm widmete, zwei weitere Decken, worin er Julien einwickelte und das Blut wegwischte. Angesichts des Blutes und der Leiche seines Sohnes gab Birk D. sein ursprüngliches Vorhaben auf, auch seine Tochter zu töten.

Er brachte seinen toten Sohn durch das Treppenhaus in den Keller, wo er ihn in einem Verschlag versteckte. Die Blutspuren im Flur, im Treppenhaus und vor dem Computertisch versuchte er so gut wie möglich zu beseitigen. Seiner Tochter, die sich nach dem Verbleib ihres Bruders erkundigte, gaukelte er vor, dass dieser die Computermaus beschädigt habe und nun eine neue kaufe. Dasselbe erzählte er seiner Ex-Frau, die ab 18.25 Uhr mehrfach versuchte, ihren Sohn zu erreichen. Erst als Birk dann selbst nach 20.00 Uhr zurückrief, erfuhr die besorgte Mutter, dass Julien nicht ans Telefon kommen könne, weil er nun angeblich etwas zu essen kaufen gegangen sei. Sie machte ihrem Ex-Mann deswegen Vorwürfe, aber letztendlich einigten sich die Eltern, dass die beiden Kinder erst am nächsten Morgen um 9.00 Uhr zu Hause sein müssten. Es war schließlich schon dunkel. Das Telefonat führte Birk D. nicht im Beisein seiner Tochter, der er nun wiederum erzählte, dass ihr Bruder inzwischen schon zu Hause sei und sie noch bis morgen früh dableiben dürfe. Joyce gab sich mit der für sie schlüssigen Erklärung zufrieden. Anschließend schauten beide einen Film und legten sich schlafen, als sei nichts passiert.

Am nächsten Morgen um 8.00 Uhr machten sich Birk und Joyce auf den Weg. Am U-Bahnhof Rathaus Spandau verabschiedeten sie sich voneinander. Joyce' Vater verhielt sich wie immer. Bevor er jedoch das Haus verließ, hatte er einen von ihm mit den Worten „Nicht rein – Polizei rufen" beschriebenen Zettel im Keller an den Verschlag geheftet, um seinem Mitbewohner den Anblick der Leiche zu ersparen. Nach Verabschiedung von seiner Tochter setzte er sich in einen Zug nach Düsseldorf und bezahlte mit einer Kreditkarte, die er zuvor seinem Mitbewohner gestohlen hatte. Seine spätere Aussage, dass er sich in Düsseldorf habe umbringen wollen, weil es dort die für diesen Zweck höheren Häuser geben würde, wurde aus verständlichen Gründen als unglaubwürdig angesehen. Auch das Haus, in dessen fünftem Stock er wohnte, wäre hoch genug gewesen für diese Art des Suizids.

Um 9.00 Uhr traf die Tochter schließlich bei ihrer Mutter ein und der ganze Schwindel flog auf. Kurz vor Mitternacht fand die Polizei die Leiche. Birk D. lief indessen ziellos in Düsseldorf herum, verbrachte zwei Nächte in einem Hochhausflur und fiel am 23. April um 19.20 Uhr einer Passantin auf, als er über einen Zaun kletterte. Die alarmierte Polizei nahm ihn nach der anschließenden Überprüfung der Personalien fest, denn nach ihm wurde inzwischen bundesweit gesucht. Außerdem stand noch ein alter Haftbefehl wegen nichtgezahlter Geldbußen aus. Bei allen polizeilichen Vernehmungen soll Birk D. gefasst, nachdenklich und kooperativ gewesen sein. Er sei vom Tatgeschehen bewegt gewesen und sei bereit, für das begangene Unrecht zu „büßen", wie die Vernehmungsbeamten später aussagten.

Der Prozess gegen Birk D. begann vor der 22. großen Strafkammer des Landgerichts Berlin am 13. Januar 2012, wobei wie immer auch seine persönlichen Verhältnisse unter die Lupe genommen wurden.

Birk D. war 1976 in Wolfenbüttel geboren worden und zog mit seinen Eltern noch vor der Einschulung nach Berlin. Er hatte einen zwei Jahre älteren Bruder und zwei jüngere Zwillingsschwestern. Die Kindheit mit einem gewalttätigen Vater war nicht einfach, in der Schule war er ein Außenseiter. Mehrere Berufsausbildungen brach er ab, bei der Bundeswehr wurde er nach Begutachtung durch einen Psychologen ausgemustert. Das Gericht zu seinem weiteren „Werdegang": „So landete der Angeklagte schließlich in der Arbeitslosigkeit, beanspruchte aber überwiegend keine Unterstützungsleistungen, weil ihm die Antragstellung und die Kontaktierung des Jobcenters wiederum unangenehm waren."

Die Mutter von Joyce und Julien hatte er während seiner Bundeswehrgrundausbildung kennengelernt. Sie war seine erste intime Beziehung, und schnell kamen die beiden Kinder. Doch der frischgebackene Vater war offenbar überfordert. Nach der Geburt der Kinder kam es immer häufiger zu Streitereien, weil er weder finanziell noch sonst Verantwortung übernahm oder übernehmen konnte. Nachdem er seiner Frau auch noch mehrmals mit der Faust ins Gesicht geschlagen hatte, kam es zur Trennung. Vorübergehend kam er bei seinem Bruder und seinen Schwestern unter, dann zog er in eine betreute Wohnung. Er hatte mittlerweile ungefähr 70 000 Euro Schulden aus unterlassenen Unterhaltszahlungen, Handyverträgen und Geldbußen angehäuft. Wegen kleinerer Delikte wie Schwarzfahren oder Diebstahl war er im letzten Jahrzehnt mehrfach verurteilt worden. Während des Aufenthalts im betreuten Wohnen versuchte man, ihm den Umgang mit Behörden und mit Geld beizubringen – mit geringem Erfolg, denn seine nachfolgenden Versuche, in einer eigenen Wohnung zu leben, scheiterten jeweils daran, dass er die Miete nicht zahlte und das dafür vorgesehene Geld anderweitig ausgab. Es gelang ihm, eineinhalb Jahre nach seiner Trennung über das Internet eine neue Freundin zu finden. Die Beziehung hielt jedoch aus ähnlichen Gründen wie zuvor nicht allzu lange. Auch aus dieser Verbindung war 2007 eine gemeinsame Tochter hervorgegangen.

Enttäuscht zog Birk D. erneut in eine betreute Wohnung, ging aber – obwohl heterosexuell veranlagt – der Prostitution im Homosexuellenmilieu nach, um etwas dazuzuverdienen. Bei dieser Tätigkeit traf er auf seinen späteren Mitbewohner Eckhardt R., bei dem er einzog und von dem er sich aushalten ließ. Nach einem anfänglichen Techtelmechtel soll die Beziehung später nur noch platonisch gewesen sein. Birk bekannte sich von nun an zu seiner Heterosexualität und wollte keine sexuelle Beziehung mehr zu Männern. Obwohl er nur für kurze Zeit durch Zeitungsverkauf ein Taschengeld verdiente und nichts zum Lebensunterhalt beitragen konnte, durfte er in der Wohnung bleiben. Auch an der Hausarbeit beteiligte er sich kaum. R. dagegen, der wohl immer noch auf eine glückliche Beziehung hoffte, war mit bis zu drei Jobs voll ausgelastet. Ihre gemeinsame Wohnung soll daher recht verwahrlost gewesen sein.

Während des Prozesses sagte Birk D. nichts. Ihm seien zu viele Zuschauer da, ließ er über seinen Verteidiger verlautbaren. „Das schaffe ich nicht“, soll ihm der geduckte, blasse Mann, mit den kurzen blonden Haaren zuvor gestanden haben. Die vergeblich auf eine Erklärung der Tat hoffende Familie des ermordeten Jungen war schwer traumatisiert. „Alle sind in Therapie“, hieß es.

Nach neun Verhandlungstagen folgte am 30. April 2012 schließlich das Urteil. Juristisch war der Tatbestand relativ klar. Birk D. wurde wegen heimtückischen Mordes zu einer lebenslänglichen Freiheitsstrafe verurteilt, da er die Arg- und Wehrlosigkeit seines Sohnes, der nichtsahnend am Computer spielte, bewusst zur Tötung ausgenutzt hatte. Eine besondere Schwere der Schuld wurde nicht festgestellt. Birk D. wurde zugutegehalten, dass er nur ein Mordmerkmal – eben Heimtücke – verwirklicht und von der Tötung seiner Tochter Abstand genommen habe. Er hätte also nach 15 Jahren entlassen werden können, wenn er nicht schon sechs Jahre nach Haftantritt gestorben wäre.

Aber bis zum Schluss quälte alle Prozessbeteiligten die Frage: Wie kann ein Vater eine so grauenvolle Tat begehen? Ein wirklich nachvollziehbares Motiv für die Tat wurde bis zum Schluss nicht festgestellt. Zwar empfand Birk D. die Kinder zunehmend als anstrengend, weil sie aus seiner Sicht zu ausgelassen, ungehorsam und frech waren. Er ärgerte sich nach der anfänglichen Euphorie über die merkliche Abkühlung ihrer Beziehung und es störte ihn zunehmend, dass er in Anwesenheit der Kinder gehindert war, seinen eigenen Interessen nachzugehen. Andererseits waren ihm die Kinder sehr wichtig. Warum also hatte er es getan? Dem Gutachter und den Polizisten soll er als Motiv seine generelle Unzufriedenheit mit dem Leben angegeben haben. Er sei davon ausgegangen, dass seine Kinder genauso traurig seien wie er. Er habe keinen Sinn mehr im Leben gesehen und wollte seinen Kindern eine so „schreckliche Welt" nicht zumuten, um sich danach selbst umzubringen. Obwohl Birk immer wieder davon gesprochen hatte, konnten von den Psychologen jedoch keine ernsthaften Suizidgedanken festgestellt werden. Aber letzten Endes schien das alles doch kein Motiv für einen Mord zu sein? Oder etwa doch?

Birk D. wurde vom Gutachter eine durchschnittliche Intelligenz bescheinigt, allerdings auch ein weit unterdurchschnittliches Selbstwertgefühl mit unsicheren und negativistischen Zügen, was aber eher als ein Charakterproblem mit dissozialen Folgen zu bewerten sei und nicht als eine schwerwiegende Krankheit, so der Gutachter. Zudem wurde Birk D. als „stark selbstbezogen" beschrieben. Er beklagte sich laut Gericht „übertrieben und in egozentrischer Weise anhaltend über sein persönliches Unglück und seine Probleme", was ihn schon mit 18 Jahren veranlasste, zum Psychotherapeuten zu gehen.

Letztendlich erklärt das alles aber noch immer nicht die abscheuliche Tat. „Es tut mir so leid", waren Birk D.s letzte, brüchige Worte am Ende des Prozesses. Am Ende des Prozesses jedoch waren alle Prozessbeteiligten genauso ratlos wie zu Beginn.

Quellen

Der Tagesspiegel vom 14.01., 30.04.2012, 24.01.2017
Landgericht Berlin, Urteil vom 30.04.2012, Az: 522 – 14/11

Tödliche Wette

Jemand trinkt sich zu Tode und sein Zechpartner ist schuld? Kann das sein? Vor dieser schwierigen Frage stand die 22. große Strafkammer des Landgerichts Berlin, des größten Landgerichts Deutschlands. Das Verfahren begann am 11. Februar 2009 und war ein Novum in der bundesdeutschen Justizgeschichte. Was war geschehen?

Ein junger Mensch war gestorben. Lukas W., ein 16-jähriger Gymnasiast, hatte sich im wahrsten Sinne des Wortes mit mehr als 45 Tequilas „zu Tode gesoffen“. Es geschah am frühen Morgen des 25. Februar 2007 in einer Kneipe in Charlottenburg. Der Neuntklässler war nach einem Zechgelage mit mehr als vier Promille im Blut ins Koma gefallen. Vier Wochen lang wurde er künstlich beatmet, dann wurden die Maschinen abgestellt. Drei Tage später trat der Tod ein. Das Sterben des Jugendlichen hatte wochenlang die Schlagzeilen beherrscht und eine heftige Debatte ausgelöst. Politiker, denen wie sooft nichts anderes einfiel, forderten reflexartig höhere Strafen. Man diskutierte mit schon hysterischem Ausmaß über „Flatrate-Partys“ und über das seltsame und gesundheitsgefährdende Trinkverhalten von Heranwachsenden. Gerade so, als ob derartiges Verhalten während der Adoleszenz ein vollkommen neuartiges Phänomen gewesen wäre. Der Vorsitzende Richter wies in seiner Urteilsbegründung Anfang Juli 2009 folgerichtig darauf hin, dass er große Bedenken habe, ob Urteile diesbezüglich überhaupt abschreckend wirkten.

Angeklagt worden war der 26-jährige Aytac G., der Wirt der Charlottenburger Kneipe. Er hatte mit seinem minderjährigen Gast um die Wette gezecht. Bereits ein Jahr zuvor hatte die Berliner Staatsanwaltschaft drei Freunde des Angeklagten sowie eine Aushilfskellnerin vor der großen Jugendstrafkammer in Berlin-Moabit angeklagt. Sie waren in der Nacht zum 25. Februar 2007 dabei gewesen, hatten gekellnert, ausgeschenkt und Strichlisten über die konsumierten Getränke geführt. Daher wurden sie wegen Beihilfe zur gefährlichen Körperverletzung beziehungsweise Beihilfe zur Körperverletzung mit Todesfolge angeklagt. Im Juristendeutsch ist Körperverletzung „eine üble, unangemessene Behandlung, die das körperliche Wohlbefinden oder die körperliche Unversehrtheit nicht nur unerheblich beeinträchtigt". Davon konnte man bei dem Alkoholexzess ausgehen. Rein juristisch hatte das körperliche Wohlbefinden von Lukas W. schon unter der exzessiven Alkoholzufuhr erheblich gelitten, auch ohne die Folgen zu berücksichtigen. Gefährlich ist die Körperverletzung dann, wenn sie durch Beibringung gesundheitsschädlicher Stoffe, in diesem Fall Alkohol in großen Mengen, erfolgt. So weit, so klar.

Kann man jedoch überhaupt jemanden wegen Beihilfe verurteilen, ohne dass ein Haupttäter feststeht? Beihilfe zu einer Tat, die noch nicht rechtskräftig abgeurteilt worden ist? Bei der noch nicht feststand, wofür der mutmaßliche Haupttäter verurteilt werden würde und ob das, was ihm nachzuweisen ist, überhaupt strafbar ist? Handelt es sich hier nicht um eine Vorverurteilung? Schon seltsam. Aber offenbar rechtmäßig. Der Bundesgerichtshof in Karlsruhe wies später die Revision eines der „Beihelfer" als unbegründet zurück. Die Urteile gegen die Helfer waren somit rechtskräftig.

Die Haupttat wurde in diesem Fall quasi als geschehen unterstellt. Man ging schon vor Eröffnung des Hauptverfahrens davon aus, dass der Haupttäter verurteilt werden würde. Der Prozess war für die jungen Angeklagten allerdings recht glimpflich ausgegangen. Das Verfahren gegen die 17-jährige Aushilfskellnerin, die die Tequilas serviert hatte, wurde wegen geringer Schuld eingestellt. Ihr wurde zugutegehalten, dass sie sich um den kollabierten Jungen gekümmert und schließlich auch den Rettungswagen gerufen hatte. Der Richter ordnete für sie lediglich die Teilnahme an einem Erste-Hilfe-Kurs an. Die anderen Angeklagten hatten dem Kneipenwirt bei seinem Wetttrinken mit dem später verstorbenen Lukas assistiert. Mathias (18) hatte Buch über die Anzahl der Schnäpse geführt. Martin (18) und Edis (21) hatten, nach Absprache mit dem Wirt, für Lukas Tequila und für den Wettpartner und Lokalbesitzer Wasser eingeschenkt. Dem 16-Jährigen wurden daher mehr als 45 Gläser Tequila serviert, während sein Wettgegner vorwiegend Wasser getrunken haben soll. Einer der Angeklagten wurde von einer Jugendkammer des Berliner Landgerichts freigesprochen, die beiden anderen wurden zur Ableistung eines zehnmonatigen sozialen Trainingskurses verurteilt. Sie seien „keine verwahrlosten Kriminellen", urteilte das Gericht, „sondern junge Menschen, die sich in einer Situation falsch verhalten haben". Ein moralisches Fehlverhalten müssten sich alle drei Angeklagten vorwerfen lassen, strafbar hätten sich jedoch nur die beiden Jugendlichen gemacht, die von dem Betrugsversuch des Kneipenwirts wussten. „Sie kannten die Spielregeln", sagte der Vorsitzende Richter, „wenn Lukas gewusst hätte, dass der Wirt nur Wasser trinkt, hätte er mit Sicherheit nicht eingewilligt."

Für die Taktik der Justiz, erst die der Beihilfe Verdächtigen und später den möglichen Haupttäter anzuklagen, die Strafsache also von hinten aufzuzäumen, gab es sehr gute prozessuale Gründe. Die später beim Verfahren als Augenzeugen geladenen jungen Männer mussten nun aussagen und konnten sich nicht auf ein Zeugnisverweigerungsrecht berufen, denn ihr Verfahren war nun rechtskräftig abgeschlossen. Sie waren daher nicht mehr als Beschuldigte anzusehen. Es stand ihnen kein Zeugnisverweigerungsrecht mehr zu, das sie als Beschuldigte hätten geltend machen können. Der prozessuale Trick gelang. Von diesen Zeugen erfuhr das Gericht schließlich relativ genau, was sich in jener Winternacht in der Kneipe im Berliner Stadtteil Charlottenburg abgespielt hatte.

Lukas war dort häufig zu Gast gewesen. Zwischen ihm und dem Wirt hatte sich eine gute Bekanntschaft entwickelt. Lukas hatte gehört, dass Aytac im Sommer 2006 ein Tequila-Wetttrinken mit einem damals 18-jährigen Eishockeyspieler veranstaltet hatte, wobei beide gezecht hatten, bis sich der Jugendliche erbrochen hatte und Aytac G. als „Sieger" betrunken auf dem Billardtisch eingeschlafen war. Dieser Wettbewerb schien Lukas zu imponieren. Er wollte auch mit seinem Stammkneipenwirt um die Wette bechern.

Das Gericht stellte fest: „W., der regelmäßig an den Wochenenden und gelegentlich auch innerhalb der Woche in nicht unerheblichem Maße dem Alkohol zusprach und Alkohol gut vertrug, äußerte vor diesem Hintergrund den Wunsch, ebenfalls gegen den Angeklagten in einem vergleichbaren Wetttrinken anzutreten. Der Angeklagte stand dieser Idee, die jedenfalls einige Wochen vor dem 25. Februar 2007 aufgekommen war, nur verhalten positiv gegenüber. Er sah allerdings letztendlich keine Möglichkeit, sich dem Begehren des nach seiner Kenntnis sechzehnjährigen W. ohne Gesichtsverlust zu entziehen. Das Wetttrinken sollte derjenige verloren haben, der zuerst nicht mehr in der Lage sein würde, weitere Tequilas zu trinken oder sich übergeben müsste. Der Angeklagte erklärte sich bereit, die erforderlichen Spirituosen kostenlos bereitzustellen, der Verlierer sollte dem anderen ein Essen bezahlen. Nachdem zunächst erwogen worden war, das Wetttrinken in einer privaten Wohnung stattfinden zu lassen, einigten sich der Angeklagte und W. kurzfristig darauf, das Wetttrinken in den früheren Morgenstunden des 25. Februar 2007 im neuen ‚E. (…)' stattfinden zu lassen."

Abgemacht war abgemacht. Und demgemäß sollte das anscheinend vor allem für Lukas wichtige Trinkduell, auf das er lange gedrängt hatte, nun auch stattfinden. Er wollte beweisen, wie viel er vertragen konnte. Es würde sich in seinem Umfeld sicherlich gut gemacht haben, den Wirt der Stammkneipe in seinem eigenen Lokal „besiegt" zu haben. So kam der 16-Jährige leicht angetrunken gegen 4.00 Uhr morgens in der Bar an und forderte den 26-jährigen Wirt zum vereinbarten Wetttrinken heraus. Dieser konnte nicht ablehnen, ohne – aus seiner Sicht – seinen Ruf zu verlieren. Alkohol an Jugendliche auszuschenken war schließlich Grundbasis seines Geschäfts. Das Gericht: „Unter den Schülern (…) war allgemein bekannt, dass man in dieser Gaststätte problemlos Alkohol ausgeschenkt bekam. (…) Durch die starke Repräsentanz der Altersgruppe unter 18 Jahren stellten erwachsene Gäste eine deutliche Minderheit dar. (…) Der Angeklagte (…) schenkte auch hochprozentigen Alkohol bedenkenlos, systematisch und unter bewusstem Verstoß gegen die Vorschriften des Jugendschutzgesetzes aus, um seine jeweilige Gaststätte entsprechend bekannt zu machen, hierdurch in großem Stil minderjährige Kunden anzuwerben und möglichst hohe Gewinne zu erwirtschaften, wobei er im Einzelfall zur Kundenbindung auch Gratisgetränke ausschenkte." Ein Wetttrinken zur Kundenbindung also.

Der ganze „Wettbewerb" mit Lukas dauerte höchstens eine Stunde, dann hatte der Schüler verloren. Alles. Sein Gegner Aytac G. erklärte sich zum „Sieger" und machte sich mit einem Mädchen auf den Nachhauseweg. Seine Angestellten räumten auf und machten sauber. Lukas sollte solange seinen Rausch ausschlafen. Er wird nicht der erste Gast gewesen sein, dem nach einer durchzechten Nacht dieses Privileg gewährt worden war. Als die Angestellten morgens um 7.00 Uhr merkten, dass Lukas' Gesicht blau angelaufen war, riefen sie endlich einen Krankenwagen. Doch es war schon zu spät. Das Gericht schildert dies in seinem Urteil so: „Unter Reanimationsbedingungen wurde der Geschädigte in das Rudolf-Virchow-Klinikum in Berlin-Wedding verbracht. Eine dem Geschädigten am 25. Februar 2007 gegen 9.00 Uhr entnommene Blutprobe enthielt 4,4 Promille Blutalkoholkonzentration im Blutserum. Während des folgenden vierwöchigen Aufenthalts auf der Intensivstation zeigte der Geschädigte keine Reaktionen mehr. Im Einverständnis mit seinen Eltern wurde schließlich die künstliche Beatmung abgesetzt, am Morgen des 29. März 2007 verstarb W." Lukas hatte also nicht nur die Wette, sondern auch sein junges Leben verloren!

Noch einmal auf Anfang. Wie konnte es soweit kommen? Was war zuvor geschehen? Am Abend des 24. Februar 2007, einem Samstag, hatte sich Lukas mit seinen Freunden im Club „Reich und Schön" am Potsdamer Platz in Berlin getroffen. Seiner Mutter gegenüber hatte er gelogen. Er hatte ihr gesagt, dass sie nicht auf ihn warten müsse, denn er übernachte bei einem Freund. Sein Kumpel J. durfte am Wochenende üblicherweise bis 1.30 Uhr unterwegs sein, bevor ihn seine Mutter abholte. Damit war Lukas' Mutter, die sich schon häufig mit ihm über sein Ausgeh- und Trinkverhalten gestritten hatte, einverstanden. Lukas dachte jedoch nicht im Geringsten daran, mit seinem Freund nach Hause zu gehen, sondern er blieb im Club, wo er nur drei kleine Biere trank, denn er war ja noch zu einem Wetttrinken verabredet. Er bat seine Freundin, ihn zu seinem Duell zu begleiten. Sie lehnte ab. Offensichtlich war er auf der Suche nach einem Sekundanten. Doch keiner seiner Freunde hatte Zeit oder Lust, sich die Zeit bis zum Morgengrauen als Zuschauer bei einem „Wetttrinken" zu vertreiben. So erschien Lukas an jenem Sonntagmorgen allein in der Kneipe von Aytac G. Der Sieger im Wettbewerb „Wer zuerst kotzt, hat verloren" sollte einen Döner als Preis erhalten.

Nach Aussagen mehrerer Freunde war Lukas daran gewöhnt, Alkohol zu trinken. Er prahlte nicht mit seiner Trinkfestigkeit, erntete dafür aber durchaus Anerkennung. Seine Freundin sagte vor Gericht aus: „Ich denke schon, dass es für Jungs etwas Tolles ist, jemanden unter den Tisch zu trinken." Lukas war in dieser Hinsicht sicherlich nicht anders als andere Jungen in seinem Alter. Mit seinem Wettpartner, dem Wirt Aytac G., verstand er sich trotz des Altersunterschieds anscheinend recht gut. Aytac war früher ein guter Fußballer gewesen und spielte in der Berliner Jugendauswahl, bevor er aus Krankheitsgründen bereits mit 14 Jahren seine Karriere beendete. Nach der Ausbildung zum Büro- und Telekommunikationskaufmann war er in verschiedenen gastronomischen Einrichtungen als Geschäftsführer tätig. Im Jahr 2006 hatte er sich selbstständig gemacht und war Geschäftsführer der Bar „E." in Berlin-Steglitz. Nach deren Schließung eröffnete er eine gleichnamige Bar in Berlin-Charlottenburg, die er offiziell vom 1. Februar 2007 an, tatsächlich aber bereits im Januar 2007 betrieb. Sowohl Lukas als auch die anderen Jugendlichen gehörten zu einer Gruppe von Stammgästen, die in freundschaftlichem Kontakt zum Angeklagten standen, gewisse finanzielle Vergünstigungen in den Lokalen genossen und sich als „E.-Family" bezeichneten. Aytacs Wetttrinken mit Lukas sollte schließlich seine Karriere als Kneipier beenden. Sein Lokal wurde am 10. April 2007 durch das Bezirksamt Charlottenburg geschlossen. Laut Gericht ging der Gegenwert des Lokals in Höhe von etwa 70 000 Euro im Rahmen der Abwicklung zum Großteil verloren. Dem Ex-Wirt wurde anschließend ein Ausbildungsplatz zum Busfahrer bei den Berliner Verkehrsbetrieben zugesagt. Wegen der halbjährigen Untersuchungshaft konnte er die Ausbildung nicht antreten, die Berliner Verkehrsbetriebe kündigten ihm.

Nach den von ihm anfangs als „tragischen Unglücksfall" bezeichneten Geschehnissen mit Lukas sah sich Aytac G. einem ständigen medialen Spießrutenlauf ausgesetzt. Das wurde vom Gericht später berücksichtigt. Zum weiteren Lebensweg des Angeklagten stellte das Gericht 2009 fest: „Seit April 2008 arbeitet der Angeklagte in einem Call-Center, wo er monatlich 700,- Euro verdient. Der Arbeitgeber hat von hiesigem Verfahren Kenntnis und in Aussicht gestellt, für den Fall der Verbüßung hiesiger Strafe im offenen Vollzug den Arbeitsplatz zu erhalten. Der Angeklagte ist verheiratet und führt einen gemeinsamen Haushalt mit seiner Ehefrau. Während der Angeklagte in hiesiger Sache haftverschont war, starb seine Mutter. Der Angeklagte ist gerichtlich bestellter Betreuer seines bei dem gemeinsamen Vater lebenden 40-jährigen Bruders, der unter einer Psychose leidet und pflegebedürftig ist."

Doch weiter im Geschehen der verhängnisvollen Nacht. Lukas war also inzwischen im Lokal eingetroffen. Der Wettkampf konnte beginnen. Aytac G. beteiligte sich etwas widerwillig. Er fürchtete aufgrund seiner Erfahrungen aus dem Wetttrinken mit dem Eishockeyspieler, die Wette und daher sein „Renommee" zu verlieren. Das letzte Wettzechen war schließlich nicht gerade heroisch ausgegangen. Während er auf dem Billardtisch übernachtet hatte, schlief sein Kontrahent nicht weit davon in der Herrentoilette, in Urin und Erbrochenem liegend. Damals hatten Kneipengäste angesichts des Zustands der „Kontrahenten" einen Krankenwagen gerufen. Aytac, der offenbar noch nicht gänzlich besinnungslos war, hatte jedoch aus Angst um den Ruf seiner Bar lallend darauf gedrängt, dass der Krankenwagen wieder abbestellt wurde. Aus diesem Grund hatte er diesmal vorgesorgt und für sich eine mit Wasser gefüllte Flasche

Tequila präpariert. Seine Angestellten hinter der Theke hatte er instruiert, ihm hauptsächlich Wasser einzuschenken.

Das unlautere „Duell“ begann. Die ersten Tabletts mit jeweils fünf 2-cl-Gläsern wurden serviert. Die eingeweihten Barkeeper hielten sich an die Anweisungen ihres Chefs. Lukas trank Tequila, Aytac trank Wasser. Bis zu jenem Zeitpunkt, als Lukas nach 25 oder 30 Gläsern des Agaven-Brands aus Versehen ein Glas Wasser trank, weil ihm aus der falschen Flasche eingeschenkt worden war. Er bemerkte dies sofort und protestierte heftig. Das Gericht stellte dazu fest: „Nach mindestens fünfundzwanzig, möglicherweise auch dreißig Runden erhielt Lukas versehentlich ein für den Angeklagten präpariertes Schnapsglas mit Wasser. Er rief erstaunt aus, dass der Tequila ja wie Wasser schmecke, woraufhin der Zeuge Y., der in den Plan des Angeklagten nicht eingeweiht war, schlussfolgerte, dass dem Angeklagten aus einer zweiten Flasche Wasser eingeschenkt worden war. Er ergriff daraufhin die Tequilaflasche und stellte diese auf den Tisch der Kontrahenten. Im Anschluss wurde nur noch aus auf dem Tisch stehenden Flaschen eingegossen, die Tequila enthielten.“

Lukas konnte – wohl aufgrund seines inzwischen erreichten Alkoholpegels – nicht mehr die richtigen Schlüsse aus dem Erlebten ziehen. Obwohl der Betrug aufgedeckt war, versuchte er weiterhin verzweifelt, das Wetttrinken zu gewinnen. Er blieb arglos und bestand sogar darauf, dass ihn sein Saufpartner auf die Toilette begleitete. Er wollte den Verdacht vermeiden, er könne sich dort heimlich übergeben. „Wer kotzt, verliert!“ war schließlich die martialische Devise. Was die eingeweihten Beobachter dachten, ist nicht bekannt. Über die Gefährlichkeit ihres Handelns waren sie sich wohl nur bedingt im Klaren. Zumindest soll von diesem Zeitpunkt an beiden Kontrahenten Alkohol eingeschenkt worden sein. Doch kurz darauf war der Kampf für den Jungen vorbei. Das Gericht schilderte es so: „Nach etwa einer Stunde trank der Angeklagte in schneller Folge unmittelbar nacheinander fünf Gläser Tequila, sodass der Zeuge (...) auf seiner Liste nunmehr fünfundvierzig Tequila ‚zu seinen Gunsten‘ verzeichnete. Dem so provozierten Lukas gelang es, seinerseits weitere vier Gläser zu trinken, sodass für ihn insgesamt vierundvierzig Tequila notiert wurden, bevor er mit dem Kopf auf den Minitresen sank. Angesprochen vom Angeklagten, ob es ihm gut gehe, nickte er mit dem Kopf und reagierte anschließend nicht mehr.“

Die gerichtsmedizinische Untersuchung ergab später, dass der 16-jährige Gymnasiast in dieser Nacht zwischen 46 und 54 Gläser Tequila konsumiert haben muss. Aytac G. konnte sich zum Sieger erklären. Er übergab seinen Angestellten den Schlüssel des Lokals und bat sie, nach dem Aufräumen und Saubermachen abzuschließen. Er selbst verließ das Lokal in weiblicher Begleitung. Seine Lebensgefährtin schilderte ihn im Prozess als betrunken, als er kurz vor 6.00 Uhr heimkam. Sie musste zur Arbeit und hatte es daher ziemlich eilig. Das Gericht führte dazu aus: „Im Haus brachte der Angeklagte die Zeugin B. [seine Begleiterin, E. R.] zunächst in den eine Etage über der Wohnung gelegenen Hausflur, bevor er die Zeugin L. [seine Lebensgefährtin, E. R.] in deren Wohnung begrüßte und sie wenige Minuten später, zur Arbeit gehend, verabschiedete. Sodann holte er die Zeugin B. in die Wohnung, wo diese unter anderem auf sein Drängen den Geschlechtsverkehr mit ihm vollzog.“ Kein Wunder, dass das Gericht ihm seine angebliche Volltrunkenheit und seine behaupteten Gedächtnislücken nicht abkaufte. Es stellte fest: „Der Angeklagte war nach seinen konkreten Möglichkeiten und Fähigkeiten bei Beginn des Wetttrinkens trotz seiner Alkoholisierung von maximal 0,67 Promille kognitiv ohne weiteres in der Lage, die entsprechenden Vorgänge zutreffend zu bewerten und entsprechend den Tod des Geschädigten vorherzusehen (…) Im Ergebnis weist das beschriebene Leistungsbild des Angeklagten darauf hin, dass er deutlich zumindest zwanzig Gläser Wasser konsumiert hat.“

Im Übrigen hatte eine Vielzahl von Zeugen den Angeklagten nach Ende des Gelages als zwar angetrunken, aber keineswegs so betrunken beschrieben, dass etwa Koordinationsstörungen, deutliches Lallen oder Ähnliches aufgetreten seien. Nach Aytacs Weggang hatten die Angestellten den besinnungslos betrunkenen Lukas vom Tresen zu einer Couch in der Nähe des Eingangsbereichs der Bar geschleppt und ihn dort auf die Seite gelegt, um zu verhindern, dass er an Erbrochenem erstickt. Vorsorglich wurde ein Eimer neben die Couch gestellt. Man hatte ja schließlich Erfahrung damit. Einer der anderen Jugendlichen in der Bar schrieb mit einem Kugelschreiber die Worte: „fünfundvierzig du vierundvierzig" auf den Bauch des Schülers. Außerdem konnte man darauf später lesen: „Du hast verloren. Erst säufst du und dann kotzt du auch noch." Die verbliebene Gruppe junger Leute räumte nunmehr das Lokal auf und setzte sich dann zusammen, um sich zu unterhalten und noch etwas zu trinken. Angeblich erhob sich ab und zu einer von ihnen, um nach Lukas zu schauen und dessen Zustand zu kontrollieren. Punkt 7.00 Uhr stellte einer der Jugendlichen fest, dass Lukas' Gesicht blau angelaufen war. Ihm wurde ein Longdrinkstab in den Mund gesteckt, um ihn zum Erbrechen zu bringen, doch aus Lukas' Rachen kamen bloß Würgegeräusche und etwas Schleim hervor. Der Puls war nicht zu fühlen, eine Mund-zu-Mund-Beatmung blieb erfolglos. Daraufhin rannte ein Mädchen panisch zu einer Telefonzelle, um Aytac anzurufen. Die Aushilfskellnerin verständigte die Feuerwehr, die zwanzig Minuten später eintraf. Die Reanimationsmaßnahmen begannen, um 7.33 Uhr traf der Notarzt ein, der sie auch mit medikamentöser Hilfe fortführte. Die Beteiligten gingen davon aus, dass Lukas zuvor zwischen zehn und dreißig Minuten keine Herzaktivität mehr gehabt hatte.

Im Rudolf-Virchow-Klinikum in Berlin-Wedding wurde alles versucht, um Lukas zu retten, doch er wachte nicht mehr aus dem Koma auf. Der Arzt, der ihn versorgt hatte, meinte laut *Spiegel* vom 3. Juli 2009: „Wenn man den jungen Mann nach den ersten Zeichen von eintretender Bewusstlosigkeit gleich behandelt hätte und Kreislauf und Atmung erhalten geblieben wären, hätte er mit an Sicherheit grenzender Wahrscheinlichkeit überlebt." Er hätte also gerettet werden können, wenn man sofort nach Ende des Wetttrinkens den Notarzt geholt hätte.

Doch man ließ ihn rund zwei Stunden liegen und hoffte, dass er wieder zu sich kommen würde.

Laut Sachverständigem hat der im Übermaß genossene Alkohol zur Atemlähmung und sodann zum Herzstillstand sowie zu mangelnder Blutversorgung des Gehirns geführt. Im Urteil des Landgerichts Berlin heißt es dazu: „Eine Blutalkoholkonzentration zwischen 3 und 3,5 Promille könne durchaus eine Atemlähmung verursachen. Ein Erbrechen nach Alkoholkonsum sei keinesfalls die Regel und könne wegen der Lähmung der Rachennerven auch nicht immer provoziert werden. Bei zeitnaher Kenntnis des Problems wäre durch sofortige Beatmung der Tod grundsätzlich zu verhindern gewesen, bei Eintreffen der Rettungssanitäter habe die Sauerstoffunterversorgung jedoch bereits zu lang angedauert."

Ein 16-Jähriger war also nach einem Wetttrinken gestorben. Moralische Schuld hatten sich mehrere Leute aufgeladen. Aber war der Wirt strafbar, der mit dem Jungen um die Wette getrunken hatte? Lukas war ja immerhin 16 ½ Jahre alt und alkoholerfahren, er selbst hatte ja den Wettbewerb gewollt! Einer der Verteidiger der später als Erste verurteilten Jugendlichen wies damals jede Schuld zurück: „Der Junge wollte trinken und er hat getrunken", erklärte er auf den Gerichtsfluren. Ein anderer meinte: „Jeder kann aus dem Fenster springen, jeder kann sich zu Tode saufen." „In diesem Land gehen wir von einer Eigenverantwortung des Einzelnen aus", erklärte ein weiterer Anwalt in seinem Plädoyer. Lukas W. habe in die Wette eingewilligt und sei damit ein bewusstes Risiko eingegangen, meinten viele. Hatten sie recht damit? Was geht es den Wirt an, wenn sich seine Gäste betrinken? Es ist schließlich sein Geschäft. Oder doch nicht?

In § 228 StGB heißt es: „Wer eine Körperverletzung mit Einwilligung der verletzten Person vornimmt, handelt nur dann rechtswidrig, wenn die Tat trotz der Einwilligung gegen die guten Sitten verstößt." Konnte man den Wirt also doch nicht bestrafen? Lukas wollte das Wetttrinken! Also war es eine Einwilligung, oder? Eigentlich schon. Aber verstieß die Einwilligung eventuell gegen die guten Sitten? Der Staatsanwalt im vorangegangenen Verfahren gegen die beteiligten Jugendlichen meinte lapidar: „Es war ein sittenwidriges, lebensgefährliches Wetttrinken." Auch das Gericht, das über die Schuld von Aytac G. zu urteilen hatte, schloss eine Einwilligung von Lukas aus, allerdings mit anderen Gründen: „Die Tatbestandsmäßigkeit einer gefährlichen Körperverletzung entfällt nicht, weil sich W. etwa bewusst selbst gefährdet hätte, auch hat der Angeklagte eine freiverantwortliche Selbstgefährdung des W. nicht nur unterstützt. Vielmehr ist die Körperverletzung ab Beginn des Wetttrinkens (...) in vollem Umfang dem Angeklagten zuzurechnen, weil W. die Tragweite seines Entschlusses, mit dem Angeklagten Tequila zu trinken, bis einer aufgeben, sich erbrechen oder bewusstlos werden würde, nicht überblicken konnte." Das heißt: Eine gefährliche Körperverletzung wäre es dann nicht gewesen, wenn sich Lukas über alles im Klaren gewesen wäre. Dem war aber nicht so!

Aytac G., der offensichtlich davon ausging, dass er das Wetttrinken bei gleichen Bedingungen nicht würde gewinnen können, hatte Lukas arglistig getäuscht, indem er Wasser trank, während der siegesgewisse Lukas sich wunderte, dass sein Gegner „nicht zu Boden ging" und er deshalb immer mehr Schnäpse in sich hineinschütten musste. Er wollte ja schließlich gewinnen. So urteilte das Landgericht: „Eine Einwilligung in die Körperverletzung scheidet aus, weil er [Lukas, E. R.] keine zutreffende Vorstellung über den Verlauf des Wetttrinkens und die zu erwartenden Folgen aufgrund der Täuschung durch den Angeklagten hatte. Wegen jener Täuschung scheidet auch ein Irrtum des Angeklagten über das Vorliegen einer Einwilligung aus." Das Gericht ging also davon aus, dass der Gymnasiast, hätte er die geänderten „Spielregeln" gekannt, sich auf ein Wetttrinken nicht eingelassen hätte. Also lag keine Einwilligung vor. Im Urteil stand daher: „Zwar war der jugendliche Geschädigte zum Tatzeitpunkt immerhin sechzehneinhalb Jahre alt, von guter körperlicher Konstitution und trinkgewöhnt. Jedoch war der Angeklagte schon infolge seines höheren Lebensalters, seiner beruflichen Erfahrung als Wirt und seiner Verantwortung für den Ausschank besser in der Lage, die Tragweite jenes Wetttrinkens mit seinen Folgen zu überblicken als der Schüler. An einer freien und eigenverantwortlichen Selbstgefährdung fehlt es jedenfalls, weil der Angeklagte den Geschädigten vorsätzlich darüber täuschte, dass er wegen des beabsichtigten Konsums substantieller Mengen Wassers einen erheblichen ‚Vorsprung' haben würde, sodass der Geschädigte das ihm drohende Risiko schwerer Trunkenheit erheblich unterschätzte. Dem Geschädigten, der sicher davon ausging, dass er das Wetttrinken gewinnen würde, war infolge des Umstandes, dass der Angeklagte in nicht unerheblichem Maße Wasser trank, eine realistische Einschätzung des Risikos, das er selbst einging, nicht möglich. Vielmehr ging er davon aus, er werde aufgrund seiner größeren Trinkfestigkeit allenfalls betrunken, aber nicht volltrunken oder gar bewusstlos, und als Sieger aus dem ‚Wettkampf' hervorgehen. Durchweg hatte der Angeklagte einen für den Geschädigten nicht einholbaren ‚Vorsprung', ohne dass der Geschädigte jemals eine Chance gehabt hätte, seine Risikobewertung zu korrigieren. So war ihm entgegen seiner Vorstellung von einem ‚Wettkampf' jegliche Möglichkeit genommen, sein Verhalten etwa im Hinblick auf den Gesundheitszustand seines Kontrahenten zu ändern, bzw. sich an dem seines ‚Gegners zu orientieren."

Fraglich war jedoch, ob Aytac G. mit Vorsatz gehandelt hatte. Wenn nicht, wäre allenfalls eine fahrlässige Körperverletzung in Betracht gekommen. Objektiv handelte Aytac sicherlich vorsätzlich. Das von ihm mitgestaltete Duell führte unmittelbar zum Tod des 16-Jährigen – oder wie sich das Gericht ausdrückte: „Es lag bei Beginn des Wetttrinkens nicht außerhalb jeder Lebenswahrscheinlichkeit, dass der übermäßige Alkoholkonsum unmittelbar tödliche Folgen haben würde." Aytac musste sich also darüber im Klaren sein, dass der Geschädigte durch den Konsum einer übermäßig großen Menge Alkohols ernsthafte gesundheitliche Schäden davontragen würde. Ihr Duell sollte erst enden, wenn einer der Beteiligten sich erbrechen oder einfach umfallen würde. Aufgrund seiner Manipulation konnte er davon ausgehen, dass dies Lukas sein würde. Das Gericht: „Weil der Angeklagte demgemäß um seine eigenen Grenzen wusste und W. als äußerst trinkfest bekannt war, wollte er sich auf diese Weise einen deutlichen Vorteil verschaffen. Dem Angeklagten kam es darauf an, so die Volltrunkenheit des W. oder ein Erbrechen infolge übermäßigen Alkoholkonsums herbeizuführen, auch seine Bewusstlosigkeit nahm er billigend in Kauf. Aufgrund seiner Erfahrungen im Zusammenhang mit dem Wetttrinken mit X. war für ihn vorhersehbar, dass mit einem Vollrausch oder einer Bewusstlosigkeit ein völliger Verlust der Körperkontrollfunktionen einhergehen würde." X. war damals einfach zu Boden gefallen, hatte sich immer wieder übergeben, Schaum vor dem Mund und eingenässt. Obwohl sich Zeugen ernsthafte Sorgen gemacht hatten, musste X., auf Geheiß des Wirtes, die Nacht in Urin und Erbrochenem liegend vor den Urinalen der Herrentoilette verbringen.

Handelte Aytac G. aber auch mit subjektivem Vorsatz? War ihm wirklich die Tragweite seines Handelns bewusst? Hätte er also damit rechnen müssen, dass Lukas daran stirbt? Das Gericht bejahte diese Frage eindeutig. Es kam laut Gericht darauf an, ob der Tod des Geschädigten im Ergebnis, nicht aber in allen Einzelheiten vorhersehbar war und dieses Endergebnis auch von Aytac G. in der konkreten Tatsituation nach seinen persönlichen Kenntnissen und Fähigkeiten zur Tatzeit vorausgesehen werden konnte: „Auf die einzelnen physischen Vorgänge, die als Folge der Körperverletzung im konkreten Fall den Tod herbeiführen, braucht sich die Vorhersehbarkeit nicht zu erstrecken."

Zum Verhängnis wurde G. dabei letztlich die Tatsache, dass er bereits vorher ein Wetttrinken veranstaltet hatte. Jenes Wetttrinken, durch das Lukas erst auf die Idee gekommen war, seinen Stammkneipenwirt selbst herauszufordern, und bei dem Aytac G. selbst verhindert hatte, dass ein Notarzt gerufen wurde. Das Gericht stellte demnach fest: „Der Todeseintritt war für den Angeklagten auch subjektiv vorhersehbar. Schon aufgrund seiner Stellung als Wirt, insbesondere aber unter Berücksichtigung seiner besonderen Kenntnisse, die sich aus dem Wetttrinken mit X. ergaben, war dem Angeklagten bewusst, dass übermäßiger

Alkoholkonsum, auf den es ihm hier ankam, zum vollständigen Kontrollverlust über Körperfunktionen und zur Bewusstlosigkeit führen kann. (...) Der Angeklagte konnte aus diesem Geschehen insbesondere nicht den Schluss ziehen, dass übermäßiger Alkoholkonsum grundsätzlich keine erheblichen Folgen hat, nachdem sich Dritte ernsthaft Sorgen über den Zustand des Zeugen X. gemacht hatten und es einem glücklichen Zufall zu verdanken ist, dass der Zeuge X. die Nacht ohne dauerhafte gesundheitliche Beeinträchtigungen überstand."

Aytac G. würde also verurteilt werden. Doch wie hoch sollte nun die Strafe ausfallen? In § 227 StGB heißt es: „Verursacht der Täter durch die Körperverletzung den Tod der verletzten Person, so ist die Strafe Freiheitsstrafe nicht unter drei Jahren beziehungsweise in minder schweren Fällen ist auf Freiheitsstrafe von einem Jahr bis zu zehn Jahren zu erkennen." Das Gericht führte dazu aus: „Grundlagen der Strafzumessung sind die Schwere der Tat in ihrer Bedeutung für die verletzte Rechtsordnung und der Grad der persönlichen Schuld des Täters. Unter Berücksichtigung und gegenseitiger Abwägung insbesondere dieser Gesichtspunkte trug die Tat nach Ansicht der Kammer Züge eines Unglücksfalles. Andererseits konnte nicht unberücksichtigt bleiben, dass die hiesige Tat Auswuchs des generell sehr leichtfertigen Umgangs des Angeklagten mit Alkohol ist. Der Angeklagte verschaffte sich als Erwachsener gegenüber einem Jugendlichen unter Einbeziehung an sich unbeteiligter jugendlicher Dritter gezielt einen Vorteil, um so infolge völlig verantwortungslosen Verhaltens erneut (...) zweifelhaften Ruhm zu erlangen. Auch dass der Angeklagte als verantwortlicher Gastwirt während des Betriebs der Gaststätte in Anwesenheit weiterer Gäste handelte, musste zu seinen Lasten ins Gewicht fallen. Im Ergebnis überwogen jedoch die zu Gunsten des Angeklagten sprechenden Umstände, weshalb die Strafe dem Rahmen von einem bis zehn Jahren zu entnehmen war." Das Gericht wertete die Tat also als minderschwerer Fall der Körperverletzung mit Todesfolge, was durchaus nachvollziehbar ist. Die Strafe konnte sich somit zwischen mindestens einem und höchstens zehn Jahren bewegen.

Nachdem die Staatsanwaltschaft zuvor vier Jahre gefordert hatte, urteilte das Gericht: „Durch das Handeln zu Lasten des W. hat sich der Angeklagte wegen Körperverletzung mit Todesfolge gemäß § 227 StGB in Tateinheit mit § 52 StGB mit einem Verstoß gegen § 27 Abs. 2 Nr. 1 JuSchG strafbar gemacht, ohne dass er in seiner Schuldfähigkeit beeinträchtigt gewesen wäre (...) Insgesamt erschien eine Gesamtfreiheitsstrafe von drei Jahren und fünf Monaten ausreichend, um allen Strafzwecken zu genügen." Drei Jahre und fünf Monate Haft sind eine lange Zeit für eine Tat, die nach Ansicht des Gerichts „Züge eines Unglücksfalles" trug. Die Höhe der Strafe war wohl auch der zuvor stattfindenden aufgeregten Diskussion geschuldet, der sich das Gericht nicht vollkommen entziehen konnte. Anders, zumindest in der Strafzumessung, wäre das Verfahren sicherlich ausgegangen, wenn der Wirt nicht betrogen hätte.

Quellen

Der Spiegel vom 24.01.2008, 11.02., 03.07.2009
Stern vom 11.02.2008
Frankfurter Rundschau vom 03.07.2009
Süddeutsche Zeitung vom 17.05.2010
Landgericht Berlin, Urteil vom 03.07.2009, Az: (522) 1 Kap Js 603/07 Ks (1/08)

Mord mit Gummibärchen und Chloroform

Auf dem Höhepunkt der Flüchtlingshysterie in Deutschland verschwand am Donnerstag, dem 1. Oktober 2015, der kleine Mohamed am chaotisch organisierten Berliner Landesamt für Gesundheit und Soziales in Berlin-Moabit, kurz LaGeSo genannt. Mohamed war ein Flüchtlingskind und gemeinsam mit seiner Mutter und seiner Schwester Medina Anfang 2014 in Deutschland angekommen.

Anfangs sah es so aus, als wäre der vierjährige Mohamed im unübersichtlichen Treiben am LaGeSo verloren gegangen. Seine aus Bosnien-Herzegowina stammende Mutter war mit ihren Kindern gegen 6.00 Uhr morgens aus ihrer Flüchtlingsunterkunft aufgebrochen, weil sie sich dort beim Sozialamt, das um 9.30 Uhr öffnete, ihre Sozialleistungen abholen wollte. Für Flüchtlinge hieß das in jener Zeit, lange Warteschlangen zu überstehen, die sich schon in der Nacht bildeten. Bis zum Dienstschluss musste man zum zuständigen Sachbearbeiter vorgedrungen sein, sonst konnte man am nächsten Tag erneut sein Glück versuchen.

Während die Mutter mit ihrem Baby Kevin, das die 29-jährige mit ihrem rumänischen Lebenspartner in Deutschland bekommen hatte, in der Warteschlange stand, überließ sie ihren vierjährigen Sohn und ihre neunjährige Tochter weitgehend sich selbst. Die Kinder hatten verständlicherweise keine Lust, stundenlang in der Warteschlange zu stehen, kamen aber immer wieder zu ihrer Mutter zurück. Das Gericht: „Der am 12. Juli 2011 in Sarajewo geborene Mohamed J. (…) war lebhaft, fröhlich und frei von Angst. Mohamed war es gewohnt, alleine in der Menschenmenge umherzustreifen und spielte auch gerne mit Erwachsenen, wenn sich die Gelegenheit dazu bot." Mohamed wurde zuletzt von seiner Mutter um 11.30 Uhr gesehen. Er hatte Hunger und aß bei ihr ein belegtes Brötchen. Sie stand währenddessen immer noch in der Warteschlange, wurde aber nervös, als Mohamed nach einiger Zeit nicht wiederkam, dachte aber, er habe sich in einen auf dem Gelände befindlichen Kindergarten begeben. Schließlich war der Kleine schon öfter mit seiner Mama im LaGeSo gewesen. Als ihre Tochter, die sie bat, nach ihm zu sehen, ohne den Vierjährigen zurückkam, wurde sie noch nervöser, und so machte sie sich, nachdem sie um 14.15 Uhr endlich zum zuständigen Sachbearbeiter vorgedrungen war, selbst auf die Suche nach ihrem Sohn – ohne Erfolg. Um 16.30 Uhr benachrichtigte sie die Polizei, die zunächst die Umgebung absuchte, aber Mohamed blieb spurlos verschwunden. Am nächsten Tag wurde mit Plakaten am LaGeSo-Gelände nach Mohamed gefahndet. Die Hilfe von Spürhunden blieb erfolglos. Erst drei Tage nach dem Verschwinden leitete die Polizei eine Öffentlichkeitsfahndung ein, sodass alle Berliner Zeitungen mit einem Foto des vermissten Jungen zur Suche aufriefen.

Die Suche lief also erst eher schleppend an. Die Stimmung gegen Flüchtlinge war in einigen Teilen der Bundesrepublik pogromartig, und auch in Berlin traute man den Eltern von Mohamed wohl einiges an Perfidie zu. Laut *Spiegel* vermutete die Polizei Familienstreitigkeiten oder die Vortäuschung der Entführung, um die bevorstehende Abschiebung der Familie zu verhindern. Man vermutete deshalb Mohamed bei Verwandten in Hessen. Dem war aber nicht so. Später sagte ein Polizeisprecher, „Widersprüche" in den ersten Aussagen der Mutter hätten anfangs die Fahndung verzögert. Wie sich später durch eine Überwachungskamera herausstellen sollte, hatte der Täter um 13.39 Uhr das LaGeSo betreten. Er war auf der Suche nach einem „leichten" Opfer. Mohamed hatte er einen mitgebrachten Teddybären geschenkt, den Mohamed, der kaum Spielzeug besaß, voller Freude entgegennahm. Bisher war sein Lieblingsspielzeug eine Piraten-Augenklappe gewesen. Als seine Schwester ihn zuletzt sah, hatte er einen weißen Plastikbecher mit einem Getränk, das wie Tee aussah, aber merkwürdig roch. „Ich sah ihn trinken und dann ging er weg", sagte sie später vor Gericht. Wie sich herausstellte, hatte Mohamed das Getränk vom Täter erhalten. Ob darin Schlafmittel war, ließ sich jedoch nicht mehr feststellen. Um 14.40 Uhr jedenfalls verließ er mit dem Jungen an der Hand das Gelände des LaGeSo und begab sich mit ihm zu seinem in der Nähe abgestellten Pkw. Dann fuhr er mit dem arglosen Jungen los.

Erst am 10. Oktober veröffentlichte die Polizei eine kurze Videosequenz aus einer Überwachungskamera, in der zu sehen ist, wie Mohamed an der Hand eines unbekannten Mannes das LaGeSo-Gelände verlässt. Doch es ist zu unscharf, um dem Täter wirklich gefährlich zu werden. Der Täter verfolgte währenddessen mit großem Interesse die Medienberichte über das Verschwinden des Flüchtlingsjungen, war sich aber aufgrund der schlechten Qualität dieser Aufnahme sicher, nicht erkannt zu werden.

Am 27. Oktober tauchte ein neues Video auf. Diesmal war die Aufnahme schärfer. Sie stammte von der Sicherheitskamera an einem Lokal namens „Stromeck“, in der Nähe des LaGeSo. Der Wirt der Kneipe hatte die Überwachungskamera nicht nur auf den Eingang seines Ladens ausgerichtet, sondern auch auf den Bürgersteig davor, womit er gegen das geltende Datenschutzgesetz verstieß – glücklicherweise, sonst hätte es möglicherweise noch mehr derartig schreckliche Taten gegeben.

Auch der Täter sah dieses zweite Überwachungsvideo im Internet. Er erkannte sich gut, glaubte aber immer noch, ungeschoren davonzukommen. Doch diesmal sollte er sich irren. Die veröffentlichten Videosequenzen zeigten ihn so deutlich, dass seine Mutter ihn erkannte und zur Rede stellt. Sie hatte das Bild am nächsten Morgen in der *Märkischen Allgemeinen Zeitung* gesehen. Ihr Sohn Silvio stritt die Tat jedoch vehement ab, was seine Mutter ihm jedoch nicht so ganz abnahm. Das Foto in der Zeitung war ja relativ deutlich gewesen. Um 16.00 Uhr trat Silvio S. trotzdem wie gewohnt seine Schicht an und kam erst gegen Morgen wieder nach Hause zurück. Er arbeitete als Objektschützer in der Wach- und Schließdienst GmbH Teltow. Nachts musste er Fabriken, Autohäuser und Firmen mit dem Pkw abfahren und kontrollieren. Viel Schlaf hatte er nicht gehabt, als er gegen 5.30 Uhr von seiner sehr beunruhigten und skeptischen Mutter geweckt wurde, die ihn beim gemeinsamen Frühstück erneut zur Rede stellte. Nun endlich gab er seine monströse Tat zu und erzählt, dass der Junge tot sei. Seine Mutter wollte ihn sogleich zur Polizei begleiten, aber er fuhr seltsamerweise mit der Leiche des Jungen im Auto weg, die er erst in der Nacht zuvor im Kofferraum seines Wagens verstaut hatte. Er wolle erst ein Geburtstagsgeschenk für seine Nichte kaufen, sagte er. Als er wieder zurückkam, stand die Polizei bereits vor dem Haus. Seine Mutter hatte die Geduld verloren. Ohne Widerstand ließ sich Silvio S. festnehmen, Mohameds bereits im fortgeschrittenen Verwesungszustand befindliche Leiche wurde in seinem Auto entdeckt.

Das Gericht beschrieb den Täter im Urteil folgendermaßen: „Der im Umgang mit anderen Menschen gehemmte Angeklagte führte ein zurückgezogenes, einsames Leben ohne nennenswerte Sozialkontakte und ohne Partnerin. Schon von Kindheit an hatte er Schwierigkeiten, Freunde zu finden und sich in die Gemeinschaft der Gleichaltrigen zu integrieren. Als Kind und Jugendlicher erfuhr er sehr viel Ablehnung und Zurückweisung. Von seinen Mitschülern wurde er in demütigender Weise als dumm, hässlich und stinkend bezeichnet und drangsaliert. Auch später fand er keinen Anschluss an Gleichaltrige und wurde aus deren Gemeinschaft ausgeschlossen. Zu Partys und Discobesuchen wurde er nur mitgenommen, weil er ein Fahrzeug hatte und als Fahrer fungieren konnte, wurde dann aber von den anderen nicht weiter beachtet. Er fühlte sich deshalb von den Gleichaltrigen nur in kränkender Weise ausgenutzt, kam ihren Ansinnen aber gleichwohl häufig nach, um nicht völlig allein zu sein. Aufgrund seiner negativen Erfahrungen im Umgang mit anderen Menschen mied er aus Angst vor Zurückweisung den Kontakt zu anderen und da er bedingt durch seine nächtliche Tätigkeit tagsüber kaum freie Zeit hatte, die er gemeinsam mit anderen Menschen hätte verbringen können, gelang es ihm nicht, engere persönliche Beziehungen zu anderen Menschen aufzubauen und Freunde und eine Partnerin zu finden."

Man könnte fast Mitleid mit Silvio S. haben, denn es ist die Biografie eines Verlierers. Allerdings lösen sich etwaige Mitleidsgedanken schnell auf, wenn man die Details seiner monströs grausamen Tat liest, die aus Pietätsgründen auch hier nicht veröffentlicht werden können. Das Lesen ist auch für einen hartgesottenen Autor, der schon einige sehr grausame Tatgeschehen studiert hat, schier unerträglich.

Das sollte aber nicht alles sein. Schon bei der ersten Vernehmung kam heraus, dass Mohamed nicht Silvios einziges Opfer gewesen war. Bereits im Juli 2015 war ein Junge in Potsdam verschwunden. Eine verzweifelte Suche folgte. Das Foto des sechsjährigen Elias hing seitdem auch in allen U-Bahnhöfen Berlins. Ohne Erfolg. Silvio S. gab zu, auch diesen Jungen getötet zu haben. Erst kurz nach seinem Geständnis fanden die Ermittler die Leiche des Jungen in Luckenwalde, verscharrt in Silvios Schrebergarten, den er am 30. November 2014 ohne Wissen seiner Eltern gepachtet hatte, um ungestört zu sein. An Gartenarbeit hatte er an und für sich keinerlei Interesse und deshalb auch schon Ärger mit seinen Gartennachbarn eingehandelt.

Ansonsten wohnte Silvio S. bei seinen Eltern in einer kleinen Gemeinde von nicht einmal 100 Einwohnern im brandenburgischen Landkreis Teltow-Fläming südlich von Potsdam. Sie wohnten dort in einem Einfamilienhaus und teilten sich Küche und Bad. Die Mutter machte Silvio die Wäsche und kaufte ihm selbst die Klamotten. Die Großmutter, die gegenüber wohnte, kochte für ihn. Das Gericht beschrieb die Familienverhältnisse folgendermaßen: „Auf sein Äußeres legte der Angeklagte keinen Wert und fiel jedenfalls in seiner Freizeit durch seine ungepflegte Erscheinung unangenehm auf. Auch um seine Wohnung kümmerte er sich kaum, weshalb diese sich regelmäßig in einem unordentlichen und unsauberen Zustand befand. Deshalb wurde er häufig von seinem Vater harsch kritisiert. Das Verhältnis zum Vater, der ihm jede Achtung verweigerte, war angespannt, weshalb er den Kontakt zu ihm möglichst vermied. Bei Familienfeiern machte er sich rar. Lediglich zur Mutter und Großmutter bestand ein vertrauensvolles Verhältnis."

Silvio S. brachte wenig auf die Reihe. Ausbildungsstellen verlor er, weil man ihn als „zu langsam, zu dumm und zu schüchtern" einschätzte. Als er endlich eine Ausbildung zum Fliesenleger erfolgreich abschloss, fand er anschließend keinen Job und begann 2008, beim Objektschutz zu arbeiten. Immer in der Nachtschicht. Sein Wunsch, auch mal eine Tagschicht übernehmen zu können, wurde einfach ignoriert. Niemand nahm ihn so richtig wahr. Sozialkontakte hatte er kaum, und obwohl er heterosexuell veranlagt war, gelang es ihm nie, einen Kontakt zu einer Frau aufzubauen. Seine Freizeit verbrachte er überwiegend alleine in seiner Wohnung mit Computerspielen oder vor dem Fernseher, wo er sich regelmäßig Pornofilme mit vorwiegend heterosexuellem Inhalt anschaute. Er bevorzugte Filme aus dem SM-Bereich, in denen Gewalt gegen Frauen dargestellt wird. Darin wurden die Frauen erniedrigt, geknebelt, gefesselt und gewaltsam vaginal, oral und anal penetriert. Pornografie mit pädophilem Inhalt konsumierte Silvio laut Urteil nicht.

Das Gericht beschreibt den Zustand seiner Wohnung so: „Die karg und lieblos eingerichteten Wohnräume des Angeklagten befanden sich in einem ausgesprochen verwahrlosten Zustand und imponierten durch herumliegende leere Getränkeflaschen, gefüllte Müllsäcke und überquellende Papierkörbe. Überall im Zimmer waren insgesamt 26 benutzte Kondome achtlos abgelegt. Auch in der an seine Zimmer angrenzenden Bodenkammer türmte sich der Unrat. Im Schrank und im Bettkasten verwahrte der Angeklagte (…) SM-Sexspielzeug, wie beispielsweise Fesselgeschirre, Handschellen, Mundknebel, Gesichtsmasken und dergleichen." Insoweit unterschied er sich wahrscheinlich nicht von vielen anderen, aber trotzdem stimmte offensichtlich irgendetwas nicht mit ihm, denn er hortete auch Puppen, Puppenkleider und gebrauchte Kinderkleidung, die er online gekauft hatte. Silvio lebte laut Urteil des Gerichts „in einer Phantasiewelt, in der wie lebende Kinder wirkende Puppen als Partner- und Familienersatz dienten". Seine sexuellen Bedürfnisse befriedigte er mit einer lebensecht wirkenden, etwa einen Meter großen Puppe, die einem etwa fünf bis sechs Jahre alten Kind sehr ähnlich war. Mit dieser schmuste er, hielt sie im Arm und drückte sie an sich und simulierte mit ihr sogar den Geschlechts- und Oralverkehr. Dabei filmte er sich auch noch selbst, was von den Ermittlern später herausgefunden wurde.

Silvio S.' Obsessionen führten schließlich zu seinen monströsen Taten. Eine, wenn auch „lebensechte", Puppe war ihm anscheinend nicht mehr genug. Das Gericht: „Als ihm der mit der Puppe gespielte Sexualverkehr nicht mehr genügte, er aber keine Aussicht auf eine sexuelle Beziehung mit einer Frau sah, entschloss er sich, seine sexuellen Bedürfnisse mit Kindern auszuleben, weil er zu Kindern einen besseren Zugang hatte als zu Erwachsenen. Von ihnen fürchtete er keine kränkende Ablehnung und Zurückweisung und konnte daher leichter mit ihnen Kontakt aufnehmen. Er hatte keine Probleme, das Vertrauen von Kindern zu gewinnen."

Silvio begann damit, seine Taten zu planen. Auch das konnten die Ermittler später leicht feststellen, denn er hatte sich dazu Notizen gemacht. Auf Notizzetteln fanden sich seine Gedankenstützen: „Mädchen, Junge, Messer, Kind besoffen machen, Kind fesseln und knebeln, Mund zukleben." In seinem Auto hatte er immer Spielzeug und Gummibärchen dabei, um Kinder anzulocken. Doch das war nicht das Einzige: Auch Chloroform, ein Schlafmittel, Panzertape, Kabelbinder, Handschellen, Mundknebel, Gesichtsmasken, Fesselgeschirr sowie ein sogenannter Stifneck, ein medizinisches Hilfsmittel zur Fixierung des Kopfes, gehörten zu seiner „Ausrüstung".

Wie sich später herausstellte, suchte Silvio spätestens ab Juli 2015 gezielt nach einem unbeaufsichtigten Kind, um es sexuell zu missbrauchen. Mohamed war, wie erwähnt, nicht sein erstes Opfer, aber er hatte an jenem für Mohamed verhängnisvollen Tag dienstfrei und sich wieder auf die Suche gemacht, nachdem er keine Verfolgung wegen Elias' Verschwinden mehr fürchtete. Aus Medienberichten hatte er erfahren, dass sich am LaGeSo viele Flüchtlinge aufhielten und chaotische Zustände herrschten. Er hoffte, dort ein unbeaufsichtigtes Kind zu finden. Der vertrauensselige Mohamed war ein leichtes Opfer und mit einem Teddybären und Süßigkeiten leicht zu beeindrucken, denn so etwas kannte er von zu Hause kaum. Was in den nächsten sechs Stunden mit dem Kind geschah, blieb auch nach Ende der Ermittlungen unklar.

Silvio S. schwieg während des gesamten Prozesses. Alle Appelle des Vorsitzenden Richters blieben erfolglos. Erst, als niemand mehr damit gerechnet hatte, presste er sich als Schlusswort eine Entschuldigung heraus. Leise, langsam und stockend las er diese von einem Zettel ab. Zur Tat selbst sagte er nichts.

Fest steht jedenfalls, dass Silvio S. Mohamed am selben Abend gegen 21.00 Uhr unbemerkt in das von ihm und seinen Eltern bewohnte Haus brachte. Sein Vater schlief zu dieser Zeit gewöhnlicherweise schon, die Mutter bemerkte im Fernsehsessel nichts von seiner Ankunft. Mohamed war durch ein Schlafmittel ruhiggestellt. All das konnten die Ermittler feststellen, weil Silvio das sichtlich verstört und apathisch wirkende Kind fotografierte und filmte, während er es missbrauchte. Danach kuschelte er sich an den Jungen und schlief ein paar Stunden. Am nächsten Morgen erlebte Mohamed gegen 8.00 Uhr dieselbe Tortur, weigerte sich allerdings, Silvios Wünsche zu erfüllen, was diesen immer mehr verärgerte. Auch der gemeinsame Konsum eines Pornofilms führte nicht zum gewünschten Animationserfolg. Als Mohamed weinend nach seiner Mutter verlangte, fürchtete Silvio, dass seine Eltern das wimmernde Kind hören könnten und entschloss sich, es zu töten. Außerdem musste er nach den drei arbeitsfreien Tagen um 18.00 Uhr wieder zur Arbeit. Ein erster Versuch, Mohamed mit den Händen zu erwürgen, misslang. Der kleine Junge begann nach einigen Minuten wieder zu wimmern und versuchte, um Hilfe zu rufen. Silvio betäubte ihn daraufhin mit dem vorrätigen Chloroform, knebelte ihn und erwürgte ihn mit seinem Hosengürtel. Das war so gegen 16.00 Uhr. Den toten Jungen legte er in eine gelbe Plastikwanne, die er in einer zwei mal drei Meter großen Kammer abstellte, welche er mit einem Vorhängeschloss sicherte. Dann sah er fern und fuhr anschließend zur Arbeit, als sei nichts geschehen. Den Leichnam überschüttete er am nächsten Tag mit Katzenstreu und Mehl, um den möglicherweise verräterischen Verwesungsgeruch zu verhindern. Zuvor hatte er den in der Wanne liegenden und zunächst nur teilweise mit Katzenstreu bedeckten Leichnam mit seinem Handy fotografiert.

Nach Aussage einer Polizeibeamtin befand sich in der Kammer außerdem ein „Riesenhaufen Müll"– mit Massen an Zeitungsausschnitten von Babyköpfen und Kindern. In der Mitte des Raums soll ein aufblasbarer schwarzer Fesselstuhl gestanden haben. Den muss Silvio S. im Internet erworben haben. Dort hatte er sich auf Portalen bewegt, die bei Pädophilen beliebt sind. Bei eBay hatte er zuletzt neben einem Nachtsichtgerät auch verschiedenen Kameras – eine davon in einem Teddy verborgen –, Knebel- und Fesselartikel, Mundknebel, einen Stifneck für Kinder und eine Bondage-Ledermaske bestellt. Außerdem hatte er lebensechte Puppen, darunter auch Künstlerpuppen, Kinderkleidung und Prinzessinnenkleider gekauft. Alles Indizien dafür, dass sich Silvio schon lange mit der Tat beschäftigt und sich dazu entschlossen hatte, ein Kind als Opfer zu finden.

In den Wochen nach dem Mord lebte Silvio S. anscheinend unbesorgt neben Mohameds Leiche. Das endete erst mit der Entlarvung durch die eigene Mutter, als er wohl noch versuchte, das Kind mit seinem Auto wegzubringen und die Filme auf seinem Handy zu löschen. Filme und Fotos konnten jedoch später von den Kriminaltechnikern rekonstruiert werden.

Gegenüber einem Polizeibeamten erklärte Silvio S. nach Auffinden der Leiche, dass der „kleine Mensch im Kofferraum" nicht gelitten habe, da alles sehr schnell gegangen sei. Seinen Missbrauch redete er sich schön. Der Junge sei ihm freiwillig gefolgt, und es schien ihm gefallen zu haben. Zum LaGeSo sei er nur gefahren, um Spielsachen für die Flüchtlinge zu spenden.

Später dann habe er das Kind töten müssen, weil es „rumgequiekt“ habe. Es habe halt sein müssen, denn er habe ja arbeiten müssen. Ein Abgrund von Gefühllosigkeit!

Nicht nur gefühllos, sondern besonders bösartig war das, was Silvio S. zuvor der Mutter des getöteten Elias angetan hatte. In einer Kondolenzkarte, die er Mitte Juli 2015 an die immer noch verzweifelt ihren Sohn suchende Mutter schicken wollte, hatte er geschrieben: „in tiefer Trauer um den Verstorbenen Elias, Todeszeitraum: in der Nacht vom 11.7. auf den 12.7. zwischen 22 Uhr und 6 Uhr, Todesursache: Ersticken, (sorry)“. Da er den Brief falsch adressiert und als Absender ein Bestattungsunternehmen angegeben hatte, erreichte der Brief jedoch nur die Polizei. Elias, der immer noch überall in Potsdam und Berlin durch die Fahndungsfotos präsent war, wurde erst am 29. Oktober, nach Silvios Festnahme, gefunden, da war er schon lange tot.

Silvio hatte ebenfalls Urlaub gehabt, als er Elias entführte. Es war der späte Nachmittag des 8. Juli 2015, als Silvio mit seinem Dacia ziellos umherfuhr und in Potsdam-Schlaatz auf den sechsjährigen Elias traf, der erst seit etwa zwei Wochen mit seiner Mutter und deren Lebensgefährten dort in einer Hochparterrewohnung wohnte. Der am 8. September 2008 geborene Elias war laut Gericht „ein aufgewecktes und fröhliches Kind, das für sein Alter eher klein und zierlich war (…). Fremden gegenüber verhielt er sich misstrauisch bis ängstlich, da ihm seine Mutter eingeschärft hatte, nicht mit Fremden mitzugehen und Fremde in ihrer Abwesenheit nicht in die Wohnung zu lassen. Elias war ein gehorsames Kind, das sich normalerweise an die Anweisungen seiner Mutter hielt.“

Seine Mutter hatte ihrem einzigen Kind erlaubt, in Sichtweite des Hauses bis 19.00 Uhr draußen zu spielen, nachdem er bei ihr gegen 16.00 Uhr noch einen Joghurt gegessen hatte. Da jedoch keine anderen Kinder mehr auf dem Spielplatz waren, ging Elias kurz vor 17.00 Uhr ein bisschen stromern. Gegen 16.50 Uhr begegnete er dabei einer Nachbarin. Sie war – außer dem Täter – die Letzte, die Elias lebend sah. Kurz danach muss er seinem Mörder begegnet sein. Nachdem mehrere Zeugen ausgesagt hatten, dass Elias eher ein ängstlicher Junge gewesen ist, der nie mit einem Fremden ins Auto gestiegen wäre, bleibt ungeklärt, wie es Silvio gelang, ihn dazu zu bringen, in seinen Wagen einzusteigen – und wohin er Elias gebracht hat. Der Täter machte auch dazu vor Gericht keine Aussagen.

Als die Mutter gegen 18.30 Uhr Elias zum Essen rief, war er nicht mehr da, und es begann die monatelange verzweifelte, fiebrige Suche in Brandenburg und Berlin. Silvio S. muss einen Tag nach seiner Tat noch einmal am Tatort gewesen sein, denn die Ermittler fanden später in seiner Wohnung zwei in Klarsichtfolie verpackte Handzettel, die offensichtlich von einem Mast abgerissen worden waren. Es waren die ersten Flyer, die auf der Suche nach Elias im Wohngebiet verteilt worden waren.

Wahrscheinlich hatte Silvio Elias bei seiner Entführung mit Chloroform betäubt und dann gefesselt. Eine Vermutung, die nicht verifiziert werden konnte, da Chloroform nach so langer Zeit nicht mehr nachweisbar ist. Danach wurde Elias sexuell missbraucht und schließlich getötet. Elias starb am 9. Juli 2015 zwischen 0.00 Uhr und 12.00 Uhr. Das schlossen die Mediziner aus dem Mageninhalt. Vom Verzehr des Joghurts bis zu seinem Tod können laut Rechtsmedizinern höchstens zwischen acht und zwanzig Stunden vergangen sein. Genauer ließ sich die Zeit nicht mehr eingrenzen.

Man kann nur hoffen, dass Elias während der Tat sediert war und nicht allzu viel davon mitbekam. Schlafmittel jedenfalls konnte im Körper des Kindes nachgewiesen werden. Elias war erstickt. Möglicherweise wurde der Junge auch noch nach seinem Tod missbraucht. Einige Indizien und postmortale Spuren sprachen dafür. Das weiß jedoch nur der Täter selbst. Den unbekleideten Leichnam des Kindes steckte Silvio dann in einen durchsichtigen Plastiksack und danach in einen Karton, bevor er die Leiche in seinem Schrebergarten im Bereich eines ehemaligen Teiches vergrub. Wann genau das geschah, konnte nicht ermittelt werden. An der Stelle soll sich ein Kreuz befunden haben.

Am 14. Juni 2016 begann unter hohen Sicherheitsvorkehrungen der Prozess gegen Silvio S. vor der 1. großen Strafkammer des Landgerichts Potsdam. Die Stimmung in der Bevölkerung war aufgewühlt und hätte nur dann noch erhitzter sein können, wenn der Täter ein Flüchtling gewesen wäre. „Für meine Mandantin sind Sie eine Bestie, für die Öffentlichkeit sind Sie der Mörder mit Gummibärchen und Chloroform, für mich alles Schlimme und Verdorbene dieser Welt“, sagte der Anwalt der Mutter von Mohamed während des Prozesses. So dachten viele.

Nach zwölf Verhandlungstagen wurde am 26. Juli 2016 das Urteil gefällt. Juristisch war es eindeutig. Silvio S. hatte vorsätzlich gehandelt, da war sich das Gericht sicher. Alles war minutiös von langer Hand geplant. Dafür sprachen die Notizen, in denen er sich mit verschiedenen Szenarien beschäftigt hatte, wie er ein Kind überwältigen und sich gefügig machen könne. Selbstverständlich habe er sich auch Gedanken gemacht, was er mit dem Kind nach der Tat tun werde, um nicht identifiziert zu werden. Ihm sei klar gewesen, dass er sein Opfer nach der Tat beseitigen müsse. Laut Gutachter besaß Silvio zwar wenig Empathie, aber er war ein Mensch, der nicht spontan und unüberlegt handelt, sondern besonnen alle Argumente sorgfältig gegeneinander abwog, bevor er sich entschied. Silvio S. war aus diesem Grunde in seinem Denken und Handeln mitunter sehr langsam, obwohl er nicht dumm, sondern vielmehr normal intelligent war. Er war heterosexuell veranlagt, nicht pädophil und wies keine psychische Störung auf. Daher war er voll schuldfähig. Weshalb er zwei kleine Jungs missbrauchte, bleibt ohne Antwort und ist wohl eher dem Zufall geschuldet. Sie waren für Silvio eben leichte Beute.

Silvio S. erhielt lebenslang wegen Mordes in zwei Fällen. Er habe die Jungen getötet, um zu verhindern, dass sie ihn identifizieren können, also um vorausgehende andere Straftaten zu verdecken – strafbar nach § 211 Abs. 2 StGB.

Daneben hatte sich Silvio noch einiger anderer Straftaten schuldig gemacht: der Entziehung Minderjähriger gemäß § 235 Abs. 1 Nr. 1 StGB, der Freiheitsberaubung mit Todesfolge gemäß § 239 Abs. 1 und 4 StGB, der vorsätzlichen Körperverletzung gemäß § 223 Abs. 1 StGB, des schweren sexuellen Missbrauchs und der Vergewaltigung gemäß §§ 176, 176a, 177 Abs. 2 Nr. 1 StGB.

Während der Urteilsverkündung hielt es die 29-jährige Mutter des getöteten Mohamed nicht mehr aus. Sie, die in diesem Moment erstmals alle Details der Tat gehört hatte, wollte nur noch raus aus dem Saal, doch dann brach es aus ihr heraus. „Du bist ein Arschloch. Was hast Du mit meinem Kind gemacht?", soll sie dem Verurteilten zugerufen haben, während sie weinend aus dem Saal geführt wurde und auch einige Zuschauer die Tränen nicht mehr zurückhalten konnten. Die 26-jährige Mutter von Elias war schon zuvor gegangen, weil sie sich die grausigen Details der Tat nicht anhören wollte. Man kann es verstehen. Auch beim zweieinhalbminütigen Schlusswort des Angeklagten gab es kein Wort zu den Taten selbst, obwohl es vor allem für die Mutter von Elias möglicherweise wichtig gewesen wäre zu erfahren, wie genau ihr Sohn gestorben ist. Aber vielleicht ist es auch besser so. Laut Gericht war der Tod für Elias langsam und qualvoll gewesen. Die Anwältin, die Elias' Mutter als Nebenklägerin vertrat, meinte laut *Tagesspiegel* dennoch, dass die Mutter sich bis zuletzt Aufschluss über die letzten Stunden ihres Kindes erhofft habe, denn das hätte ihr helfen können, „mit dem Schmerz über den Verlust ihres einzigen Kindes und die damit einhergehende Verzweiflung umzugehen und die innere Leere zu überwinden".

Das Urteil des Gerichts lautete letztendlich: „Der Angeklagte wird wegen Mordes in zwei Fällen, jeweils in Tateinheit mit Entziehung Minderjähriger, Freiheitsberaubung mit Todesfolge und Körperverletzung sowie in einem Fall darüber hinaus in Tateinheit mit schwerem sexuellen Missbrauch eines Kindes und Vergewaltigung, und im anderen Fall in Tateinheit mit sexuellem Missbrauch eines Kindes zu lebenslanger Freiheitsstrafe als Gesamtstrafe verurteilt."

Das Urteil war jedoch noch nicht rechtskräftig, denn sowohl Staatsanwaltschaft als auch Verteidigung hatten Revision eingelegt. Der Verteidiger meinte, dass eine besondere Schwere der Schuld nicht vorliege. Die Staatsanwaltschaft wollte eine Sicherungsverwahrung erreichen. Das Gericht hatte geurteilt, dass die Sicherungsverwahrung nicht in Betracht komme, da einer Gesamtwürdigung der Persönlichkeit des Angeklagten und seiner Taten ein Hang zu erheblichen Straftaten und mithin eine Gefährlichkeit für die Allgemeinheit nicht festgestellt werden konnte. Diese Feststellung ist zumindest strittig. Der Bundesgerichtshof sollte später zu Recht an dieser Einschätzung rütteln. Das Gericht begründete seine Ansicht mit dem psychologischen Gutachten, dem es sich anschloss. Laut Gutachten könne keine bestimmte Wahrscheinlichkeit für die Begehung weiterer Taten prognostiziert werden: „Der Weg zu den Taten sei für den Angeklagten kein ‚pathologischer' Weg gewesen. (…) Die Taten seien das Ergebnis einer langen gedanklichen Befassung mit dem Thema Missbrauch, die Vorbereitungshandlungen seien ubiquitär gewesen. Dabei sei beim Angeklagten ein Unrechtsbewusstsein vollständig vorhanden gewesen. Die beim Angeklagten vorliegende Empathielosigkeit habe sich in sozialer Isolierung mitentwickelt, sie sei aber kein überdauerndes unkorrigierbares Konstrukt. Auch die fehlende Selbstkorrektur nach der ersten Tat zum Nachteil von Elias St. sei noch kein Ausdruck eines Hanges im Sinne eines eingeschliffenen Zustandes. Schließlich fehle es an einem auf einen Hang hindeutenden entsprechenden Vorleben des Angeklagten, das zum Beispiel durch das Quälen und/oder Töten von Tieren gekennzeichnet sei." Silvio sei kein Hangtäter, bei dem ein verfestigter und eingeschliffener Zustand besteht, der ihn zukünftig immer neue erhebliche Straftaten begehen lasse, so die Meinung von Gericht und Gutachter. Allerdings bejahte das Gericht die besondere Schwere der Schuld, da die Verbrechen weit über das an sich schon außerordentliche Schuldmaß hinausgingen, das bei einem Mord regelmäßig gegeben ist und eine Strafverbüßung nach 15 Jahren selbst bei günstiger Täterprognose als nicht ausreichend erscheinen lässt. Dabei war insbesondere zu berücksichtigen, dass Silvio zwei Morde beging, die Kinder über viele Stunden anhaltend sexuell missbrauchte und ihnen dabei rücksichtlos erhebliche Schmerzen zufügte.

Das Gericht urteilte ferner: „Die besonders hohe kriminelle Energie des Angeklagten zeigt sich nicht nur in seinem extrem planvollen und überlegten Vorgehen – so hat er jeweils seine dienstfreie Zeit dazu genutzt, sich auf die Suche nach geeigneten Kindern zu machen –, sondern auch darin, dass er in Ansehung des Leides der Kinder seine eigenen Interessen rücksichtslos durchgesetzt und sein Handeln empathielos ausschließlich an der Befriedigung seiner eigenen sexuellen Bedürfnisse ausgerichtet hat. Auch in seinem Nachtatverhalten zeigen sich eine menschenverachtende Gesinnung und Kaltblütigkeit, die straferschwerend zu berücksichtigen sind. Nach den Tötungshandlungen ging der Angeklagte jeweils ungerührt zur Tagesordnung über. Im Fall der Tötung des Kindes Mohamed J. ließ er sogar das tote Kind auf dem Bett liegen und begab sich in die Küche, um sich – völlig unbeeindruckt von der vorangegangenen Tötungshandlung – sein Mittagessen aufzuwärmen und dieses anschließend vor dem Fernseher einzunehmen."

An der Einschätzung der besonderen Schwere der Schuld wurde angesichts der Monstrosität der Tat auch vom Bundesgerichtshof nicht gerüttelt, aber man zeigte sich dort irritiert darüber, dass keine Sicherungsverwahrung angeordnet worden war, und hob das Potsdamer Urteil insoweit teilweise auf. Das heißt, es muss noch einmal darüber entschieden werden, ob nicht doch eine Sicherungsverwahrung in Betracht kommt. Der BGH kritisierte, dass das Gericht den sexuellen Komponenten der Taten „nicht einmal ansatzweise" die Aufmerksamkeit schenkte, die sie verdient hätten. Diesbezüglich wirke das Urteil „unzulänglich" und „oberflächlich". Dem Gutachten des Sachverständigen sei unkritisch gefolgt worden. Ein Hang zur Begehung erheblicher Straftaten (§ 66 Abs. 1 Nr. 4 StGB) muss nicht in einer Persönlichkeitsstörung liegen, wie das Gericht fälschlicherweise annahm, denn auf die Ursache des Hangs kommt es gar nicht an. Das habe das Gericht nicht ausreichend gewürdigt, und deshalb müsse darüber neu entschieden werden. Eine schallende Ohrfeige durch das Revisionsgericht.

Die Feststellung der besonderen Schwere der Schuld bleibt aber auf jeden Fall bestehen. Das heißt, Silvio S. wird auch nach 15 Jahren Haft den Strafvollzug nicht verlassen können, wie auch immer das Gericht, an das die Sache zurückverwiesen wurde, über die Sicherungsverwahrung entscheidet.

Quellen

n-tv.de vom 09.10.2015, http://www.n-tv.de/panorama/Mohamed-wurde-offenbar-verschleppt-article16105376.html (zuletzt abgerufen am 01.03.2017)

rbb online vom 29.06.17, https://www.rbb-online.de/panorama/beitrag/2017/06/kommentar-urteil-bundesgerichtshof-silvio-s-.html (zuletzt abgerufen am 04.07.2017)

spiegel.de vom 05.02.2016, http://www.spiegel.de/panorama/justiz/fall-mohamed-ermittler-vernachlaessigten-zunaechst-die-suche-a-1075871.html (zuletzt abgerufen am 01.03.2017)

Der Tagesspiegel vom 30.10, 01.11.2015, 20.06., 27.06., 28.06., 19.07., 26.07., 30.07.2016

Märkische Allgemeine Zeitung vom 29.06.2017

Landgericht Potsdam, Urteil vom 26.07.2016, Az: (21 Ks) 486 Js 41331/15 (2/16)

Bundesgerichtshof, Mitteilung der Pressestelle Nr. 96/2017 vom 28.06.2017

Unfall oder Mord?

Am 12. August 2011 und in den Tagen danach berichteten die Zeitungen in Berlin und Brandenburg von einem tragischen Unglücksfall. Ein Auto mit dänischem Kennzeichen war am Freitagmorgen gegen 4.00 Uhr in Brandenburg auf einem Waldweg total ausgebrannt. Darin befanden sich die verkohlten Leichen zweier Mädchen. Es handelte sich um Geschwister im Alter von neun und zehn Jahren aus Dänemark. Zwei Lkw-Fahrer hatten zuvor einen hektisch winkenden, offensichtlich verletzten Mann am Straßenrand gesehen und den Rettungsdienst gerufen. Der 40-jährige Mann hieß Peter-Thue R. Er hatte schwere Verletzungen und schlimme Brandwunden. Anscheinend verwirrt, stammelte er auf Englisch von Kindern. Dabei deutete er in eine Richtung, wo die herbeigerufenen Polizeibeamten, gut zwei Kilometer entfernt, das ausgeglühte Autowrack fanden. R. wurde währenddessen mit einem Rettungswagen in das auf Brandverletzungen spezialisierte Unfallkrankenhaus Berlin-Marzahn gebracht, wo er operiert und in ein künstliches Koma versetzt wurde.

Ein Unfall war sehr unwahrscheinlich, denn am Wagen gab es keinerlei Unfallspuren. Das Auto stand mit offenen Vordertüren auf dem Waldweg. Es war auch wenig wahrscheinlich, dass ein technischer Defekt das Feuer verursacht hatte. Alles sprach daher für ein Verbrechen.

Das Feuer war offenbar im Inneren des Wagens ausgebrochen. Die Leichen der Mädchen Line Sofie (9) und Marlene Marie (10) befanden sich angeschnallt auf dem Rücksitz. Nach der Obduktion der Leichen war klar, dass die beiden Mädchen bei lebendigem Leib verbrannt waren. Es gab keine Anzeichen, dass sie versucht hatten, ihre Gurte zu öffnen. In ihrem Blut wurde Kohlenmonoxid nachgewiesen. Die Schwestern waren an Rauchvergiftung gestorben. Seltsam! War alles so schnell gegangen? Hatten sie etwa so tief geschlafen?

Die schweren Brandverletzungen an beiden Händen und im Gesicht des Vaters deuteten nach ersten Eindrücken darauf hin, dass R. noch versucht hatte, seine Kinder aus den Flammen zu retten. Erst nach mehreren Hauttransplantationen des Familienvaters, der Verbrennungen zweiten und dritten Grades erlitten hatte, wurde er aus dem künstlichen Koma zurückgeholt und für vernehmungsfähig erklärt. Er sagte gegenüber dem leitenden Staatsanwalt aus, dass es ein Unfall gewesen sei. Seine Kinder hätten auf dem Rücksitz des kleinen Suzuki mit dem Zigarettenanzünder gespielt und dabei sei es zu einer Explosion gekommen. Er habe es zu spät gemerkt und dann vergeblich versucht, die angeschnallten Mädchen noch zu befreien.

Diese Version des Unfallhergangs schien den ermittelnden Kriminalbeamten jedoch wenig glaubhaft, und sie sollten Recht behalten, denn R. tischte im Laufe der Ermittlungen noch weitere Versionen des Geschehens auf. Die Ermittler verwiesen auf einen ähnlichen Fall, der ziemlich genau zwei Jahre zuvor in der Nähe geschehen war. Im August 2009 waren in Brandenburg eine Mutter und ihre drei Kinder im Alter von sechs bis elf Jahren tot in einem ausgebrannten Auto entdeckt worden. Die Frau hatte sich mit ihren Kindern eindeutig selbst verbrannt, denn später wurde ein Abschiedsbrief in der Wohnung der Familie entdeckt.

Gegen einen Unfall der dänischen Familie und für einen versuchten gemeinsamen Suizid sprach der abgelegene Ort im Wald, der etwa zwei Kilometer von der Autobahn entfernt war. Warum sonst sollte R. dorthin gefahren sein? Vorstellbar war das Szenario, dass der Mann sich mit den beiden Kindern in dem Waldstück verbrennen wollte und im letzten Moment einen Rückzieher gemacht hatte. Stutzig wurden die Ermittler, weil die beiden Hintertüren des ausgebrannten Suzukis verschlossen waren und nur die Vordertüren offen standen. Sah das nach einem Rettungsversuch aus? Sprach dies für einen tragischen Unfall, bei dem alle unternommene Hilfe erfolglos geblieben war? Bei einer Durchsuchung des Bauernhofs in dem jütländischen Ort Øster Hurup, wo die Familie wohnte, fand die dänische Polizei keine Hinweise auf eine Verzweiflungstat. Peter-Thue R. hatte keinen Abschiedsbrief verfasst. Also doch kein versuchter Suizid? Besser gesagt: Kein versuchter erweiterter Suizid, also ein Tatbestand, bei dem Familienangehörige ohne deren Einverständnis mit in den Tod genommen werden, „um sie nicht alleine zurückzulassen"? Der erweiterte Suizid wird meist von Männern begangen, die vor ihrem Selbstmord die Kinder oder die Ehefrau töten. Der versuchte erweiterte Suizid, bei dem die abschließende Selbsttötungshandlung fehlschlägt, ist im Gegensatz zum reinen Suizid selbstverständlich nicht straffrei, soweit dabei Dritte betroffen sind. War das hier der Fall? Genaues wusste man zu diesem Zeitpunkt noch nicht.

Die Ermittler prüften auf das Peinlichste genau, ob sich die Aussagen des Dänen mit den Spuren deckten. Um die Ursache des Brandes zu finden, wurde das Fahrzeugwrack von Experten der Spurensicherung beim Landeskriminalamt untersucht. Außerdem erwartete die Staatsanwaltschaft fieberhaft die Ergebnisse der toxikologischen Untersuchung. Vorerst wollte sich niemand festlegen. „Die Möglichkeit eines Unfalls besteht, das Gegenteil ist dem Vater bislang nicht nachzuweisen", sagte laut *Tagesspiegel* vom 16. August 2011 ein Sprecher der Staatsanwaltschaft. „Wir führen ihn daher nicht als Beschuldigten."

Mit dem toxikologischen Gutachten waren die Zweifel der ermittelnden Beamten jedoch vorbei. Das Gutachten wies nach, dass den Mädchen Schlaftabletten zur Betäubung verabreicht worden waren. Gegen den nunmehr tatverdächtigen Peter-Thue R. wurde umgehend Haftbefehl erlassen. Dieser wurde ihm am Donnerstag, dem 26. August, rund zwei Wochen nach den rätselhaften Vorkommnissen, von einem Richter auf der Intensivstation des Berliner Unfallkrankenhauses in Berlin-Marzahn verkündet. Das war auch „höchste Eisenbahn", denn bereits kurze Zeit später hätte er trotz erheblicher Zweifel als unbescholtener Mann das Krankenhaus verlassen können. Mehrere Operationen, bei denen ihm an den Händen Eigenhaut transplantiert worden war, hatte er überstanden, die Transplantate waren gut eingewachsen. Trotz seiner Schmerzen war deshalb eine Entlassung aus der Spezialklinik und eine ambulante Weiterbehandlung erwogen worden. Seiner Abreise nach Dänemark stand damit nichts mehr im Weg. Ohne toxikologischen Befund hätten die Ermittler seine Version der Geschichte nicht widerlegen können. Zwei Polizisten bewachten nun sein Krankenzimmer auf der Intensivstation des Brandverletztenzentrums.

Der Mord sei ein Racheakt gewesen, hieß es. Freunde und Verwandte äußerten in dänischen Zeitungen, dass die geschiedenen Eltern seit einem Jahr um das Sorgerecht stritten und der Mann seinen Bauernhof verkaufen wollte, um mit den Kindern ein neues Leben zu beginnen. Doch die Kinder hätten angeblich doch lieber zur Mutter gewollt. Auf einem der letzten Beiträge auf seiner Facebook-Seite dankte der Vater im April „meinen Mädchen“ für die Geschenke zu seinem vierzigsten Geburtstag. Peter-Thue R.s Ex-Frau war nach der Trennung in einen Nachbarort gezogen und hatte wieder geheiratet. Er selbst war seit vielen Jahren arbeitslos und lebte im einstmals gemeinsamen Haus, das er so leicht nicht verkaufen konnte.

Von der Sachverständigen wurde der angeblich unter schweren Depressionen leidende Mann in einem forensisch-psychiatrischen Gutachten als schuldfähig eingestuft. Am 21. Februar 2012 begann der Prozess. Um die Hintergründe der Tat zu klären, hatte das Gericht weitere Zeugen aus dem Umfeld des Dänen geladen: seinen Psychotherapeuten, Familienangehörige, Freunde. „Wir gehen von Mord aus niedrigen Beweggründen aus“, sagte laut *Berliner Zeitung* ein Behördensprecher, der dem Angeklagten ein besonders niederträchtiges Motiv vorwarf. Er habe seiner geschiedenen Ehefrau die Mädchen nicht gegönnt und sich daher entschlossen, sie zu töten. Laut Staatsanwaltschaft betäubte er sie und verbrannte die schlafenden Kinder im Auto. Line und ihre ältere Schwester Marlene hatten keine Chance, dem Flammentod zu entkommen.

Am 10. August 2011 hatte Peter-Thue R. die Kinder für einen Kurzurlaub von seiner ehemaligen Frau abgeholt und war mit ihnen nach Deutschland gefahren. Ziel war eine Skihalle in der Lüneburger Heide. Trotz vieler Indizien bestritt

Peter-Thue R. immer noch, das Fahrzeug vorsätzlich angezündet zu haben, und sprach weiterhin von einem Unfall.

Er erklärte auf einmal, dass er zunächst im Auto geschlafen habe, und als er wieder wach geworden sei, eine Zigarette habe rauchen wollen. Laut Urteil des Landgerichts Potsdam stellte er das Tatgeschehen nun folgendermaßen dar: „Da es draußen zu windig gewesen sei, habe er sich die Zigarette im Fahrzeuginneren angezündet. Dabei sei es zu einer Explosion gekommen. Er habe sich sofort zu den beiden Mädchen auf der Rückbank umgedreht. Da es aber so schnell so heiß im Fahrzeug geworden sei, habe er nicht darin bleiben können und das Fahrzeug durch die Fahrertür verlassen. Während er sich draußen auf dem Boden gewälzt habe, um die Flammen an seinem Körper zu löschen, habe er die Schreie der Mädchen gehört. Nachdem es ihm gelungen sei, die Flammen an seinem Körper zu löschen, habe er die Mädchen aus dem Auto holen wollen, aber das ganze Auto sei ein einziges Flammenmeer gewesen. Er habe noch eine Scheibe auf der Beifahrerseite eingeschlagen, aber dort seien schon die Flammen herausgekommen. Es sei völlig unmöglich gewesen, an die Mädchen heranzukommen."

Experten schlossen jedoch inzwischen einen Unfall aus. Im Übrigen war es nach Auskunft des Deutschen Wetterdienstes zum Tatzeitpunkt praktisch windstill gewesen und auf R.s Kleidung gab es keine relevanten Spuren des Waldbodens, auf dem er sich angeblich gewälzt hatte. Seine Einlassungen waren also ziemlich unglaubwürdig. Auf die Frage, warum er nicht versucht habe, seine Töchter durch das Öffnen der hinteren Türen aus dem Fahrzeug zu retten, führte der Angeklagte laut Gericht weiter aus: „Die hintere Tür auf seiner Fahrzeugseite habe er nicht zu öffnen versucht, weil dort zu viel Feuer gewesen sei und er sich auch erst selbst habe löschen müssen. Es habe so weh getan. (...) Die Kinder hätten geschlafen und seien angeschnallt gewesen. Deshalb hätten sie es wahrscheinlich nicht geschafft, selbst auszusteigen. Kurz nach der Abfahrt vom Snow Dome habe jedes Mädchen von ihm eine Tablette gegen Reisekrankheit bekommen. Andere Medikamente hätten sie nicht erhalten." Auch dies eine Lüge, wie das toxikologische Gutachten bewies.

Nachdem der Prozess wegen der Erkrankung eines Richters kurzfristig unterbrochen wurde, äußerte sich der Angeklagte am Donnerstag, dem 1. März 2012, vor dem Landgericht Potsdam erstmals ausführlich zum Geschehen. Er gab nun zu, das Feuer selbst gelegt zu haben, behauptete aber immer noch, den Tatentschluss erst spontan gefasst zu haben. Ob spontan oder lange geplant, das kann einen erheblichen Unterschied darstellen. R. schilderte ohne erkennbare Zeichen von Gefühlsbewegung, wie es zur Tat gekommen war. Er sagte mit leiser Stimme in dänischer Sprache aus. Eine Dolmetscherin übersetzte. Seine Aussage war eine einzige Jammertirade.

Der 1971 geborene Peter-Thue R. schilderte sein Leben als gescheiterte Existenz: Es gab heftigen Streit mit den Eltern, Ausreißversuche, Selbstmordgedanken, abgebrochene Ausbildungen, Jobs als Gärtner, Glöckner, Totengräber, Biobauer, am Ende als Pädagoge. Der Nebenklagevertreter zeigte sich entsetzt, weil R. nur von sich sprach. „Der ist völlig emotionslos", sagte er. Die Ex-Frau hatte schon bei den Behörden in Dänemark ausgesagt, dass ihr Ehemann nicht verstehen wollte, dass es nicht um ihn ginge, sondern nur um die gemeinsamen Töchter. Eine Gutachterin sollte ihm später während des Prozesses eine „narzisstische Persönlichkeitsstörung" bescheinigen.

Allerdings werden in einem solchen Prozess zuerst Feststellungen zur Person des Angeklagten getroffen. Also alles von Anfang an: Peter-Thue R. wuchs mit einem Bruder und vorübergehend mit Pflegekindern in geordneten Verhältnissen auf. Beide Eltern waren berufstätig. Als der mittleren Mittelschicht angehörend würde man sie aus soziologischer Sicht wohl klassifizieren. Obwohl R. häufig die Schule geschwänzt hatte, kam er dort noch einigermaßen gut zurecht. Danach schien es jedoch bergab zu gehen. Weiterführend besuchte er anschließend die Handelsschule im etwa 25 Kilometer entfernten Roskilde, wohin ihn sein Vater jeden Morgen mit dem Auto brachte, er aber umgehend wieder mit dem Bus nach

Hause fuhr. Seine berufstätigen Eltern merkten lange Zeit nichts, bis er schließlich von der Schule flog. Er hing dann zu Hause herum, versuchte es ein Jahr später wiederum auf der Handelsschule und brach dieses Experiment nach ein paar Wochen noch einmal ab. Kurze Zeit später, er war gerade 18 Jahre alt geworden, forderte ihn seine Mutter – wie zuvor seinen älteren Bruder – auf, aus der elterlichen Wohnung auszuziehen. Da machte er sich aus Protest auf den Weg nach Marseille, um bei der Fremdenlegion anzuheuern. Dort mit den Realitäten konfrontiert, nahm er erschrocken von seinen Plänen Abstand und kehrte mit Hilfe seiner Eltern nach Dänemark zurück. Danach zog er wirklich aus und wollte auf dem zweiten Bildungsweg sein Abitur nachholen, was er aber bereits wieder nach einem halben Jahr abbrach.

Das Gericht beschrieb in seinem Urteil den weiteren Lebensweg von Peter-Thue R. so: „Als er kein Geld mehr hatte, musste er Sozialhilfe beantragen, die er unter der Auflage erhielt, bei einem Gärtner zu arbeiten. Ein halbes Jahr später begann er mit dem Besuch einer sogenannten Volksheimschule, eines Erwachseneninternats zur allgemeinen Fortbildung und Selbstfindung. Nach drei oder vier Monaten entschloss er sich, die Landwirtschaftsschule (...) zu besuchen. In dieser Zeit wohnte er bei seinen Großeltern. Die Landwirtschaftsschule schloss er im Jahr 1998 im Alter von 27 Jahren schließlich erfolgreich mit dem Abschluss Agrarökonom (Landwirt mit betriebswirtschaftlicher Zusatzausbildung) ab." Nach den langen Irrungen und Wirrungen des inzwischen 27-Jährigen endlich ein Erfolg. Peter-Thue schien nun wirklich sein Glück zu machen. Kurz vor Abschluss der Landwirtschaftsschule hatte er seine spätere Frau Christina kennengelernt, mit der er im Mai 1999 einen kleinen Hof kaufte, der sich in einem schlechten Zustand befand und mit Hilfe seines Schwiegervaters aufwendig instand gesetzt wurde. Am 9. September 2000 heirateten Peter-Thue und Christina, im Januar 2001 wurde ihre erste Tochter Marlene geboren. Im Juli 2002 folgte die zweite Tochter Line. Ende gut, alles gut? Von wegen!

Während seine Frau Christina auch während der Schwangerschaften studierte und 2003 eine Lehrerausbildung abschloss, schmiss ihr Mann eine Stelle nach der anderen. Das Gericht führte zu R.s beruflicher Irrfahrt aus: „Als auf dem örtlichen Friedhof eine Stelle als Gräber und Glöckner frei wurde, beendete der Angeklagte seine Arbeit im Lager. Doch auch diese Stelle gab er bereits nach drei Monaten wieder auf, weil sich seinen Angaben zufolge ‚zu viele Leute in seine Arbeit einmischten' und er es nicht ertragen konnte, dass ihm von Mitgliedern des Gemeinderates täglich gesagt wurde, was er zu tun habe. Anschließend trat er eine Stelle als ungelernter Arbeiter in einer Elektrofabrik an, die er aber wegen Differenzen mit der Chefin ebenfalls bald wieder aufgab." 2004 gründete er schließlich eine Garten- und Landschaftsbaufirma und betrieb mit seiner Frau, die in Vollzeit als Lehrerin arbeitete, einen am Wochenende geöffneten Hofladen, in dem sie die auf ihrem Hof angebauten landwirtschaftlichen Erzeugnisse und Wolle ihrer Ziegen verkauften. Aber auch dieser Broterwerb scheiterte bereits nach einem halben Jahr. Das Gericht weiter: „Dann begann er seinerseits eine Ausbildung zum Lehrer an der Pädagogischen Hochschule in Aalborg, die er aber bereits nach etwa einem Jahr wieder beendete, um wiederum im Garten- und Landschaftsbau tätig zu sein. Weihnachten 2006 nahm der Angeklagte sodann eine auf sechs Monate befristete Vertretungsstelle in einer Einrichtung für verhaltensauffällige Kinder und Jugendliche an. Daran anschließend war er von 2007 bis 2010 an einer freien Internatsschule beschäftigt, bevor ihm betriebsbedingt gekündigt wurde."

Peter-Thue war erneut arbeitslos. Kein Wunder, dass er seit Herbst 2000 gelegentlich wegen – wie es im Urteil hieß – „Tristesse" in ärztlicher Behandlung war. Er hatte kaum etwas auf die Reihe gebracht, nahm Antidepressiva und beteiligte sich an Gesprächstherapien. Die Ausführungen des Richters zu den „Feststellungen zur Person", lassen durchaus den Schluss zu, dass er an der Ernsthaftigkeit der von R. vorgetragenen Depression zweifelte. Das sah die Gutachterin ähnlich, deren Aussage im Urteil folgendermaßen zitiert wurde: „Zusammenfassend müsse davon ausgegangen werden, dass der Angeklagte in den Monaten vor dem Tatgeschehen an einer Anpassungsstörung mit gemischter Störung von Gefühlen und Sozialverhalten (ICD-10 F 43.25) [entsprechende Kategorie im Klassifikationssystem der Weltgesundheitsorganisation, E. R.] gelitten habe. Es habe sich hierbei um eine reaktive psychische Störung auf eine psychosozial belastende Lebenssituation gehandelt. Das klinische Bild habe bei ihm sowohl emotionale als auch Verhaltensauffälligkeiten mit depressiven Verstimmungen bis hin zu Suizidgedanken, affektiver Labilität mit Reizbarkeit, Ruhelosigkeit und Konzentrationsproblemen umfasst. Anhaltspunkte dafür, dass die depressive Symptomatik einen Schweregrad erreicht habe, der die Diagnosekriterien für eine depressive Episode erfülle, hätten sich indes nicht ergeben. Bei einer Anpassungsstörung handele es sich schon per definitionem um eine leichtergradige psychische Störung, aber auch in der konkreten Einzelfallbetrachtung des beim Angeklagten vorliegenden klinischen Bildes hätten sich keine Anhaltspunkte dafür ergeben, dass die Störung unter das juristische Konstrukt der schweren seelischen Abartigkeit subsumiert werden könne." Diesbezüglich konnte R. also zu seinen Gunsten „keine Punkte machen". Laut der Gutachterin war er „eine narzisstisch akzentuierte Persönlichkeit mit rigide-kontrollierenden Zügen sowie rezidivierenden depressiven Krisen, möglicherweise im Sinne einer phasenhaft wiederkehrenden Depression, wie auch impulshaften Affektdurchbrüchen in Konfliktsituationen ohne manifeste selbst- oder fremdschädigende Handlungen".

Peter-Thue R. behauptete vor Gericht, seine von ihm seit 2009 getrennt lebende Frau habe versucht, ihm die Kinder wegzunehmen, und ihn damit erniedrigt. Als dann noch sein Bauernhof gepfändet werden sollte und er seinen Arbeitsplatz verlor, habe er keine Hoffnung mehr gehabt. Obendrein habe das Jugendamt entschieden, dass die Kinder ihren Wohnsitz nicht mehr bei ihm, sondern bei seiner Ex-Frau haben sollten. An Selbstmord habe er schon länger gedacht, sagte der

Angeklagte, seinen Kindern dies aber nicht antun wollen. Er wollte nicht, dass sie ohne ihn leben müssten. Wie edel! Doch genau dieses Motiv ist ein typisches Tatbestandsmerkmal beim erweiterten Suizid.

Die anfangs harmonische Ehe des Angeklagten war schiefgegangen. Während seine Gattin Kontakte zu anderen Menschen außerhalb der Familie suchte und auch gern gemeinsam mehr unternommen hätte, verbrachte R. seine Freizeit im Wesentlichen vor dem Fernseher oder mit Computerspielen. Zwei in den Jahren 2004 und 2007 durchgeführte Paartherapien führten zu keinem Erfolg. Im Sommer 2009 sagte ihm seine Frau, dass sie ihn nicht mehr liebe und es daher besser sei, die Ehe zu beenden. Das Gericht führte dazu aus: „Der Angeklagte war hingegen mit seiner Lebenssituation zufrieden. Für ihn war eine – zumindest nach außen – intakte Familie von übergeordneter Bedeutung, sodass er eine Trennung von C. und das Scheitern ihrer Beziehung als eine persönliche Niederlage empfunden hätte. Um C. zu einem Festhalten an der Beziehung zu bewegen, erklärte er ihr wütend, dass sie ‚bloß nicht davon ausgehen' solle, im Falle einer Scheidung ‚etwas mitnehmen' zu können, insbesondere nicht die Kinder. C. erklärte sich auf das Drängen des Angeklagten hin schließlich bereit, der Ehe noch bis zu den Sommerferien eine Chance zu geben."

Eine erste Drohung, die bei derartigen Trennungen jedoch nicht unüblich ist. Der dadurch mehr oder weniger erzwungene gemeinsame Sommerurlaub verlief erstaunlicherweise dennoch harmonisch und R. träumte immer noch von einer intakten Familie. Für ihn brach daher eine Welt zusammen, als seine Frau ihm etwa eine Woche nach den Ferien ankündigte, dass sie ihn verlassen werde. Noch am selben Tag zog sie mit den beiden Mädchen in eine fünf Kilometer entfernte, leer stehende Wohnung ihrer Eltern.

Das Sorgerecht wurde ihnen gemeinsam übertragen. Die Noch-Ehepartner kamen überein, dass die beiden Töchter abwechselnd wochenweise bei beiden Elternteilen sein sollten. Allerdings waren sie sich uneinig darüber, wer das formelle

Wohnsitzrecht und damit das Aufenthaltsbestimmungsrecht für die Mädchen erhalten sollte. Es wurde R. zugesprochen, da er weiter in dem Haus lebte, in dem die Mädchen aufgewachsen waren. Für ihn ein großer Erfolg im sich anbahnenden, eher einseitigen Rosenkrieg.

R., der sich während des Zusammenlebens relativ wenig um seine Kinder gekümmert hatte, lieferte sich jetzt mit seiner getrennt lebenden Frau geradezu einen Wettstreit um ihre Gunst. Bereits im September 2009 ging er eine neue Beziehung ein und unternahm viel mit seinen Töchtern und dem Sohn seiner Freundin. Doch der „Ex" gegenüber verhielt sich Peter-Thue R. wie zuvor. 2011 scheiterte schließlich seine neue Beziehung. Christina, die inzwischen ebenfalls in einer neuen Partnerschaft lebte, hatte die neue Lebensgefährtin ihres ehemaligen Ehemannes und Kontaktperson ihrer Kinder kennenlernen wollen und sie eingeladen. Der Angeklagte war darüber äußerst erzürnt, wie das Gericht befand: „C.s neues Glück frustrierte den Angeklagten. Da C. beabsichtigte, mit ihrem neuen Lebensgefährten und seinen beiden Kindern ein Haus zu kaufen, in dem auch Zimmer für Marlene und Line vorhanden sein sollten, spitzte sich die Situation für den Angeklagten zu. Die Vorstellung einer glücklichen Großfamilie war für ihn unerträglich."

Am 3. März 2011 wurde die Ehe von Christina und Peter-Thue R. offiziell geschieden. Das Sorgerecht für die Kinder behielten beide weiterhin gemeinsam. Da er aber wieder mal seine Arbeit verloren hatte und befürchtete, den Hof nicht mehr halten zu können und damit auch das Wohnsitzrecht für seine Töchter zu verlieren, beschloss er wegzuziehen, solange er das Aufenthaltsbestimmungsrecht für seine Kinder noch hatte. Doch dieser Plan ließ sich wegen mangelnder finanzieller Mittel nicht ernsthaft umsetzen. Außerdem wollten die Töchter nicht so, wie er wollte. Während er eine Tochter überreden konnte, mit ihm wegzuziehen, weigerte sich die andere strikt. Am 1. Juni 2011 zog seine Ex-Frau, die ihren neuen Lebensgefährten inzwischen geheiratet hatte, mit diesem und dessen beiden Kindern in ein großes Haus, das auch Platz für Line und Marlene hatte.

Es kam, wie es kommen musste. Die Staatsverwaltung Nordjütland beschloss am 6. Juli 2011, dass die beiden Mädchen vorübergehend, also bis zu einer abschließenden gerichtlichen Entscheidung, ihren Wohnsitz bei Christina haben sollten. Nun war R. bewusst, dass gute Gründe dafür sprachen, dass seine Ex-Frau auch das endgültige Wohnsitzrecht für die beiden Mädchen erhalten würde. Während er arbeitslos war und sein Hof kurz vor der Zwangsversteigerung stand, lebte sie in geordneten finanziellen und familiären Verhältnissen. Das Gericht stellt fest: „Dementsprechend war nicht nur sein Plan, C. die Mädchen zu entziehen, gescheitert, der Angeklagte musste nun vielmehr befürchten, dass die beiden Mädchen verstärkt in die neue Familie von seiner Exfrau integriert und dadurch ihm entfremdet würden."

Am Mittwoch, dem 10. August 2011, holte Peter-Thue R. die Kinder für einen Kurzurlaub in einem Erlebnisbad von seiner ehemaligen Frau ab und vereinbarte, sie am darauffolgenden Freitag um 12.00 Uhr wieder zurückzubringen. Am Montag darauf sollte die Schule für die zwei Mädchen wieder beginnen. Er habe seine Pläne geändert und sei nun statt ins Erlebnisbad in eine Skihalle in Deutschland gefahren, sagte Peter-Thue. Anstatt jedoch nach ihrem Tagesausflug in den „Snow Dome" nach Dänemark zurückzufahren, sei er, einem plötzlichen Einfall folgend, nach Berlin abgebogen. Während der Fahrt habe eine seiner Töchter über Reiseübelkeit und Magenschmerzen geklagt. Darauf habe er beiden (!) Kindern Schlaftabletten verabreicht, erklärte er. War das glaubhaft? Erst als die Mädchen schliefen, habe er beschlossen, sich und seine Töchter umzubringen. „Dann kam mir die Idee: Wir könnten ja alle sterben." Das konnte den Unterschied ausmachen zwischen einem lange geplanten, heimtückischen Mord und einem Totschlag. R. berichtete, dass er nach seinem Entschluss in einen Wald gefahren und zwei Benzinkanister auf dem Beifahrersitz und dem Boden des Autos entleert habe. Sich selbst habe er nicht mit Benzin übergossen, weil er Angst gehabt habe. Der Gedanke, das zu tun, habe ihm nicht gefallen, meinte er. Er sagte weiter aus: „Ich habe gedacht, es macht bumm und dann ist es vorbei." Stattdessen sei er instinktiv aus dem Wagen herausgesprungen, will noch versucht haben, die Kinder zu retten, was ihm nicht gelungen sei. Auf der Beifahrerseite habe er noch die hintere Seitenscheibe eingeschlagen. Das Feuer und die Hitze seien aber zu stark gewesen. Danach habe er sich selbst töten wollen. Zuerst mit einem Messer, was er aber nicht geschafft habe. Dann sei ihm die Idee gekommen, sich vor einen Lkw zu werfen. Er habe aber auch das nicht tun können, weil das „schade für den Lkw-Fahrer gewesen wäre". Deshalb sei er zu der Autobahn getorkelt, um Hilfe zu holen.

Das alles klang unglaubwürdig und reichlich selbstmitleidig. So lag es nahe, dass das Gericht ihm seine angeblichen Selbstmordversuche nicht abnahm und durch die Beweisaufnahme als widerlegt ansah. Ein Messer wurde auch mit Metalldetektoren am Tatort nicht gefunden und das Gericht sah es nicht als plausibel an, dass R. nicht auch sich selbst beziehungsweise seine Kleidung mit Benzin überschüttet hatte, wenn er sich schon selbst habe umbringen wollen. Außerdem habe er das Benzin zwar sowohl im Fußraum vor der Rückbank als auch im Fußraum vor dem Beifahrersitz sowie auf dem Beifahrersitz des Fahrzeugs verteilt, jedoch nicht im Bereich des Fahrersitzes. Warum er sich allerdings beim Anzünden im Auto befand, war nicht zwingend schlüssig. Das Gericht meinte dazu lapidar: „Das zwingt nicht zu der Annahme, dass er sich auch selbst töten wollte, sondern lässt sich ohne weiteres beispielsweise damit erklären, dass der Angeklagte unter Umständen keine geeignete Möglichkeit sah, das Fahrzeug von außen in Brand zu setzen, oder nicht damit rechnete, dass sich das Feuer sofort schlagartig im ganzen Fahrzeuginnern ausbreiten werde. Nicht ausgeschlossen ist sogar, dass er gewisse eigene Brandverletzungen in Kauf nahm, um seine später geschilderte Unfallversion plausibler erscheinen zu lassen." Außerdem stellte das Gericht fest, dass er einen ernsthaften Versuch, seine Töchter zu retten, nicht unternommen und nach der Tat auf alle Beteiligten relativ ruhig und gefasst gewirkt habe: „Wenn der Angeklagte entsprechend seiner Darstellung tatsächlich versucht hätte, sich selbst und auch seine Töchter zu töten, um ihnen aus Liebe und Mitleid zu ersparen, ohne ihn weiterleben zu müssen, seine größte Sorge mithin stets dem Wohl der Mädchen gegolten hätte, dann wäre zu erwarten gewesen, dass er sich nach dem Verlassen des Fahrzeugs unverzüglich darum bemüht hätte, auch die beiden Kinder aus dem brennenden Fahrzeug zu holen – auch um den Preis eigener Verletzungen. Denn es hätte seine Verzweiflung nur noch steigern müssen, selbst überlebt zu haben und nun zusehen zu müssen, wie seine Töchter im Auto verbrannten."

Das alles deutete nicht auf einen gerade gescheiterten Selbstmordversuch hin. Mord oder Totschlag war also auch hier die Frage. Die Staatsanwaltschaft und der Nebenkläger warfen dem Angeklagten zweifachen Mord vor, da sie seine Darstellung bezweifelten und von einer geplanten Tat ausgingen. Wegen des abscheulichen Verbrechens wollte der Staatsanwalt im Fall einer Verurteilung wegen Mordes zudem die besondere Schwere der Schuld des Angeklagten feststellen lassen. Er argumentierte: Warum sonst hatte der Angeklagte die zwei gefüllten Benzinkanister dabei, wenn er die Tat nicht schon lange geplant hatte? R. erwiderte, dies immer so zu handhaben, seitdem einmal seine Tankkarte nicht funktioniert habe. Dem widersprachen jedoch Zeugen, und das Gericht stellte fest: „Es ist schon nicht nachvollziehbar, warum ein einmaliges Problem mit einer Tankkarte den Angeklagten dazu veranlasst haben soll, stets einen Reservekanister mit Benzin im Fahrzeug mit sich zu führen. Naheliegender wäre in diesem Fall die Schlussfolgerung gewesen, künftig jeweils genügend Bargeld bzw. eine EC- oder Kreditkarte dabei zu haben, um im Notfall damit bezahlen zu können." Genügend Bargeld hatte R. jedenfalls dabei. Im Übrigen: Warum sonst hätte er sich kurz vor der Reise die Schlaftabletten verschreiben lassen, wenn er die Tat nicht schon geplant hatte? Und wie passte die sehr hohe Dosis des Schlafmittels, die im Restblut eines der Mädchen gefunden wurde, zu der Tatsache, dass er angeblich nur eine Tablette verabreicht haben will?

Das Gericht folgte den Argumenten der Staatsanwaltschaft. Sie nahmen R. den sorglosen Umgang mit den Schlaftabletten, die keineswegs Kindern verabreicht werden durften, nicht ab. Sie glaubten ihm vor allem deswegen nicht, weil er hinsichtlich der Gesundheit seiner Töchter ein sehr penibler Vater war. Nicht mal Zucker oder sonstiges Naschzeug wollte der Gesundheitsapostel seinen Kindern zumuten. Außerdem hatten die beiden Mädchen auch bei längeren Reisen nie über irgendwelche Beschwerden geklagt. Sie seien sehr robuste Kinder gewesen, sagte ihre Großmutter während des Prozesses aus. Das Gericht stellte daher klipp und klar fest: „Nachdem er von der Entscheidung der Staatsverwaltung Kenntnis erhalten hatte, durch die der Wohnsitz der Kinder vorläufig C. übertragen worden war, war in dem Angeklagten der Gedanke gereift, seine beiden Töchter zu töten, um sie nicht C. überlassen zu müssen und sie ihr auf diese Weise endgültig zu entziehen. Er wollte dadurch C.s Leben zerstören, weil er C. ihr neues Glück nicht gönnte und sie für das Scheitern seiner persönlichen Lebenspläne verantwortlich machte. (...) Er wollte mit den Mädchen noch einen letzten schönen gemeinsamen Tag verbringen und sie anschließend töten.“ Demzufolge war die Tat also doch ein lang vorher geplanter, heimtückischer Mord.

Laut Gericht hatte Peter-Thue R. den Tatentschluss bereits vor der Abfahrt am 10. August 2011 gefasst. Am 18. Juli 2011 hatte er sich beim Arbeitsamt ohne nähere Begründung telefonisch bis zum 15. August 2011 krankgemeldet. Am 1. August 2011 hatte er seine Hausärztin telefonisch gebeten, ihm ein Schlafmittel wegen angeblicher Schlafprobleme zu verschreiben. Zwei mit Benzin gefüllte Fünf-Liter-Kanister waren bereits im Kofferraum verstaut worden. Das Gericht stellte daher in seiner Beweiswürdigung fest: „Die von den Feststellungen abweichenden Angaben des Angeklagten, wonach er den Tatentschluss spontan während der Fahrt vom Snow Dome nach Berlin fasste und nicht nur die Mädchen, sondern in erster Linie sich selbst töten wollte, sind nicht glaubhaft und durch die Ergebnisse der Beweisaufnahme widerlegt. Danach steht vielmehr fest, dass er den Entschluss, seine beiden im Auto schlafenden Töchter zu töten, indem er das Fahrzeug in Brand setzte, bereits deutlich früher, spätestens vor dem Beginn der Reise in Dänemark gefasst hat. Außerdem wollte er keineswegs auch sich selbst, sondern nur die Mädchen töten, weil er sich nicht damit abzufinden vermochte, dass sie künftig bei ihrer Mutter leben würden."

Für das Gericht stellte sich nach Abschluss der Beweisaufnahme das Tatgeschehen wie folgt dar: Am späten Abend des 10. August 2011 waren Peter-Thue R. und seine zwei Töchter im Hotel in Niedersachsen eingetroffen. Am nächsten Tag besuchten sie von 12.30 Uhr bis kurz nach 21.00 Uhr den „Snow Dome". Danach machten sie sich auf den Weg nach Norden. Nachdem er den Mädchen das für ihn verschriebene und für Kinder nicht geeignete Schlafmittel verabreicht hatte, fuhr er in Richtung Berlin weiter. Angeblich hatte er sich verfahren und daraufhin spontan beschlossen, die Reste der ehemaligen Berliner Mauer zu besichtigen. Das Gericht glaubte dieser Einlassung nicht. Ungefähr zwischen 2.30 Uhr und 3.00 Uhr am 12. August 2011 erreichte er die Autobahnabfahrt Kremmen. Dort verließ er die Autobahn und befuhr die B 273 etwa zwei Kilometer weit in Richtung Börnicke. Dann bog er nach rechts in einen befestigten Waldweg ein, wo er sein Fahrzeug nach etwa 300 bis 400 Metern zum Stehen brachte. Angeblich wollte er schlafen. Auf einer Autobahnraststätte wäre es ihm zu unruhig gewesen, hatte er zuvor ausgesagt. Das Gericht glaubte ihm auch das nicht. Laut Gericht wollte Peter-Thue gar nicht schlafen. Er habe stattdessen das Benzin im hinteren Fußraum sowie im Fußraum vor dem Beifahrersitz und auf dem Beifahrersitz verteilt. Schließlich entzündete er das Benzin auf dem Beifahrersitz mit einem Feuerzeug, das er in der rechten Hand hielt. Es kam zu einer explosiven Stichflamme, bei der er sich selbst erhebliche Brandverletzungen zuzog. Seine beiden Mädchen starben daraufhin an den Folgen einer Rauchgasvergiftung und Verbrennungen vierten Grades. Danach lief Peter-Thue auf dem Waldweg zur Bundesstraße und entlang der Landstraße in Richtung Autobahnbrücke. Kurze Zeit später wurde ein Lkw-Fahrer auf ihn aufmerksam, als Peter-Thue plötzlich mit hochgerissenen Armen auf die Fahrbahn sprang. Er alarmierte die Polizei, wagte aber nicht, sein Fahrzeug anzuhalten, da er eine gestellte Situation befürchtete. Der Notruf ging um 4.11 Uhr ein. Ein anderer Lkw-Fahrer hielt kurze Zeit später an und rief ebenfalls die Polizei an. Während der Befragung durch die Polizeibeamten sprach Peter-Thue laut und aufgeregt, war aber in der Lage, deren Fragen zu beantworten. Kurz nach 4.30 Uhr traf der Rettungswagen vor Ort ein, ungefähr zwanzig Minuten später der von den Rettungssanitätern alarmierte Notarzt. Peter-Thue zeigte keine Anzeichen für einen Schock. Auf die Rettungssanitäter wirkte er vielmehr ruhig und gefasst. Seine Vitalwerte – Herzfrequenz und Blutdruck – waren unauffällig. Er war also relativ emotionslos angesichts des unfassbaren Geschehens, das ihm zuvor widerfahren war.

Später, im Verlauf des Prozesses, zeigte Peter-Thue R. einmal starke Emotionen. Als seine Ehefrau im März 2012 aussagen wollte, unternahm der 40-jährige Däne einen Selbstmordversuch. Der Gegenüberstellung mit der Mutter seiner von ihm getöteten Töchter war er offenbar nicht gewachsen. Er war kurz vor Beginn der Verhandlung bewusstlos und laut schnarchend in seiner Zelle gefunden worden, erklärte der Vorsitzende Richter. Ein eilig herbeigeholter Notarzt veranlasste, dass der Däne in ein Krankenhaus gebracht wurde. Der Prozess wurde erneut unterbrochen. Der 40-Jährige war in der Untersuchungshaft in medizinischer Behandlung gewesen und hatte offensichtlich Tabletten gehortet. Die behandelnden Ärzte hätten den Dänen zuletzt nicht mehr als selbstmordgefährdet eingeschätzt. „Die Medikamentenabgabe wird zwar überprüft – doch ein Missbrauch ist nie gänzlich auszuschließen“, sagte ein Sprecher des Justizministeriums. Es mutet seltsam an, mit wie wenig Sorgfalt ihm trotz seiner Vorgeschichte Schlaftabletten ausgehändigt wurden.

Den Prozess konnte Peter-Thue R. mit seinem Selbstmordversuch jedenfalls nicht aufhalten. Am 31. Mai 2012 wurde er vom Landgericht Potsdam zu lebenslanger Haft wegen Mordes verurteilt. Dass er aus Liebe zu seinen Töchtern gehandelt habe, wie er im Prozess gesagt hatte, sah das Landgericht Potsdam anders. Der Däne habe die neun und zehn Jahre alten Mädchen seiner Ex-Frau „nicht gegönnt", nachdem diese im Sorgerechtsstreit das Aufenthaltsbestimmungsrecht erhalten hatte, sagte der Vorsitzende Richter. Das Gericht folgte mit seinem Urteil weitgehend der Forderung des Staatsanwalts, stellte jedoch nicht die besondere Schwere der Schuld fest, da „die Tat insgesamt aber noch keinen Schuldgehalt aufweist, der denjenigen erfahrungsgemäß gewöhnlich vorkommender Mordfälle deutlich übersteigt". So kann R. darauf hoffen, dass seine Reststrafe nach 15 Jahren auf Bewährung ausgesetzt wird.

Dem Plädoyer des Staatsanwalts hatte sich auch der Anwalt der Mutter der toten Kinder, die als Nebenklägerin aufgetreten war, angeschlossen. Der Verteidiger des Dänen wiederum hatte auf Totschlag plädiert. Sein Mandant habe weder heimtückisch noch aus niederen Beweggründen gehandelt, sagte der Verteidiger in seinem Plädoyer. Er habe vorgehabt, sich selbst zu töten. Seine Kinder habe er mit in den Tod nehmen wollen, damit sie nicht ohne ihn leben müssten. Dieser Darstellung widersprach der Vorsitzende Richter jedoch. „Es gab kein Benzin vor dem Fahrersitz oder auf der Kleidung des Angeklagten", stellte der Richter fest. Lediglich zwei oder drei Sekunden habe der Mann in dem brennenden Auto verbracht, „nur so viel, wie man braucht, um das Benzin anzuzünden". Auch habe er nicht ernsthaft versucht, die Mädchen zu retten. Polizei und Rettungssanitätern habe er kurz nach der Tat eine „beeindruckend detailgetreue Geschichte" erzählt, dass es sich bei dem Brand „um einen Unfall" gehandelt habe.

Das Gericht ging also davon aus, dass R. seine Töchter heimtückisch und aus niederen Beweggründen getötet hatte. Im Urteil hieß es: „Nach den getroffenen Feststellungen hat sich der Angeklagte gemäß den §§ 211 Abs. 2 und 52 StGB wegen tateinheitlich begangenen zweifachen Mordes strafbar gemacht, indem er das Fahrzeug, in dem seine beiden Töchter schlafend auf der Rückbank saßen, in Brand steckte, sodass die beiden Mädchen an den Folgen der Rauchgas- und Feuerentwicklung verstarben. Er handelte dabei mit direktem Tötungsvorsatz. Es ging ihm gerade darum, die Mädchen durch das Inbrandsetzen des Fahrzeugs zu töten, und er ging davon aus, dass die beiden schlafend auf der Rückbank angegurteten Kinder keine Gelegenheit mehr haben würden, das Fahrzeug im Falle eines Erwachens rechtzeitig zu verlassen."

Per Definition des Bundesgerichtshofs ist ein Beweggrund niedrig, wenn er „nach allgemeiner sittlicher Wertung auf tiefster Stufe steht, durch hemmungslose, triebhafte Eigensucht bestimmt und deshalb besonders verwerflich, ja verächtlich ist". Laut Gericht handelte R. aus niederen Beweggründen, weil er die Kinder tötete, um sie seiner ehemaligen Ehefrau zu entziehen. Er habe diese dafür bestrafen wollen, dass sie ihn verlassen und damit – aus seiner Sicht – seinen persönlichen Lebenstraum von einer glücklichen Familie zerstört hatte. Außerdem habe er heimtückisch gehandelt, weil er das Vertrauen seiner Töchter ausgenutzt und sie im Schlaf, also im arg- und wehrlosen Zustand getötet habe.

Zum Abschluss der Begründung ging der Richter auf das Schlusswort des Angeklagten nach den Plädoyers ein, in denen R. unter Tränen gesagt hatte, seine Tat „zu bereuen". „Wenn das wirklich ernst gemeint und nicht nur hohles Gerede ist, müssten Sie das Urteil annehmen", sprach er den Angeklagten mahnend an und fragte, ob dieser eine entsprechende Erklärung abgeben wolle. R. schüttelte lediglich den Kopf.

Sein Anwalt bewertete die Aufforderung des Richters als „unangemessen". Er habe seinem Mandanten vor dem Urteil empfohlen, die Möglichkeit der Revision nicht von vornherein auszuschließen. In der Tat: Die Aufforderung des Richters wirkte nicht gerade unparteiisch. Die Revision des Angeklagten wurde wenig später verworfen.

Laut § 3 des Strafgesetzbuches gilt nach dem sogenannten Territorialitätsprinzip das deutsche Strafrecht für Taten, die im deutschen Inland begangen werden. Auch Ausländer müssen in Deutschland die Strafe absitzen, für die sie hier belangt werden. Peter-Thue R. wird also noch eine geraume Zeit fern seiner Heimat „im Knast sitzen“, bevor er dann möglicherweise nach Dänemark abgeschoben werden wird. Das lässt das EU-Recht bei schwer kriminellen EU-Ausländern zu.

Quellen

Der Tagesspiegel vom 12.08., 14.08., 16.08.2011, 25.09.2011, 31.05.2012
Berliner Zeitung vom 15.08., 16.08., 22.08.2011, 17.01.2012, 22.02.2012, 01.03., 23.03., 29.03.2012, 24.04.2012, 03.05., 08.05., 31.05.2012, 04.06.2012
Berliner Morgenpost vom 21.02.2012
Die Welt vom 01.03.2012
Süddeutsche Zeitung vom 31.05.2012
n-tv vom 26.08.2011, 21.02.2012, 22.03.2012, 31.05.2012
http://www.n-tv.de/panorama/Haftbefehl-gegen-Vater-verhaengt-article4149716.html
http://www.n-tv.de/panorama/Doppelmord-Prozess-unterbrochen-article5555541.html
http://www.n-tv.de/panorama/Daenischer-Vater-versucht-Suizid-article5828956.html
http://www.n-tv.de/panorama/Lebenslang-fuer-den-Vater-article6389281.html
Stern vom 22.03.2012, 31.05.2012
http://www.stern.de/panorama/prozess-um-verbrannte-kinder-von-boernicke-angeklagter-vater-wollte-sich-umbringen-1803715.html
http://www.stern.de/panorama/vater-fuer-flammentod-seiner-toechter-verurteilt-lebenslang-und-fuers-leben-gestraft-1834924.html
Landgericht Potsdam, Urteil vom 31.05.2012, Az: 21 Ks 1/12 – 486 Js 43058/11
Bundesgerichtshof, Urteil vom 25.07.1952 – 1StR 272/52
(alle Internetquellen zuletzt eingesehen am 10.02.2018)

Maria

Maria P. war eine hübsche, junge Frau von gerade mal 19 Jahren und im achten Monat schwanger, als sie in Berlin einem der brutalsten Verbrechen der letzten Jahre zum Opfer fiel. Selbst erfahrene Psychologen waren entsetzt über die schreckliche Tat in Berlin-Adlershof. Laut einem *Tagesspiegel*-Bericht sagte die Leiterin der Klinik für Psychiatrie und Psychotherapie der Charité: „Dass man hilflose kleine Kinder und schwangere Frauen nicht tötet, sondern schützt, ist eigentlich in unseren Genen verankert (…) Die Täter müssen überhaupt nicht zur Empathie, zum Mitgefühl fähig sein und sind daher vielleicht nicht polizeilich, aber in ihrem familiären oder schulischen und beruflichen Umfeld bestimmt schon einmal auffällig geworden." Letzteres sollte sich zwar nicht als zutreffend herausstellen, aber die Täter wurden trotzdem noch in der Tatnacht gefasst, weil einer von ihnen selbst zur Polizei ging, um Vermisstenanzeige zu stellen – ein der Justiz wohlbekanntes Ablenkungsmanöver.

Weshalb sind Menschen überhaupt zu solcher Grausamkeit fähig? Wie konnten die Täter etwas so Schreckliches tun? Wie kann so etwas mitten in Berlin passieren? Das fragten sich viele, seit die Tat bekannt geworden war. Warum also wurde Maria P., ein 19-jähriges Mädchen, das niemanden etwas getan hatte, umgebracht?

Laut Gericht war Maria eine „eher zurückhaltende, aber gleichwohl lebensfrohe und herzliche junge Frau, die jedoch durchaus wusste, was sie wollte, und eigene Interessen auch durchzusetzen suchte, wenn sie es für nötig hielt. Sie besaß einen großen Freundeskreis, vor allem aus ihrem schulischen Umfeld." Die in Berlin-Hohenschönhausen bei ihrer Mutter und ihrem Stiefvater wohnende junge Frau wurde deshalb zum Opfer, weil sie den falschen Mann liebte. Den Mann, von dem sie zum Zeitpunkt des Todes im achten Monat schwanger war. Maria wollte das Kind bekommen, ihr Freund jedoch nicht.

Marias Freund war der in Berlin geborene und zur Tatzeit ebenfalls 19 Jahre alte Eren T., der in geordneten Verhältnissen gemeinsam mit vier Schwestern aufgewachsen war. In der kurdisch-alevitischen Familie war er der verhätschelte und verwöhnte Prinz, der im Gegensatz zu seinen Schwestern genügend Freiraum hatte.

Aleviten gelten als eher moderne und liberale Muslime, von denen es in Berlin an die 70 000 gibt. Die patriarchalisch organisierte Familie ist alles, und ein uneheliches Kind entspricht nicht unbedingt den Wertvorstellungen selbst von eher modernen Muslimen. Auch in Berlin wird nach der Hochzeitsnacht in kurdischen Familien durchaus noch nach dem Blutfleck auf dem Laken Ausschau gehalten. Ein Anachronismus in der an sich sehr liberalen Stadt. Eren hatte daher möglicherweise seine Gründe, seiner Familie weder von seiner Freundin noch von ihrer Schwangerschaft etwas zu sagen – für ihn wohl ein Teufelskreis, aus dem er für sich selbst keinen vernünftigen Ausweg mehr fand.

Das Gericht konnte später allerdings in der Öffentlichkeit aufkommende Gerüchte sicher entkräften, dass Eren von seiner Familie zur Tat gedrängt worden sei. Zwar war die Familie nicht sonderlich begeistert gewesen, dass ihr einziger Sohn ausgerechnet ein deutsches Mädchen geschwängert hatte. Aber auch Erens Eltern hatten sich letztendlich mit der Situation arrangiert, während sich Maria unterdessen zunehmend für die türkische Kultur und den Islam interessierte. Die Fotos auf ihrer Facebook-Seite zeigten, dass sie einer türkischen Hochzeit durchaus nicht abgeneigt war – für Maria wohl eine sehr romantische Vorstellung. Ihr gleichaltriger Freund hegte allerdings eher keine derartigen schwärmerischen Gedanken. Der sehr schlank und gepflegt wirkende Eren war weder vorbestraft noch nahm er Drogen oder trank übermäßig Alkohol. In der Schule war er durchschnittlich, ohne große Höhen und Tiefen. Nach einer abgebrochenen Ausbildung schlug er sich mit Gelegenheitsjobs durch. Von früheren Mitschülern wurde er als „Milchgesicht" beschrieben. Den Gedanken, seine Freundin zu töten, um die Geburt zu verhindern, trug das „Milchgesicht" jedoch schon länger mit sich herum.

2012 hatte Maria Eren kennengelernt, erst ein Jahr später, im Oktober 2013, wurden sie ein, wie es den Anschein hatte, sehr glückliches Liebespaar. Ständiges Liebesgeflüster am Telefon oder per SMS, WhatsApp und über andere soziale Netzwerke war angesagt. Freunde machten sich lustig über das Geturtel, doch das störte die beiden nicht. Eren machte seiner Maria Geschenke, überraschte sie mit Einladungen zum Essen und gemeinsam schauten sie im Kino oder bei ihr Filme an. Sicherlich liebte Maria Eren jedoch mehr als er sie. Denn so ganz stand er nicht zu ihr. Seiner Familie wollte er seine Freundin auch nach über einem Jahr noch nicht vorstellen. Sie passte offenbar nicht ins familiäre Weltbild, vermutlich auch, da sie schon vor ihm einen Freund gehabt hatte. In Marias Umfeld fiel Erens zögerliches Verhalten durchaus auf. Kritische Bemerkungen ihrer Familie oder ihrer Freundinnen wehrte Maria aber vehement ab und verteidigte Eren, während er Verabredungen mit ihr nicht einhielt und ihr Vorwürfe machte, schon vor ihm sexuelle Beziehungen gehabt zu haben.

Maria, die nach anfänglichem Schreck glücklich war, ein Kind zu bekommen, nahm sämtliche Vorsorgeuntersuchungen gewissenhaft wahr. Den letzten Termin hatte sie gerade mal zwei Tage vor ihrem Tod. Ihre Ausbildung hatte sie inzwischen unterbrochen, und ihre Familie redete ihr nicht rein. Im Gegenteil, sie wurde voll und ganz unterstützt. Die Mutter wusste, dass ihre Tochter ihren eigenen Kopf hatte.

Der errechnete Geburtstermin war der 8. März 2015. Doch den sollte sie nicht mehr erleben. Nur kurz zuvor – am 22. Januar – wurde Maria und damit auch ihr Baby auf grauenhafte Art und Weise ermordet. Täter war Eren, der die grässliche Tat zusammen mit einem Freund ausführte. Doch wie kam es zu dieser grausamen Tat?

Eren, dessen Eltern von Dritten von der Schwangerschaft erfahren hatten, befürchtete wohl einen weiteren Konflikt mit seiner Familie und weigerte sich, ein Kind zu akzeptieren. Noch mehr befürchtete er freilich, sich mit Geburt des Kindes einschränken zu müssen. Mit Maria, die sich nicht überzeugen ließ, abzutreiben, machte er daraufhin Schluss. Eren nahm es Maria übel, dass sie sich über seine Meinung hinwegsetzte. Er fürchtete um seine Zukunft. Schon zu diesem Zeitpunkt kreisten seine Gedanken um die Frage, wie er das Baby verhindern könne. Ein Boxhieb in den Bauch schien ihm eine geeignete Möglichkeit. Dies verkündete er jedenfalls prahlerisch im Kreis seiner Freunde, die das aber anfangs für „leeres Gelaber“ hielten. Eren T. nahm deshalb Kontakt zu seinem alten Schulfreund Daniel M. auf, der den Ruf pflegte, vor Gewalt nicht zurückzuschrecken. Enge Freunde waren sie allerdings nie gewesen. Im Gerichtsurteil las sich das so: „Als Eren T. das Gespräch auf das ‚Problem‘ der Schwangerschaft Maria P.s brachte, erklärte sich Daniel M. ohne Umschweife mit den Worten ‚Ruf Maria mal her, dann box' ich ihr in den Bauch‘ damit einverstanden, bei der Lösung des ‚Problems‘ mitzuwirken. Daraufhin ergingen sich Eren T. und Daniel M. in verschiedenen Tötungsphantasien ‚wie das Ding geklärt werden könnte‘, wonach Maria P. mit einer Überdosis Schlaftabletten vergiftet, mit einer Machete ihr Kopf abgeschnitten (Daniel M.: ‚Das geht ganz schnell mit der Machete, zack, zack‘) oder mit einer Pistole ihr in den Kopf geschossen werden sollte, wobei einer der beiden bemerkte, wie sich das wohl anfühlen würde und Daniel M. fragte ‚ich will gerne wissen, wie es ist, einen Menschen zu töten!‘“

Daniel M. war wie Eren T. im Jahre 1995 geboren und wuchs – im Gegensatz zu Eren – mit seinen drei Geschwistern in äußerst prekären Verhältnissen auf. Sein Vater war Alkoholiker, die 1971 geborene Mutter war Frührentnerin. Handgreifliche Auseinandersetzungen waren an der Tagesordnung. Geld war kaum vorhanden. Mitunter musste der Strom abgestellt werden oder die Familie war kurzzeitig obdachlos. Daniel war bereits mit 15 Jahren zu Hause rausgeworfen worden und wurde mit 16 zum ersten Mal Vater. Sich selbst brachte er mehr schlecht als recht mit Gelegenheitsjobs durch, war aber meistens auch noch auf das Geld seiner zwei Jahre älteren Freundin angewiesen. Wie er es von seinem Zuhause kannte, kam es auch in seiner Beziehung oft zu gewalttätigen Streitigkeiten mit anschließender Versöhnung. Im Spätsommer 2014 wurde seine Freundin nach einer solchen Versöhnung wieder schwanger. Als sein zweiter Sohn Ende Mai 2015 das Licht der Welt erblickte, sollte Daniel M. allerdings bereits im Gefängnis sitzen.

Der große und kräftige Daniel gerierte sich gerne als Rocker, auch wenn er weder Führerschein noch Motorrad besaß. Zahlreiche Tattoos „zierten" seinen Körper, in den sozialen Medien gab er gerne damit an, „lästige Menschen aus der Welt zu schaffen".

Kein Wunder, dass Eren an seinen früheren Schulfreund dachte, als ihm Maria lästig wurde. Wegen gefährlicher Körperverletzung, Führens einer Waffe ohne Waffenschein, Beleidigung, Diebstahls und Sachbeschädigung hatte Daniel bereits mehrere Ermittlungsverfahren hinter sich gebracht. Die Freizeitarbeiten und das Anti-Gewalt-Seminar, zu denen er dabei verdonnert wurde, hatten offensichtlich – wie so oft – keinen Erfolg gezeitigt.

Erens engster Freund war skeptisch ob dieser neu entstehenden Freundschaft. Ihm schwante Unheilvolles, denn für „leeres Gelaber" hielt er Erens vorhergehende Prahlereien dann nicht mehr, als dieser und sein als „Problemlöser" berüchtigter Kumpel am 24. August 2014 mit einem geliehenen Auto Maria in Berlin-Hohenschönhausen abholten und anschließend telefonisch nicht mehr erreichbar waren. Eher ungewöhnlich für die „Generation Smartphone". Sowohl sein Freund als auch seine inzwischen benachrichtigten Eltern schickten Kurznachrichten auf Erens Handy und baten inständig:

„Eren, mach keine fehler ich stehe zu dier mama auch wir werden schon eine lösung finden geh bitte ans telefon"

„Schatz mach nicht so geh ran ans telefon ruf papa an er ist draussen und weint er will nur mit dir reden, er weiß nicht was er machen soll ..."

„Eren mach aus einer fliege keinen elefanten geh bitte an dein telefon ich mach mir sorgen wir finden schon eine lösung"

„Eren bitte melde dich jetzt dein Vater geht es nicht gut wallah er fast ganze zeit sein Herz an."

Eine Suche nach den Dreien blieb erfolglos. Offenbar nahm sich Eren aber die Nachrichten seiner Eltern zu Herzen, denn es passierte nichts. Eren und Daniel hatten den Plan vorerst auf Eis gelegt und Maria hatte offenbar keinen Verdacht geschöpft. Doch Erens Gedanken schwirrten weiter um eine „Problemlösung". Während er grübelte, schwängerte der verantwortungslose junge Mann eine Freundin, die sich aber zur Abtreibung überreden ließ. Ein Problem gelöst, das andere noch nicht.

Maria, die, als sie von Erens Fehltritt erfuhr, seit November 2014 keinen Kontakt mehr zu ihm hatte, machte sich währenddessen im Kreis ihrer Freundinnen und ihrer Verwandtschaft gewissenhaft über ihre kommende Rolle als Mutter eines kleinen Mädchens schlau. Sie wollte mit dem Baby, das sie Dilara nennen wollte, in eine eigene Wohnung ziehen. Eine Freundin gab ihr den Rat, sich rechtzeitig beim Jugendamt zu melden, damit sich das Amt um alle Angelegenheiten kümmern konnte. Das tat Maria. Eren bekam daher folgendes Schreiben vom Jugendamt: „Die Mutter des o. a. Kindes hat Sie als Vater benannt. Die Vaterschaft kann auch schon vor der Geburt des Kindes anerkannt werden. Die Vaterschaftsfeststellung kann entweder durch Anerkennung in einer öffentlichen Urkunde oder durch gerichtliche Entscheidung erfolgen. Die Urkunde über die Anerkennung der Vaterschaft kann von einer Urkundsperson des Jugendamtes aufgenommen werden; hierfür werden in der Regel keine Gebühren erhoben, während bei einem gerichtlichen Verfahren Kosten entstehen. Vorab besteht auch die Möglichkeit, ein außergerichtliches Gutachten erstellen zu lassen. Für die Durchführung und hierbei anfallenden Kosten sind Sie selbst verantwortlich. Falls Sie zur Anerkennung nicht bereit sind, bitte ich Sie, mir die Gründe schriftlich mitzuteilen."

Eren T. erhielt den Brief wahrscheinlich am Freitag, dem 16. Januar 2015. Offensichtlich war dieses Schreiben der Auslöser für die Tat und damit Marias Todesurteil. Nun war Eren entschlossen, das „Problem" endgültig aus der Welt zu schaffen. Die gutmütige Maria hatte schon einige Tage zuvor wieder Kontakt zu Eren aufgenommen. Sie liebte ihn noch immer, wollte keinen Streit und glaubte an einen möglichen Neuanfang. In einer WhatsApp-Nachricht schrieb sie: „Eren, mir ist einiges klar geworden. Ist viel passiert viel schlechtes aber auch gutes und jetze fängt ein neues Jahr an und ich finde das ist irgendwie eine gute Gelegenheit für einen Neuanfang. Wir werden Eltern und wir sollten an 1. Stelle an unsere Tochter denken und uns verstehen und zsm reißen immerhin soll sie glücklich aufwachsen das ist doch Wunsch von uns beiden oder. Ya ich war sauer auf dich aber du musst mich auch verstehen aber scheiß auf alles was 2014 war... die Vergangenheit ist mir jetze egal wenn du willst koennen wir uns treffen und persönlich reden wie du magst kannst dir das überlegen ..."

Erneut entspann sich zwischen ihnen ein Kontakt. Sie chatteten. Maria schickte ihm Fotos von ihrem Babybauch und lud ihn zu sich ein. Er aber vertröstete sie, denn er plante – nachdem er zuvor noch gezögert hatte – nun Fürchterliches und nahm erneut Kontakt zu Daniel M. auf. Sie verabredeten sich per WhatsApp und terminierten die Ermordung Maria P.s und ihres ungeborenen Kindes auf Donnerstag, den 22. Januar 2015. Man kann nicht sonderlich clever sein, wenn man derartige Pläne quasi schriftlich fixiert. Aber offensichtlich glaubten die jungen Männer in ihrer Naivität, dass ihr Plan geheim bleiben würde. Sie sollten sich irren. Die Polizei las später alle Nachrichten auf dem Handy aus:

Montag, 19. Januar 2015

EREN: „Daniel ich bins eren meine neue nr
Meld dich mal ist
Wird diese Woche dieses mal sicher beendet"

DANIEL: „Deine neue Nummer"

EREN: „Jo...Diese Woche ich mache das was wir vor hatten aber diesmal sicher"

DANIEL: „Ich ruf dich an"

Dienstag, 20. Januar 2015
DANIEL: „Lass es Donnerstag machen"

Der ungebändigte Mitteilungsdrang der heutigen Generation in sozialen Medien oder mittels moderner Kommunikationsmittel macht es der Polizei offenbar erheblich leichter als früher, ein Verbrechen aufzuklären. Das Landeskriminalamt Berlin konnte jedenfalls mit den beschlagnahmten Smartphones und mittels Funkzellenabfragen sowohl die ganze Vorgeschichte als auch das Verbrechen selbst minutiös rekonstruieren.

Wie erwähnt, chatteten Maria und Eren seit dem 13. Januar wieder regelmäßig miteinander. Maria hoffte offenbar auf einen Neuanfang der Beziehung zu Eren. Die Gelegenheit war günstig, denn sie hatte zwischen dem 16. und dem 22. Januar sturmfreie Bude und wollte, dass Eren sie besucht. Er ließ Maria erst einmal schmoren, denn er war immer noch verärgert wegen des Briefes vom Jugendamt, plante das Verbrechen und flirtete zwischendurch mit einer neuen Internetbekanntschaft.

Das Gericht beschreibt das im Urteil so: „... ab dem Nachmittag des 16. Januar 2015 meldete sich Eren T. auf mehrere Nachrichten Maria P.s *(‚Habe eingekauft koennen morgen lecker essen.' ... ‚Eren' ... ‚Warum antwortest Du nicht mehr?')* bis zum Nachmittag des 17. Januar 2015 nicht mehr, um ihr sodann das für den Abend des 17. Januar 2015 avisierte Treffen abzusagen (WhatsApp 16.50 Uhr: *‚Ich kann heut nicht kommen, gehe nach der Hochzeit zu Caner und so die heulen sonst rum.'*) und meldete sich auch den gesamten Sonntag, den 18. Januar 2015, nicht mehr, woraufhin Maria P. zwei Tage lang traurig und verärgert war (WhatsApp 18. Januar 2015, 17.28 Uhr: *‚Eren ich versteh schon ich bin dir egal wie die ganze Zeit auch schon...und wenn du irgendwann eine andere hast und heiratest behandel' sie gut';* WhatsApp 19. Januar 2015, 22.08 und 22.09 Uhr: *‚ok du hast mit mädchen kontakt kein Problem...aber ständig zu lügen ist das letzte'... ‚Egal, mach was du willst Kathi haste ya auch geschwängert kannst froh das sie abgetrieben hat oh e scheiß wie kann man nur so sein.'*)."

Dass Eren Maria schließlich trotz dieser Vorhaltungen in der Nacht zum 20. Januar doch noch besuchte und dort übernachtete, diente wohl nur dazu, Maria in Sicherheit zu wiegen, denn erst wenige Stunden zuvor hatte er Daniel zum gemeinsamen Handeln aufgefordert. Eine Freundin sagte vor Gericht aus, dass Maria seit Erens nächtlichem Besuch überaus glücklich war und darauf hoffte, dass nun alles wieder gut werden würde. Danach musste Maria wieder auf ihren geliebten Eren verzichten, denn der gab vor, krank zu sein, während Maria flehentlich auf seinen erneuten Besuch drängte. Eine Freundin von ihr, mit der sie auch im ständigen Kontakt stand, sagte vor Gericht aus: „Letztlich hat sie von Dienstagfrüh bis Donnerstagabend gewartet, weil er sie immer wieder vertröstet hat. Er hat zu ihr gesagt, dass es ihm nicht gut gehe und er krank zu Hause sei.“ Auch am Mittwoch sagte er ihr ab, kündigte aber seinen Besuch für den nächsten Tag an. „Wir treffen uns morgen heute bleibe ich zuhause. Wir gehen morgen einkaufen ein wenig für baby und soo.“ Maria war darüber zwar traurig, wie die Polizei im Chatprotokoll nachlesen konnte, aber Eren gelobte ihr, am nächsten Tag alles wiedergutzumachen. Er versprach: „Morgen wird ein wunder wunder wunder wunder wunder wuuuunderschöner Tag“. Geradezu perfide, denn das Verbrechen hatte er bereits fix geplant. Es waren nur noch einige Vorbereitungen zu treffen.

MARIA: „Weiß aber nicht ob du hier pennen kannst weil ich weiß ya nicht wann meine Eltern kommen am Freitag deswegen will ich ja das du heute kommst“

EREN: „Wir werden schon ein paar mal zsm schlafen vertrau mir. [...] lass dich überraschen“

MARIA: „Hmm :(“

EREN: „Wie morgen den Tag musst du dich auch überraschen lassen.“

MP: „Ok ich vertrau dir mal.“

EREN: „Jap =)“

MARIA: „Und was machst du jetze so heute ?“

EREN: „Nichts ausruhen...und hoffen das ich morgen wieder 100 % fit bin“

Erens Plan war aufgegangen, und sorglos wartete Maria voller Vorfreude auf die versprochene Überraschung und auf das Wiedersehen des sich am nächsten Tag um Stunden verspätenden Eren. Der hatte allerdings vorher viel zu tun. Er müsse seinem Vater beim Renovieren helfen, log er. Die Wahrheit konnte er ja schlecht sagen, denn gemeinsam mit Daniel M. besorgte er die Tatwaffen. Schreckschusspistole, Pfefferspray und seinen Teleskopschlagstock hatte dieser bei einem Freund gebunkert. Ein 34 Zentimeter langes Brotmesser mit einer spitz zulaufenden, 20 Zentimeter langen Klinge wurde von Daniels Schwiegermutter gestohlen und ein Ein-Liter-Benzinkanister bei Daniels Arbeitgeber mitgenommen. Während sie mit dem geliehenen Transporter unterwegs waren, hörten sie die CD einer deutsch-türkischen Rapband, mit der sie sich möglicherweise für die Tat aufputschten. Ein Lied hatte folgenden Text: „(...) ich mache jetzt Walter kalt, in einem kalten Wald (...) brennende Kerzen, brennende Menschen, wie das Feuer in meinem brennenden Herzen (...) lernst mich jetzt kennen du schäbiges Mädchen und endest am Ende wie Kennedys Schädel, ich hänsel und quäl euch, wie Hänsel und Gretel (...) pack die Machete, hack deine Kehle (...) halt deine Fresse, ich scheiss auf dich Möse, Doubletime, schlag dein Schädel mit 'nem Hammer ein (...)."

Maria wartete währenddessen vertrauensselig. Warum auch nicht, denn was unmittelbar bevorstand, war ja an sich unvorstellbar. Wie die Polizei später auf einem Video sehen konnte, befüllte Eren den Benzinkanister an einer Tankstelle in der Nähe von Marias Wohnung. Das war 20.35 Uhr, kurz vor seiner Ankunft bei Maria. Er tankte 4,23 Liter Superbenzin für 5,03 Euro. Kurz danach holte er gemeinsam mit Daniel Maria ab. Sie fuhren von Berlin-Hohenschönhausen nach Berlin-Adlershof. Maria dachte, Eren wolle dort seinen Kumpel absetzen. Dem war aber nicht so.

In einem dort angrenzenden einsamen Waldstück der Köllnischen Heide sollte Maria ermordet werden. Daniel kannte sich dort sehr gut aus. Er führte verdeckt das Brotmesser mit sich. Eren hielt den metallenen Teleskopschlagstock verborgen. Er war auch derjenige, der den mit Benzin gefüllten Benzinkanister trug. Maria ahnte selbstverständlich nichts und leuchtete mit der Taschenlampenfunktion ihres Handys den Weg aus. Warum sie so einfach dorthin mitgegangen war, konnte das Gericht nicht nachvollziehen, aber Maria war anscheinend nicht misstrauisch geworden. Genötigt wurde sie jedenfalls offenbar nicht. Daniel M. sollte später aussagen, dass Eren T. behauptete, seinem Bruder helfen zu müssen, der angeblich in der Nähe mit seinem Roller ohne Sprit stehe. Auch das könnte eine plausible Erklärung dafür sein, dass Maria arglos mitging.

Marias Schwägerin, mit der sie am 22. Januar, kurz bevor Eren sie abholte, noch über WhatsApp Kontakt hatte, hatte sie noch gewarnt und wollte ihr das Treffen mit Eren ausreden, aber Maria nahm Eren in Schutz.

MARIA (19.29 Uhr): „Er hat mich grad angerufen er hat sich entschuldigt weil es so spät ist weil er muss ya das Haus mit sein Vater renovieren bevor die einziehen und deswegen sein Vater hatte noch was vor er ist aber gleich hier meinte er"

SCHWÄGERIN (19.33 Uhr): „Mhhh dit weiß man alles vorher"

MARIA (19.34 Uhr): „Nein so was aber nicht"

SCHWÄGERIN (19.41 Uhr): „Na jaaaaa ik vertrau ihm nicht"

MARIA (19.41/42 Uhr): „Er hat mich sogar Schatz genannt und hat sich total verändert. ich warte erst mal ab."

SCHWÄGERIN (19.43 Uhr): „Na ja vergiss nicht was er alles sagte auch zu deiner Familie."

MARIA: „Ya aber Vergangenheit ist Vergangenheit"

SCHWÄGERIN: „Und er wees das er mit dir das machen kann weil dein Herz an ihn hängt"

MARIA: „Neues Jahr neues Glück. [...]

SCHWÄGERIN (19.50 Uhr): „Okay sei vorsichtig"

MARIA: „Keine Sorge wenn er was vor gehabt hätte hätte er es schon längst getan" [...]

SCHWÄGERIN (20.36 Uhr): „Du wartest den ganzen Tag Marie"

MARIA: „Also ich hoffe die Überraschung lohnt sich solange gewartet zu haben."

Nach einem Fußweg von etwa 400 Metern waren Maria, Eren und Daniel inzwischen in der Mitte des Waldes angelangt. Ob Maria langsam misstrauisch geworden war? Wohl eher nicht, aber dazu wäre es jetzt ohnehin viel zu spät gewesen. Laut Gericht schlug zunächst Eren urplötzlich mit dem Teleskopschlagstock auf Marias Rücken ein. Danach stach Daniel mit dem Brotmesser drei- bis viermal zu. Die Klinge drang 17 Zentimeter tief ein, verletzte Maria allerdings noch nicht allzu schwer, denn weder innere Organe noch die Muskulatur wurden dabei beschädigt. Maria versuchte den Angriff abzuwehren, was man an ihren Schnittverletzungen an der Hand feststellen konnte. Daniel hielt Maria daraufhin fest, während Eren sie mit Benzin überschüttete. Dann zündete Eren seine eigene Freundin an. Maria konnte noch zwei bis drei Meter laufen und versuchte, die brennende Jacke auszuziehen. Danach brach sie zusammen. Brennend fiel sie auf den Rücken und starb äußerst qualvoll. Infolgedessen starb in ihrem Bauch auch das fast komplett ausgereifte, gesunde Mädchen, das den Namen Dilara tragen sollte. Es ist unbegreiflich, wie man so etwas machen kann. Genauso unbegreiflich ist, wie die Täter glauben konnten, damit durchzukommen.

Noch in derselben Nacht ging Eren um 3.00 Uhr morgens in Begleitung seiner Eltern zur Polizei und erstattete eine Vermisstenanzeige. Die Polizeiwache war nur etwa zehn Minuten vom Haus seiner Eltern entfernt. Er erzählte dort, dass er mit Maria zu einem Kinoabend verabredet gewesen sei. Tagsüber sei er mit seinem Bekannten Daniel ins Gespräch gekommen und habe seine Probleme mit Marias Schwangerschaft geschildert. Daraufhin habe Daniel geprahlt, dass er gerne Maria umbringen könne, weil er schon immer mal wissen wollte, wie sich das anfühlt, einen Menschen zu töten. Er habe das Gequatsche vom Nachmittag zunächst nicht ernst genommen, aber nun sei ihm schon komisch zumute. Vor allem nach den Vorkommnissen in den Stunden zuvor: Nachdem er am Abend Maria zum Kinoabend abgeholt hatte, wollte er Daniel nach Hause fahren, aber der habe plötzlich das Auto gekapert, als er selbst kurz zum

Pinkeln ausgestiegen war. Später dann habe er Daniel zwar wiedergetroffen, aber der habe sich seltsam benommen und ihm bedeutungsschwanger mitgeteilt: „Ich habe die Sache erledigt. Mach keinen Mist!" Nun mache er sich ziemliche Sorgen um Maria, die er seitdem nicht mehr erreicht habe.

Nicht die feine englische Art, seinen „Kumpel" so ans Messer zu liefern, aber eine ziemlich durchsichtige Geschichte, vor allem, weil er ungefragt erzählte, dass Daniel ein Brotmesser, einen Teleskopstock und eine Waffe gehabt habe, die er angefasst habe, während Daniel die ganze Zeit Einweghandschuhe getragen habe. Er erzählte auch etwas von einem Benzinkanister, den er im Auftrag von Daniel an einer Tankstelle gefüllt habe. Damit offenbarte Eren Täterwissen. Das Gericht urteilte: „(...) nur die Täter wussten jedoch, dass das Brotmesser, der Teleskopschlagstock und der Benzinkanister tatsächlich zur Tatausführung mitgenommen wurden und am Tatort zurückblieben. Trotz der eher unterdurchschnittlichen Intelligenz von Eren T. hält die Kammer ihn für hinreichend schlau, dass er erkannte, dass diese drei Sachen mit hoher Wahrscheinlichkeit nach dem Auffinden der Leiche von der Polizei als Beweismittel sichergestellt und kriminaltechnisch untersucht werden würden, was möglicherweise den Tatverdacht auf ihn lenken würde und dass er dem durch seine frühen Erklärungen entgegenwirken wollte." Die Polizeibeamten glaubten ihm kein Wort. Das Ganze war ja auch ziemlich unglaubwürdig. Außerdem verhielt er sich nicht so, als ob er wirklich große Sorgen um eine geliebte Person gehabt habe. Während er auf der Polizeiwache war, rief er früh um 4.00 Uhr einen Cousin an, der nach Maria schauen sollte. Auch das ein untauglicher Versuch, von seiner Täterschaft abzulenken. Im weiteren Verlauf der Vernehmung, die die ganze Nacht dauerte, erfuhren die Beamten, dass eine verbrannte, jedoch noch nicht identifizierte Frauenleiche von Spaziergängern gefunden worden sei. Die waren im Morgengrauen mit ihren Hunden in der bei Hundehaltern beliebten Köllnischen Heide Gassi gegangen, als sie die Leiche entdeckten.

Inzwischen war auch Daniel M. auf einer anderen Polizeiwache erschienen, und es kam, wie es kommen musste. Daniel beschuldigte Eren und versuchte sich selbst reinzuwaschen. Ein altbekanntes Muster. Er wurde zunächst als Beschuldigter einer Strafvereitelung vernommen, weil er aussagte, dass er das Anzünden gesehen habe. Doch auch er verstrickte sich in zahlreiche Widersprüche. Kein Wunder, dass der vernehmende Polizeibeamte ihm nun seine Rechte erklärte und ihm riet, einen Anwalt anzurufen. Auch in Daniels Erläuterungen spielte eine Pinkelpause eine wichtige Rolle. Gerade als er Austreten gegangen war, soll Eren – zu Daniels angeblichem Entsetzen – dies ausgenutzt haben, um die Tat auszuführen. Er selbst habe leider nicht mehr eingreifen können. Später erzählte er dann, dass er versucht habe, Maria zu helfen, und dabei mit dem Brotmesser auf Eren eingestochen, aber „aus Versehen" Maria getroffen habe. Viel später gab er zu, Marias Kopf gehalten zu haben, während Eren das Benzin über sie schüttete. Er habe das aus Angst vor Eren getan, damit der nicht auch ihn abstechen würde. Gerade Letzteres war bei seiner Statur und seinem Ruf wenig glaubwürdig. Während er bei 1,85 Meter Größe und einem Gewicht von 100 Kilogramm von kräftiger Statur war, wog der 15 Zentimeter kleinere, filigrane Eren gerade mal 53 Kilogramm. Nach alldem verwundert es nicht, dass sowohl Eren T. als auch Daniel M. noch in derselben Nacht in Untersuchungshaft kamen.

Der Prozess vor der Jugendkammer der 13. großen Strafkammer des Landgerichts Berlin begann am 8. Oktober 2015. Während der Verhandlung schwiegen die beiden an allen 19 Verhandlungstagen. Doch das nützte ihnen kaum. Beide hatten in den Vernehmungen schon genug geplaudert. Die Vernehmungsbeamten sagten vor Gericht aus, was die beiden erzählt und welchen Eindruck sie dabei gemacht hatten. Eren sei dabei total cool geblieben, Daniel dagegen vollkommen aufgelöst. Nach ihrem äußeren Erscheinungsbild sollte man meinen, dass es eher umgekehrt hätte sein müssen. Insgesamt ergab sich jedoch ein eindeutiges Bild. Beide hatten sich in Widersprüche verwickelt, ihre Aussagen waren unglaubwürdig, und für die Polizisten war recht schnell klar, dass die beiden jungen Männer etwas mit der Tat zu tun hatten. Außerdem war die Beweislage eindeutig.

Neben den vielen Chatprotokollen gab es auch eindeutige forensische Beweise. An Daniels Hose war Blut von Maria, was auf einen engen körperlichen Kontakt hinwies. Zudem war die Hose voller Benzin. Ein Zeuge sagte aus, dass Daniels Kleidung sehr nach Benzin gerochen habe und er vergeblich versucht habe, den Geruch mit Deo zu überdecken. Dies alles deutete darauf hin, dass er Maria festgehalten hatte, während Eren den Benzinkanister über die wehrlose, im achten Monat schwangere junge Frau leerte. Marias DNA an seinen mit Benzin getränkten schwarzen Strickhandschuhen sprach eindeutig für den beschriebenen Tatablauf. Die Vielzahl von DNA-Spuren sprach gegen eine zufällige Übertragung. Für den beschriebenen Tatablauf sprach auch der unterschiedliche Grad der Beschmutzung der Kleidung mit Benzin. Denn auch an Erens Hose war Benzin – allerdings in geringeren Spuren. Erens bei der Tat getragene und nach Benzin riechenden Kleidungsstücke waren bei seinen Eltern sichergestellt worden. Ein Sachverständiger stellte fest, dass das Benzin an den Bekleidungsstücken identisch war mit dem vom Tatort. Erens Verteidiger versuchte, die Benzinkontaminierung auf das Betanken zurückzuführen. Das Gericht hielt das jedoch nicht für stichfest, da verschiedene Kleidungsstücke mit dem Superkraftstoff verunreinigt waren, während dort wiederum kein Diesel zu finden war, obwohl Eren für die Fahrt an jenem Tag auch zweimal Diesel nachgetankt hatte. Beider DNA wurde außerdem an blauen Plastikhandschuhen gefunden, die sie für die Tat benutzt hatten. Daniel hatte seine bei einem Freund gelassen, wo sie die Polizei später fand. Eren hatte seine zwischen Autositzen entsorgt, wo sie ebenfalls später gefunden wurden. Ein Beweis, dass sie alles genau geplant hatten und keine Fingerabdrücke hinterlassen wollten. Von der Beweislage her war es also nicht besonders knifflig, beide zu verurteilen.

Die Angeklagten waren Mittäter im Sinne des § 25 Abs. 2 StGB. Sie hatten die Tat gemeinschaftlich ausgeführt, dahingehend gab es für das Gericht keinerlei Zweifel. Beiden waren daher die Tatbeiträge des jeweils anderen zuzurechnen. Marias Verbrennungstod war laut Gericht keine Verkettung unglücklicher Umstände, wie die Verteidigung glaubhaft zu machen versuchte. Maria war offenbar vollkommen arg- und wehrlos, als sie in den Wald gelockt wurde. Während der Fahrt soll sie sich mit Eren noch verliebt und Händchen haltend unterhalten haben, so sagte es Daniel bei der Vernehmung aus. Gewalt war nicht im Spiel, wie mehrere Zeugen bestätigten, die die drei auf dem Weg zum Tatort gesehen hatten. Wie eiskalt muss man sein, eine hochschwangere Frau, die glaubt, mit dem Vater ihres Kindes wieder zusammenkommen zu können, auf eine solch grausame Weise zu beseitigen – und das gemeinsame Kind gleich mit! Beide Täter handelten also eindeutig heimtückisch. Ein Mordmerkmal im Sinne des § 211 StGB war erfüllt.

Das Tatgeschehen war außerdem überaus barbarisch. Maria verbrannte bei lebendigem Leib. Die Gerichtsmediziner konnten dies anhand von sogenannten Krähenfüßen an Marias Augenwinkeln sehen. Gelangt Rauch in die Augen, versucht man diese instinktiv zu schließen, wodurch kleine Falten in den Augenwinkeln entstehen, in die sich kein Ruß setzt – sogenannte Krähenfüße. Ein sicheres Zeichen, dass das Verbrennungsopfer noch gelebt hat. Außerdem kann man die Kohlenmonoxid-Konzentration im Blut messen. Nur wenn der Mensch lebt, kann er die Gase noch einatmen. Marias Blut hatte eine signifikant hohe Kohlenmonoxid-Konzentration. Im Übrigen war sie noch zwei bis drei Meter gelaufen und hatte versucht, in ihrem verzweifelten Todeskampf ihre bereits lichterloh brennende Jacke über den Kopf zu ziehen. Es gelang ihr offensichtlich nicht mehr. Auch das konnten die Gerichtsmediziner feststellen, denn an Marias Kinn und an ihre Unterlippe waren die Reißverschluss-Clips der Jacke ebenso wie ihre Halskette eingebrannt. Es muss ein äußerst qualvoller Tod gewesen sein. Der Todeskampf dauerte wahrscheinlich mehrere Minuten.

Möglicherweise wurde sie aber nach zehn bis dreißig Sekunden ohnmächtig. Dies und der sicherlich bei Maria eingetretene Schock war auch der Grund, weshalb ein Verteidiger das Mordmerkmal Grausamkeit nicht gelten lassen wollte. Das Gericht widersprach. Zwar könne es so sein, dass Brandopfer, die unter Schock stehen, aufgrund des Adrenalinausstoßes zunächst keine Schmerzen empfinden und oftmals in Panik weglaufen, was der Evolution geschuldet sei, dennoch erleiden nach Auffassung aller bekannten Rechtsmediziner „bei Bewusstsein gebliebene Brandopfer – was auch anhand zahlreicher historischer Augenzeugen-Schilderungen öffentlicher Hinrichtungen durch Verbrennen belegt ist – vor der sie erlösenden Ohnmacht bzw. Bewusstlosigkeit eine Phase allerhöchsten Schmerzes". Es war also ein grausamer Mord. Ein weiteres Mordmerkmal im Sinne des § 211 StGB.

Das Gericht meinte zudem, dass bei Eren T. auch niedere Beweggründe vorlagen. Maria sollte sterben, damit er sich nicht einschränken musste. Das war absolut egoistisch, rücksichtslos und daher besonders verwerflich. Damit lag ein niedriger Beweggrund im Sinne des § 211 StGB vor.

Auch bei Daniel M. wurde vom Gericht ein drittes Mordmerkmal als erfüllt angesehen. Sein Tatmotiv sei einzig und allein Mordlust gewesen – auch dies ein Mordmerkmal im Sinne des § 211 StGB. Das Gericht führte dazu aus: „Daniel M. erklärte sich gegenüber Eren T. zum Mittun bereit, weil er so die Gelegenheit fand, in einer Mischung aus dumpfem Mutwillen, Angeberei und Langeweile gemeinsam einen Plan zur Tötung eines Menschen zu entwickeln und auch in die Tat umzusetzen und dies – jedenfalls bis zur Tatvollendung – für sich selbst als ‚Adrenalinkick' ansah."

Beiden Tätern waren also drei verschiedene Mordmerkmale zuzurechnen. Sie waren außerdem voll schuldfähig, eine Affekttat kam nicht in Betracht. Zwar hatten Eren und Daniel eher unterdurchschnittliche Intelligenzquotienten von nur 87 beziehungsweise 79, sie waren aber weder schwachsinnig noch geisteskrank und wussten daher genau, was sie taten.

Laut Kriminalstatistik sind bei der Hälfte der Tötungsdelikte an Frauen deren Partner die Täter. Meist sind es keine besonders gewalttätigen Männer, fünfzig Prozent von ihnen waren zuvor nie als Gewalttäter auffällig geworden. Insoweit passte Eren also ins Bild. Sein bisheriger Lebensweg sei laut Gutachterin „für Berlin-Neuköllner Verhältnisse" erstaunlich unauffällig verlaufen. In der Schule hatte er zu den Braven gehört und – glaubt man den Schulzeugnissen – gute soziale Kompetenz bewiesen. Bei den Mädchen war der charmante „Hänfling" mit den großen Augen durchaus beliebt. Die Aggression des laut Gutachterin sturen und selbstgerechten Eren habe sich eigentlich weniger gegen Maria, sondern gegen das ungeborene Kind gerichtet. Die Sachverständige war davon überzeugt, dass Eren T. „mit sich im Reinen" sei, also keine Reue verspüre: „Über Stufen der ‚Selbstkorrumpierung' habe Eren T. – vor dem Hintergrund einer Frauen abwertenden Peergroup, in der Frauen, aber auch eigene Freundinnen, regelmäßig als ‚Votzen' und ‚Schlampen' bezeichnet worden seien – innere und äußere Hemmschwellen überwunden, indem er Maria P. und ihre Leibesfrucht für sich als ‚Problem' verdinglicht und er es sich schließlich – nach einer Phase des Abwägens – unter Ausschaltung von Emotionen selbst erlaubt habe, mit Hilfe eines von ihm ausgewählten Mittäters das ‚Problem' endgültig aus der Welt zu schaffen."

Der stiernackige, tätowierte Daniel mit seinen kurz geschorenen roten Haaren hatte überhaupt keine Beziehung zu Maria und half dennoch dabei, sie zu ermorden. Aus Mordlust und aus Langeweile, wie das Gericht konstatierte. Im Gegensatz zu Eren war er nicht mit sich im Reinen. Er schien mit seiner Tat zu hadern. Anders als sein Aussehen vermuten ließ, war Daniel nicht besonders selbstsicher. Möglicherweise war das aber auch der Grund für sein Auftreten und seine Prahlereien als „Problemlöser".

Nach viermonatiger Verhandlung und 19 Prozesstagen sprach das Landgericht am 19. Februar 2016 das Urteil. Sowohl Daniel M. als auch Eren T. wurden wegen Mordes in Tateinheit mit Schwangerschaftsabbruch zu einer Jugendstrafe von vierzehn Jahren verurteilt. Die besondere Schwere der Schuld wurde bei beiden festgestellt.

Nach der Urteilsverkündung forderte ein Zuschauer lautstark „lebenslang, mindestens". Ein Bruder von Maria P. soll gesagt haben, dass er wenigstens eine Entschuldigung erwartet habe, aber er habe die beiden, die ihn während der Verhandlung keines Blickes würdigten, als vollkommen emotionslos erlebt. Es sei ungerecht, dass es für die beiden eine Zeit nach dem Gefängnis gebe, während seine Schwester nie mehr zurückkomme, sagte er. Eine verständliche Reaktion, aber es gibt gute Gründe, weshalb Heranwachsende höchstens für 15 Jahre eingesperrt werden können. Ihnen soll nicht die ganze Zukunft verbaut werden, wenn sie als unreife Teenager eine Tat begangen haben, die sie später bereuen. Diese Höchstgrenze gibt es erst seit September 2012, zuvor belief sie sich auf zehn Jahre. Verhängt werden können 15 Jahre nur, „wenn dies wegen besonderer Schwere der Schuld erforderlich ist", wie es in der Neufassung des Jugendgerichtsgesetzes heißt. Das hatte das Gericht im vorliegenden Fall als zutreffend gesehen, was vollkommen nachvollziehbar ist.

Besonders schwer ist die Schuld insbesondere dann, wenn mehrere Mordmerkmale verwirklicht sind oder wenn die Tatausführung durch besonders verwerfliche Umstände gekennzeichnet ist. Die beiden jungen Männer hatten gemeinsam einen überaus infamen Mord unter Verwirklichung von jeweils drei Mordmerkmalen begangen. Die Tat folgte keinem spontanen Entschluss, sondern war eine von Eren T. und Daniel M. verabredete, geplante und vorbereitete niederträchtige Tat. Das Gericht: „Eren T. hat Maria P. auf besonders perfide Art getäuscht und ihre Liebe zu ihm ausgenutzt, um sich ihrer zu entledigen. Daniel M. erkannte dies und tötete selbst aus reiner Sensationslust, da ihm Eren T. die Möglichkeit dazu bot. Eren T. wiederum erkannte in dem – ihm körperlich weit überlegenen – Daniel M. den für die Tatbegehung notwendigen tatgeneigten Mittäter."

Besonders strafschärfend kam hinzu, dass neben Maria auch der kurz vor der Entbindung stehende Fötus absichtlich getötet wurde. Nach Erwachsenenrecht steht auf Mord lebenslang. Für eine ähnlich grausame Tat wurde Jorge Q. (siehe das Kapitel „Der Feuermord") lebenslang eingesperrt. Die Feststellung der besonderen Schwere der Schuld wegen Grausamkeit verhindert bei ihm eine vorzeitige Entlassung nach 15 Jahren. Das Jugendstrafrecht privilegiert diesbezüglich also junge Menschen bis zum Alter von 21 Jahren. Bei einem 18- bis 21-Jährigen wird das Jugendstrafrecht dann angewendet, wenn „er zur Zeit der Tat nach seiner sittlichen und geistigen Entwicklung noch einem Jugendlichen gleichstand". Das war hier sicherlich der Fall, allerdings wird bei 19-Jährigen fast immer das mildere Jugendstrafrecht angewendet. „Leider", soll der zuständige Staatsanwalt nach einem Bericht im *Tagesspiegel* gesagt haben.

Eren habe „durch die Verwöhnung im Elternhaus und wenig Verantwortungsheranziehung die für sein Alter notwendigen Entwicklungsschritte einfach deswegen noch nicht vollzogen, weil es noch niemand – außer der schwangeren Maria P. – von ihm verlangt hatte", so das Gericht.

Auch bei Daniel seien deutliche Anzeichen einer bestehenden Unreife und Entwicklungsverzögerung zu beobachten, meinte das Gericht. Er sei bei der Geburt des ersten Kindes 16 Jahre alt und mit der Vaterschaft deutlich überfordert gewesen. Ohne Schulabschluss und Ausbildung wohnte er am liebsten bei einem Kumpel. So recht verinnerlicht schien er seine Rolle und seine Verantwortung als Vater also immer noch nicht gehabt zu haben. In den kommenden Jahren wird er auch kaum Gelegenheit dazu haben.

Beide Täter werden das nächste Jahrzehnt sicherlich im Strafvollzug erleben und dürfen sich dort nichts mehr zuschulden kommen lassen, bevor an eine Entlassung zu denken ist. Beide erhielten allerdings nicht die Höchststrafe von 15 Jahren, sondern einen „Rabatt" von einem Jahr. Grund dafür war bei beiden die Belastung durch das Verfahren und dessen mediale Begleitung vor allem in den Boulevardmedien. Daniel M. wurde vor allem seine schwere Kindheit in prekären Verhältnissen zugutegehalten, aber auch seine im Ermittlungsverfahren gemachten Angaben zum Tatgeschehen, die sich in bedeutenden Teilen als durchaus sachdienlich erwiesen hatten. Für Eren T. sprachen seine bisherige Unbescholtenheit sowie das an sich intakte familiäre und soziale Umfeld.

Das Gericht meinte jedoch auch, dass die durch die Tat deutlich gewordenen erheblichen Persönlichkeitsdefizite beider Verurteilter dringend einer Therapie bedürfen. Insbesondere bei Eren, der immer noch keine Reue zeigte. Aber gerade bei Beziehungstaten ist es häufig so, dass der Täter zunächst darauf beharrt, dass das Verbrechen unbedingt notwendig war. Erst mit einem größeren zeitlichen Abstand ändere sich dies und das eigene Handeln werde infrage gestellt – so sehen das zumindest Psychologen. Bleibt zu hoffen, dass das bei Eren in naher Zukunft auch so sein wird.

Eren und Daniel werden sich wohl in den nächsten Jahren nicht aus den Augen verlieren. Beide sitzen in der Jugendstrafanstalt in Berlin-Plötzensee ein. Eren soll laut Gericht mit der Situation seiner erstmaligen Inhaftierung relativ gut zurechtkommen. Er kennt andere Inhaftierte aus dem Neuköllner Umfeld, spielt mit Justizbeamten Schach und arbeitet in der Werkstatt. Außerdem nimmt er am Schulunterricht teil. Er darf inzwischen telefonieren, hat in seiner Zelle einen Fernseher und bekommt aller 14 Tage Besuch von der Familie. Daniel dagegen kommt in der JVA weniger gut zurecht. Ihn plagten Einschlafstörungen und Suizidgedanken. Durch den Gefängnispsychiater wurden ihm daher Antidepressiva verordnet. Im Gegensatz zu Eren war er isoliert und wurde von seinen Mitinsassen angefeindet. Inzwischen hat er sich einer Bibelgruppe angeschlossen, führt Einzelgespräche mit dem Gefängnisseelsorger, arbeitet als Hausarbeiter und ist Teil einer Hundebetreuungsgruppe. Daniel versucht zunächst, den Hauptschulabschluss nachzuholen, um danach eine Ausbildung zu beginnen. Auch er darf in seiner Zelle Fernsehen und bekommt regelmäßig Besuch von Eltern und Freundin. Manchmal kommen auch seine beiden kleinen Söhne mit.

Marias Bruder hoffte, dass seine Familie nun „endlich etwas zu Ruhe kommt". Wie man sich vorstellen kann, war es eine traurige und schwierige Zeit für Marias Familie. Ihre Mutter brach auf dem Weg aus dem Moabiter Kriminalgericht zusammen.

Die Revision der Verteidiger hatte keinen Erfolg.

Quellen

Der Tagesspiegel vom 25.01., 26.01, 29.01, 08.10.2015, 19.02.2016
Frankfurter Allgemeine Zeitung vom 08.10., 12.10.2015
Zeit Online vom 25.02.2015
Landgericht Berlin, Urteil vom 19.02.2016, Az: (513 KLs) 234 Js 18/15 KLs (19/15)

Tod eines Szenegirls

Am Dienstagmorgen, dem 19. April 2011, rief ein Anwohner in Berlin-Kreuzberg die Polizei, weil er ein seltsames, menschengroßes Bündel im Landwehrkanal im Bereich des Görlitzer Parks schwimmen sah. Die alarmierte Berliner Feuerwehr barg das Bündel um 10.20 Uhr und fand die in Mülltüten und Bettlaken eingewickelte Leiche einer jungen Frau. Kurz danach berichtete ein weiterer Anwohner, dass er im Morgengrauen gegen 4.00 Uhr von seinem Fenster aus einen nervös wirkenden dunkelhäutigen Mann beobachtet habe, der ein schweres Bündel über den Bürgersteig in Richtung Kanal zog. Dann habe er kurze Zeit später von dort ein „platschendes Geräusch" gehört.

Der Berliner *Tagesspiegel* berichtete einen Tag später, in seiner Ausgabe vom 20. April 2011: „Am Dienstag gegen 9:45 Uhr entdeckte ein Fahrradfahrer laut Polizeiangaben ein treibendes Paket im Landwehrkanal in Kreuzberg. Darin befand sich eine in dunklen Plastiktüten verpackte Leiche. (...) Die europäisch aussehende Frau soll zwischen 25 und 35 Jahre alt und 1,62 Meter groß sein. Sie wird als schlank beschrieben und soll 58 Kilogramm wiegen. Ihre schwarzen Haare waren teils zu kurzen Zöpfchen zusammengebunden. In ihrem linken Ohr soll sich ein Stecker mit grünem Stein befunden haben, im rechten ein silberner Ohrring. Um den Hals trug sie eine silberne Kette mit einem kleinen schlüsselförmigen Anhänger. Wiedererkennungswert könnten auch ein kleiner silberner Nasenring und ein Kinnpiercing besitzen. Die Fingernägel waren auffällig blaugrün lackiert."

Die 8. Mordkommission des Landeskriminalamtes bat danach in einem in der Presse verbreiteten Aufruf mit dem Bild der Toten um folgende Hinweise: „Wer kennt die abgebildete Person oder kann Hinweise auf eine Person geben, auf die die Personenbeschreibung zutrifft? Wer hat in der Nacht zu Dienstag, 19. April 2011, im Bereich des Görlitzer Ufers oder den umliegenden Straßen etwas Verdächtiges gesehen?"

Der Aufruf hatte Erfolg, denn bereits eine Woche später war die im Landwehrkanal treibende Leiche identifiziert und ein 29-jähriger Senegalese unter dringendem Tatverdacht festgenommen worden.

Das Opfer war die 27-jährige Pilar V. Die aus Frankreich stammende junge Frau hatte erst seit einigen Monaten in Berlin-Kreuzberg gelebt. Sie war Performance-Künstlerin und suchte hier nach Auftrittsmöglichkeiten in Szeneclubs. Pilar war laut Aussagen von Zeugen „immer nett und gut gelaunt". Im Grunde interessierte sie sich nur für ihre Kunst. Sie verließ kaum ihre Wohnung und saß meistens rauchend vor ihrem Computer, mit dem sie auch ihre Musik komponierte. Berlin sollte für Pilar lediglich eine Zwischenstation sein, denn sie wollte weiter nach Japan. Die junge Frau interessierte sich brennend für moderne japanische Kunst. Ihre Auftritte, eine Mischung aus Tanz und der Präsentation elektronischer Musik, sorgten in der alternativen Kunstszene regelmäßig für Aufsehen. In der späteren Urteilsbegründung hieß es: „Das spätere Tatopfer – Pilar V. – (...) komponierte elektronische Musik und hatte in der Vergangenheit Musikvideos für ihr Projekt ‚I'm in love' auf der Internetplattform Facebook eingestellt (...). Obwohl Pilar V. in der Musikszene einen gewissen Bekanntheitsgrad hatte, verdiente sie mit ihrer Kunst nur wenig Geld und lebte von staatlicher Unterstützung aus Frankreich." Zwar erschien Pilar V. in ihrem frechen Outfit und mit ihren provokanten Performances und Videos als typisches Szenegirl, doch war sie im Grunde wohl eher ein zurückhaltender und mitunter schüchterner Mensch. Vielleicht auch deswegen war die 27-Jährige der festen Überzeugung, dass Drogen ihre künstlerische Produktivität steigern würden. Mit Drogen konnte sie aus sich herausgehen, ihrer Produktivität freien Lauf lassen und nachts durcharbeiten. Das Gericht konstatierte in seinem späteren Urteil: „Sie arbeitete intensiv und vorwiegend nachts an ihrem Laptop. Um sich wach zu halten, konsumierte sie regelmäßig Kokain oder das billigere Speed. Pilar V. hoffte, bald in einem Berliner Club ein Konzert geben zu können."

Auf die Spur des potenziellen Täters gelangte die Polizei, weil dieser mit dem Handy der Toten telefoniert hatte und dabei geortet worden war. Nicht besonders klug von ihm. Jeder Krimi lehrt, dies zu unterlassen, wenn man „Dreck am Stecken" hat. Da nützte es auch nichts, die eigene SIM-Karte zu benutzen. Die Ermittler gingen davon aus, dass der Senegalese Oumar G. die Frau am Tag vor dem Auffinden ihrer Leiche ausgeraubt und ermordet hatte. Die Mordkommission suchte nun weitere Zeugen für das Tatgeschehen und veröffentlichte im *Tagesspiegel* vom 4. Mai 2011 folgende Fragen: „Wer hat Pilar V. in der Nacht von Sonntag, den 17. April auf Montag, 18. April 2011 gesehen und kann Angaben zu ihren Aufenthaltsorten oder Begleitpersonen machen? Wer hat den Tatverdächtigen im Bereich der Taborstraße und des Görlitzer Parks im Zeitraum vom 17. bis 19. April 2011 – möglicherweise in Begleitung des späteren Opfers – gesehen? Wer kann Hinweise zum Tatverdächtigen und seinen Wohn- oder Aufenthaltsorten geben? Wer hat nach dem 17. April 2011 vom Tatverdächtigen Gegenstände gekauft oder geschenkt bekommen?"

Unauslöschlich sind die Einträge von Pilar V. alias Pilar B. im Internet verewigt und auf verschiedenen Social-Media-Kanälen abrufbar. Ihr letzter Eintrag stammte vom Samstag, dem 16. April 2011. *Take a Ride* steht als Titel über dem Song, den die Künstlerin morgens um 4.36 Uhr dort eingestellt hatte. Es war wohl ihre letzte Komposition – sie starb zwei Tage darauf. Ihr Blog wurde bis zum Zeitpunkt der Urteilsverkündung 1400-mal aufgerufen. Makaber.

Als Pilars Leiche im Landwehrkanal gefunden wurde, war den Rechtsmedizinern eine genaue Bestimmung der Tatzeit nicht mehr möglich. Dazu war es an diesen Apriltagen bei teils dreißig Grad Celsius bereits zu warm. „Die Verletzungen sprechen gegen eine gezielte Tötung", sagte die Rechtsmedizinerin (laut berlinkriminell.de vom 3. Januar 2012) im Prozess. Zahlreiche Stichverletzungen an Brust, Rücken und Hals, stumpfe Gewalteinwirkungen gegen Kopf und Hals der schmächtigen Frau deuteten auf eine Affekttat und heftige Abwehrreaktionen hin. Irgendwann war Pilar offenbar sogar so verzweifelt, dass sie versuchte, in die Klinge zu fassen. Milz, Leber, Lunge der jungen Französin waren schließlich so schwer verletzt, dass sie auf dem Rücken liegend verblutete. Das Gericht stellte später fest: „Ob ein einzelner Stich mit dem Messer bereits tödlich war oder ob erst mehrere Stichverletzungen zusammen zu ihrem Tod geführt haben, konnte nicht geklärt werden. Fest steht aber, dass Pilar V(...) nach kurzer Zeit verblutete."

Der *Tagesspiegel* schrieb am 4. Mai 2011, dass die Französin den Tatverdächtigen auf der Suche nach Drogen in der Gegend des Görlitzer Parks getroffen haben könnte und dass die Polizei annahm, dass dieser es auf die Wertsachen von Pilar V. abgesehen hatte und sie in der von ihm zeitweilig genutzten Wohnung tötete.

Nach Abschluss der Ermittlungen und nach Anklageerhebung begann am 22. November 2011 der Prozess gegen den vermeintlichen Täter Oumar G. Die Staatsanwaltschaft warf dem 29-jährigen Mann vor, Pilar V. aus Habgier ermordet und ausgeraubt zu haben. Habgier ist ein Mordmerkmal im Sinne des § 211 Strafgesetzbuch und daher zwingend mit einer lebenslangen Freiheitsstrafe zu sanktionieren. Zehn Messerstiche soll er seinem Opfer versetzt haben – in den Hals, den Rücken und in die Beine. Anschließend soll er ihr das Handy, ein Notebook und die Geldbörse gestohlen haben. Der Beschuldigte, der ohne festen Wohnsitz in Berlin lebte, äußerte sich anfangs nicht zu den Tatvorwürfen.

Der aus Dakar stammende, wegen Mordes angeklagte Oumar G. kam 2007 über Italien nach Deutschland. Bekannte und Freunde beschrieben ihn als guten, lieben, großzügigen Menschen. G. stammte aus einer wohlhabenden Familie und war in einem senegalesischen Dorf aufgewachsen. Als Nesthäkchen war er der Stolz seines Vaters, der eine landesüblich polygame Ehe mit drei Ehefrauen führte und über Landbesitz verfügte. Oumar, der Sohn der zweiten, weniger privilegierten Ehefrau, hatte zwei Geschwister und dreizehn Halbgeschwister. Laut Urteilsbegründung hatte er zu seiner Mutter eine sehr enge emotionale Bindung, während das Verhältnis zu seinem Vater, der in der Dorfgemeinschaft wegen seines Land- und Viehbesitzes angesehen war, eher von Respekt geprägt war. Sein in Belgien lebender älterer Bruder hielt im Prozess ein flammendes Plädoyer für Oumar, der einst ein gläubiger Muslim gewesen sein soll. Zwar habe sich ihm sein Bruder anvertraut, doch auf die Frage des Gerichts, ob er denn wisse, ob sein Bruder die Tat begangen habe, wich er aus. Er bezichtigte stattdessen die dritte Ehefrau des Vaters der Hexerei. Sie sei es, die für die Wesensveränderung des Bruders verantwortlich gewesen sei und eigentlich auf die Anklagebank gehöre. Das Gericht führte in seinem Urteil dazu lapidar aus: „Als er elf Jahre alt war, traten irrationale Ängste bei ihm auf; er zog sich von seinen Mitmenschen zurück und litt unter Schlafstörungen. Diese Entwicklung versucht er seit jeher kulturspezifisch damit zu erklären, dass er auf Betreiben der dritten Frau seines Vaters von einem Schamanen verhext worden sei."

Trotz angeblicher „Hexerei" stellte das Gericht fest, dass Oumar voll schuldfähig war: „Die Sachverständige hat zwar ausgeführt, dass aufgrund des biografischen Längsschnitts antisoziale, schizotype, paranoide und emotional-instabile Züge bei dem Angeklagten festgestellt werden können und dass diese psychopathologischen Auffälligkeiten entweder auf eine organisch bedingte Persönlichkeitsstörung oder auf eine Anpassungsstörung zurückzuführen seien. Sie hat aber auch überzeugend dargelegt, dass diese Störung den Angeklagten nicht derart in seiner Lebensführung beeinträchtigt hat (...). Trotz einer bei dem Angeklagten vorliegenden sekundären Intelligenzminderung liegt – entsprechend den Ausführungen der Sachverständigen – aus den gleichen Gründen auch kein Schwachsinn im Sinne der §§ 20, 21 StGB vor."

Mit 19 oder 20 Jahren lieh Oumar sich Geld von seinem Bruder und ging auf die Kapverden, einer dem Senegal vorgelagerten Inselgruppe im Atlantik, wo er sein Geld als Tänzer und Gigolo für europäische Frauen verdiente. Dort lernte er auch seine spätere Ehefrau, eine Italienerin, kennen. Oumar G. löste seine von der Mutter arrangierte erste Ehe in Dakar und ging mit seiner neuen Frau nach Mailand. Drei Jahre arbeitete und lebte er dort, bis es mit seiner Ehefrau – sie hatten inzwischen ein gemeinsames Kind –-zum Zerwürfnis kam. G. war weder mit den Italienern, die er für rassistisch hielt, noch mit der Familie seiner Angetrauten warm geworden. Er verließ schließlich seine Frau und die inzwischen vierjährige Tochter und strandete schließlich im Frühsommer 2010 in Berlin, wo er Drogen konsumierte und verkaufte. Außerdem prostituierte er sich in der Schwulenszene.

Oumar G. führte in der Zeit seines Berliner Aufenthaltes offenbar ein schillerndes Dasein. In den Nächten dealte er in den Seitenstraßen zwischen Kottbusser Tor und Schlesischem Tor in Berlin-Kreuzberg mit Marihuana und Speed. Er war beliebt und jederzeit gesprächs- und verhandlungsbereit. Meist fand man ihn an einem türkischen Spätkauf am Schlesischen Tor mit einer Flasche Bier. Er lebte ohne festen Wohnsitz und avancierte, allzeit gut gelaunt und immer „unter Strom“, zu Everybody's Darling. Er war nett, charmant und höflich. Das, was er verdiente, war nicht wenig. Es konnten mehrere Hundert Euro in der Nacht sein. Er brachte seinen Gewinn jedoch recht schnell und freigiebig durch. Das Gericht dazu: „Der Angeklagte schlief regelmäßig bis mittags und begab sich nachmittags in den Görlitzer Park in Berlin-Kreuzberg, um dort seiner ‚Arbeit‘, dem Verkauf von Drogen, nachzugehen. Die Betäubungsmittel verkaufte er üblicherweise für das Doppelte des Einkaufspreises. Obwohl er an einigen Tagen bis zu 800,- Euro einnahm, hatte er oft kein Geld, da er gegenüber seinen Freunden und Bekannten sehr freigebig war und große Summen an Glücksspielautomaten verspielte. Außerdem gab er viel Geld für den Konsum von Alkohol und Drogen aus. Er trank täglich mehrere Flaschen Bier, etwa einen halben Liter Wodka, rauchte Marihuana und konsumierte etwa 1,5 Gramm Speed (Amphetamine). Während er sich mit dem Speed wach halten und leistungsfähiger machen wollte, konsumierte er den Alkohol und das Marihuana zur Beruhigung. Der Konsum der

Rauschmittel in den vorbezeichneten Mengen führte aber nie zu einem Kontrollverlust."

Ein eigenes Zimmer hielt sich Oumar G., trotz seiner guten Einnahmequellen, nicht. Offenbar hatte er Erfolg mit seinem Charme und fand immer barmherzige Samariter, die ihn bei sich aufnahmen – so wie seine kurzzeitige Freundin Nadja W., die aussagte, dass Oumar eine „sehr fröhliche Aura" hatte. Sie sprach ihm daher jegliche Fähigkeit ab, einen Mord zu begehen. Zwar habe es drei Monate vor der zur Rede stehenden Tat zwischen ihnen eine tätliche Auseinandersetzung gegeben, bei der er sie an der Kehle gepackt hatte, wobei er ihr aber – laut ihrer Aussage – nicht wehtun wollte und sie selbst den Konflikt provoziert habe.

Dem reichlich vorhandenen Charme von Oumar schien auch die Reporterin eines Szeneonlinemagazins hoffnungslos verfallen gewesen zu sein. Sie veröffentlichte eine Woche vor der Tat unter dem Titel *Schlaflos durch Berlin* anonym ein Interview mit Oumar alias Jamaal, das so begann: „Vor ungefähr einem Jahr treffe ich Jamaal zum ersten Mal. Mit Kapuze auf dem Kopf und Wein in der Hand sitzt er allein vor dem Spätshop meines Vertrauens und konsumiert im Sekundentakt. Völlig verpeilt stürme ich schon fast an ihm vorbei, als mich sein ehrliches Lächeln unerwartet stolpern lässt." Nun ja, so ganz ehrlich war er ja nicht, wie sich später im Prozess herausstellte. Oumar alias Jamaal erzählte der Autorin im Folgenden seine Lebensgeschichte. In Italien habe er sich rassistisch verunglimpft gefühlt, nun fühle er sich frei und verdiene viel Geld mit Drogenverkauf. Irgendwann wolle er aber wieder in seine Heimat zurück, um eine Bar aufzumachen. Die Reporterin beschrieb, wie schnell sie eine „Art emotionale Verbundenheit" spürte: „Der Wunsch, Jaamal einmal fest zu drücken, überkommt mich. Ich tue es. Wir atmen beide tief durch und genießen die Stille, während uns ein paar verlorene Sterne ins Gesicht strahlen. Jetzt sind wir keine Fremden mehr."

Auch der 50-jährige Johannes T., ein Straßenbahnfahrer der Berliner Verkehrsbetriebe, war eine Blitzbekanntschaft des Angeklagten. Da Oumar für alle Geschlechter offen war, endete die Nacht mit einem One-Night-Stand. Auch in Johannes T. weckte Oumar fürsorgliche Instinkte, denn er gab ihm Geld für angebliche Mietschulden. Fünfmal trafen sich Oumar und Johannes. Sie unternahmen eine Radtour, schauten zusammen Fußball und trafen sich auch am Stamm-Spätkauf des Senegalesen am Schlesischen Tor auf ein Bier. Die Rechnungen beglich ausnahmslos Johannes T.

Peter St., ein weiterer Bekannter, war dagegen nicht gut auf Oumar zu sprechen. Er hatte ihm seine Wohnung in der Taborstraße für eine Woche überlassen, da er zu seinen Eltern nach Niedersachsen fuhr. Zehn Euro Miete die Nacht waren ausgemacht, außerdem sollte Oumar bereits am Sonntag, einen Tag vor Peters Rückkehr, die Wohnung frisch gesäubert verlassen haben. Als Peter jedoch am Montag, dem 25. April 2011, von seinem Osterausflug nach Berlin zurückgekehrte, war seine Wohnung immer noch frequentiert. Eine ihm fremde Frau, die Oumar mitgebracht hatte, wohnte anscheinend dort, und von seinem Untermieter fehlte jede Spur. Für Peter St. war damit eine Grenze überschritten. Er fand Oumar, der wie üblich an seinem Spätkauf saß, und brachte ihn dazu, seine Sachen zu packen. Peter wartete vor seiner Wohnung, bis seine zwei ungebetenen Gäste ausgezogen waren. Er war stinksauer.

In dieser Wohnung im Erdgeschoss des Hinterhauses, in der eine Woche zuvor Pilar V. verzweifelt um ihr Leben gekämpft hatte, waren inzwischen alle Spuren des Verbrechens beseitigt. Peter merkte jedenfalls nichts davon und fand auch keine Indizien für das, was vorgefallen war. Am nächsten Tag war sein Untermieter jedenfalls schon verhaftet und Peter erfuhr von den Vorfällen in seiner Wohnung spätestens dann, als die Spurensicherung die Wohnung in Beschlag nahm.

Was in der Tatnacht in der vorübergehenden Bleibe des Angeklagten passiert war, konnte niemand mehr mit absoluter Sicherheit sagen. Dass Pilar V. dort getötet wurde, stand allerdings außer Frage. Die Ermittler fanden zahlreiche Spuren ihres Blutes an den Wänden der Küche und des Wohnzimmers. Mit äußerster Gewalt war vorgegangen worden. Die junge Französin wurde gewürgt, geschlagen und der Täter stach zehnmal mit einem Messer auf sie ein: dreimal in den Rücken, dreimal in die rechte Seite und jeweils einmal in die linke Brust, in den Bauch, in den rechten Oberschenkel und in den Hals. Nachdem das Opfer schließlich zu Boden gegangen war, fügte er ihm einen für sich genommen nicht tödlichen, oberflächlichen und nur zögernd gesetzten Schnitt an der Kehle zu. Pilar V. muss sich vorher heftig gewehrt und mehrmals in die Messerklinge gegriffen haben, denn ihre Hände wiesen mehrere Schnittverletzungen auf. Zum Tode führte schließlich der Blutverlust. Nachdem Oumar von seinem Opfer abgelassen hatte, war er sicher, es getötet zu haben. Laut Gericht ließ er das Messer fallen und begab sich in den angrenzenden Wohnungsflur, um sein Opfer nicht betrachten zu müssen. Nachdem er dort etwa eine Stunde auf dem Boden gesessen hatte, verließ er die Wohnung, lief ziellos durch die Stadt und trank ein paar Bier, um „runterzukommen".

Die Beweislage, insbesondere zahlreiche DNA- und Faserspuren, wies deutlich auf Oumar G. So fanden sich an seiner Cordhose Blutspuren des Opfers. Auch auf dem Spannbettlaken, in das Pilar V. eingewickelt und zum Landwehrkanal geschleift worden war, fand sich die DNA des Angeklagten. Schließlich war auch das Handy des Opfers, das Oumar G. mit seiner eigenen SIM-Karte benutzt hatte, ein ziemlich handfestes Indiz für seine Täterschaft.

Nachdem der Angeklagte anfangs geschwiegen hatte, beschuldigte er während der Verhandlung plötzlich einen Mann namens Joe, der in Begleitung des späteren Opfers mit der Bitte an ihn herangetreten sei, ihm doch für ein Schäferstündchen den Schlüssel für seine Unterkunft zu leihen. Hierüber sei man sich rasch einig gewesen, denn er habe sowieso vorgehabt, die Zeit bis zu den Morgenstunden in einem Club zu verbringen, um seinen „Geschäften" nachzugehen. Als er bei Tagesanbruch in die Taborstraße zurückkehrt sei, habe er den Schlüssel zwar am vereinbarten Platz deponiert vorgefunden, jedoch – angeblich zu seiner großen Überraschung – auch eine junge, entsetzlich zugerichtete tote Frau. Jene Frau, die er zusammen mit „Joe“ getroffen hatte. Angeblich begab er sich danach erfolglos auf die Suche nach „Joe“, um ihn zur Rede zu stellen, und schlief dann im Görlitzer Park in der Nähe der Wohnung, da er laut eigener Aussage Angst hatte, dorthin zurückzukehren. Dies tat er erst nachts, gegen 1.30 Uhr. Mit Rücksicht auf seinen Freund Peter, dem die Wohnung gehörte, habe er einen folgenschweren Entschluss gefasst: „Ich habe geglaubt, ich muss die Leiche aus der Wohnung verschwinden lassen. So ist es passiert. So ist es passiert“, schloss Oumar G. beschwörend seinen Bericht.

Nun ja, leider mangelte es der Geschichte in mehreren Punkten an Plausibilität. Niemand wollte ihm so recht glauben. Vor allem der Richter artikulierte deutlich seine Zweifel. Unstrittig war laut Gericht, dass Oumar G. am späten Morgen des 18. April in die Wohnung zurückkehrte und sich dazu entschloss, die Leiche zu entsorgen und die Spuren der Tat zu beseitigen: „Zu diesem Zweck kaufte er Klebeband, Müllsäcke und Bettlaken. Nachdem er zwischen 12.00 Uhr und 13.00 Uhr mit diesen Gegenständen in die Wohnung zurückgekehrt war, zog er dem Leichnam die beblutete Kleidung bis auf die Unterwäsche aus, band die Hände und Füße mit einer Kordel zusammen, rollte ihn auf ein auf dem Fußboden ausgebreitetes orangefarbenes Spannbettlaken und verpackte die Leiche in das Laken, welches er mit Klebeband befestigte und unterhalb der Knie mit einer weiteren Kordel verknotete. Dieses Bündel umhüllte er mit drei Müllsäcken, die er mit Klebeband einschnürte. Als äußere Verpackung verwendete er ein dunkelblaues Spannbetttuch und verklebte es mit Paketband. Anschließend verließ der Angeklagte die Wohnung und entsorgte die Kleidung der Pilar V. im Hausmüll. Zwischen 3.00 Uhr und 3.30 Uhr des 19. April 2011 kehrte er in die Wohnung zurück, verbrachte die eingepackte Leiche nach draußen und zog sie zu Fuß über den Gehweg der Taborstraße zum Landwehrkanal, wo er den Leichnam ins Wasser warf. (…) Der Angeklagte reinigte anschließend die Wohnung.“

Widersprüchlich waren auch die Darlegungen des Angeklagten, wie er zu dem Handy der Getöteten gekommen war. Oumar G. sagte aus, dass er es drei Tage später beim Aufräumen hinter dem Bett gefunden habe, doch dummerweise hatte er bereits in der Nacht zuvor mit ihm telefoniert und auch zahlreiche Fotos, zumeist von sich selbst, geschossen. Auch das war nicht besonders klug und machte seine Geschichte vollkommen unglaubwürdig.

Am vierten Verhandlungstag verstrickte sich der Angeklagte schließlich in solch eklatante Widersprüche, dass der Vorsitzende Richter ihn schließlich leicht verzweifelt darum bat: „Wollen Sie mir nicht erzählen, wie es wirklich war?" Noch rückte Oumar allerdings nicht mit der Wahrheit heraus. Er blieb bei seiner Version des Tatgeschehens. Erst am fünften Verhandlungstag erklärte er überraschenderweise, jetzt endlich sagen zu wollen, wie es tatsächlich gewesen war. Ob ihn sein Anwalt davon überzeugt hatte? Diesmal wolle er reinen Tisch machen. Ein Geständnis? Fast! Er behauptete, Pilar V. habe ihn Sonntagnacht am Spätkauf in der Schlesischen Straße wegen Drogen angesprochen. Er habe ihr Speed angeboten. Deshalb sei ihm die Frau, die er bislang nicht kannte, in der Nacht von Sonntag auf Montag, vom 17. zum 18. April 2011, um 3.00 Uhr morgens in die rund zehn Minuten entfernt gelegene Wohnung gefolgt. Pilar habe an dem Stoff gerochen, ihn für gut befunden und eingesteckt. Anstatt jedoch die geforderten 50 Euro zu bezahlen, so der Angeklagte, habe sie ihm zu seiner Überraschung Sex angeboten, worauf er zu diesem Zeitpunkt gar keine Lust verspürt habe. Das Gericht glaubte ihm diese Details. Auch, dass Pilar V. das Speed nicht zurückgeben wollte und laut Aussage des Angeklagten sogar versucht hatte, mit dem Stoff zu fliehen. Oumar habe Pilar an ihrer Tasche festgehalten, wobei es zu einem Gerangel gekommen sei, bei dem er gestolpert und auf dem Sofa gelandet sei. Dann soll Pilar V. ein unter dem Tisch liegendes Messer aufgehoben und ihn mit den Worten „Ich bringe dich um!" angegriffen haben. Er habe dann ihre Hand ergriffen, in der sie das Messer hielt, und ihr das Messer entrungen. Dabei sei es passiert. Notwehr also. Und das sollte man nun glauben? Schließlich war er, der 1,80 Meter große, 84 Kilogramm schwere Mann, der 1,62 Meter großen und 58 Kilogramm schweren Getöteten körperlich weit überlegen. Die Stiche in den Rücken, die Abwehrverletzungen, die Würgemale, der Schnitt quer über den Hals des Opfers konnten mit einer Notwehrsituation nicht so recht in Einklang gebracht werden.

Die Staatsanwaltschaft jedenfalls vermochte Oumar G. mit seiner neuen Version des Geschehens nicht umzustimmen. Der Staatsanwalt hielt die Tat weiterhin für einen Raubmord. Der Angeklagte habe sein Geständnis mehr oder weniger geschickt an das Beweisergebnis angepasst. Dass Pilar V. auf den Angeklagten mit einem Messer losgegangen sei, bezeichnete der Staatsanwalt als persönlichkeits- und charakterfremd. Vielmehr sei wahrscheinlich, dass bislang verschollene Wertgegenstände, die das Opfer in der Tatnacht dabei hatte, darunter ein Apple Netbook samt Hülle im Wert von über 2 000 Euro und ein Samsung-Handy für fast 300 Euro, die Begehrlichkeit des Angeklagten geweckt hatten. Diese Gegenstände seien auch weiterhin verschwunden, erklärte der Staatsanwalt und beantragte eine lebenslange Haftstrafe für den Angeklagten. Der Verteidiger forderte in seinem Plädoyer Freispruch für seinen Mandanten. Er habe in Notwehr und unter Drogeneinfluss gehandelt. Der Richter folgte jedoch weder dem einen noch dem anderen Antrag. Die 40. große Strafkammer des Berliner Landgerichts verurteilte Oumar G. letztendlich wegen Totschlags, Verstoßes gegen das Betäubungsmittelgesetz und wegen Unterschlagung zu einer Freiheitsstrafe von acht Jahren und sechs Monaten.

Einen geplanten Raubmord schloss das Gericht aus, da sich Oumar dafür wohl einen anderen Ort als eine Wohnung ausgesucht hätte. Auch spontane Habgier schloss das Gericht aus, da Oumar als freundlicher Mensch galt und bislang mit einschlägigen Straftaten nicht in Erscheinung getreten war. Hinzu kam, dass aus seiner Sicht keine konkreten Anhaltspunkte dafür bestanden haben, dass Pilar Sachen von größerem Wert bei sich gehabt hatte und er nach der Tötung wohl ihren Schmuck an sich genommen hätte, wenn er etwas hätte rauben wollen. Doch das hatte er nicht getan. Auch dieses Argument ist nachvollziehbar.

Niedrige Beweggründe schloss das Gericht aus: Zwar könne Wut auch ein niedriger Beweggrund sein, wenn die Motivation für die Tötung als auf sittlich tiefster Stufe stehend anzusehen sei. Das sei aber hier nicht der Fall gewesen, denn: „Die Wut des Angeklagten auf Pilar V. war nachvollziehbar, da sie zuvor versucht hatte, mit dem Speed die Wohnung zu verlassen, und den Angeklagten anschließend mit dem Messer bedrohte." Auch dieses Argument ist nachvollziehbar, wenn man den Ausführungen des Angeklagten Glauben schenkt.

In der Urteilsbegründung folgte die Strafkammer – im Gegensatz zur Staatsanwaltschaft – in groben Zügen den Ausführungen des Angeklagten in seinem späten Geständnis. In dubio pro reo, also im Zweifelsfall für den Angeklagten, denn die Schilderung, wonach Pilar V. in besagter Nacht die fünfzig Euro für fünf Gramm Speed verweigert und Oumar G. stattdessen Sex angeboten haben soll, sei dem Angeklagten nicht zu widerlegen gewesen. Dem Gericht schien diese Version des Geschehens wahrscheinlich, nachdem zwei Zeugen ausgesagt hatten, in der Tatnacht mit dem Opfer unterwegs gewesen zu sein, das kein Geld mit sich geführt habe.

Das Gericht urteilte: „Auch wenn alle Zeugen, die die Getötete besser kannten, sie als zurückhaltend und eher schüchtern beschrieben haben, konnte die Kammer nicht ausschließen, dass sie dem Angeklagten angeboten hat, die Drogen mit Sex bezahlen zu wollen. Dass Pilar V. (...) immer sehr wenig Geld gehabt hat, hat die Zeugin C. glaubhaft bekundet. Demnach liegt es nahe, dass sie gar nicht in der Lage war, die vom Angeklagten geforderten 50,- Euro zu bezahlen. Pilar V. (...) – so hat der Zeuge R. glaubhaft berichtet – hat sich außerdem in ihrer Kunst durchaus mit dem Thema Sex beschäftigt und in ihren Videoinstallationen auch mit sexuellen Andeutungen gespielt; prüde oder keusch war sie demnach nicht. Auch der Umstand, dass sie – wie die Zeugin C. erklärt hat – zur Tatzeit keinen festen Freund gehabt habe, dem sie hätte untreu werden können, spricht eher für als gegen die Einlassung des Angeklagten. Hinzu kommt, dass er durchaus gut aussieht und von Zeugen beiderlei Geschlechts als charmant und anziehend geschildert worden ist."

Pilar V., so der Vorsitzende Richter also, sei sicher keine prüde und keusche Frau gewesen, denn sie habe ihren Körper auch in ihrer Kunst bewusst eingesetzt, was in den sozialen Netzwerken zu sehen war. Auf YouTube hatte sie sich in sexy Unterwäsche mit dem Titel *My Ass Wants You My Pussy Too* oder *Fuck on a Washing Machine* präsentiert. Es sei vorstellbar, so der Richter weiter, dass Pilar V. Sex als pragmatisches Mittel eingesetzt hatte. Das Gericht hielt es auch für wahrscheinlich, dass, wie vom Angeklagten ausgesagt, Pilar, entgegen der Aussage einer Bardame, die sie noch am Montagabend gesehen haben will, bereits in der Nacht vom Sonntag zum Montag getötet wurde, denn sie soll ihr Handy am Sonntagabend, dem 17. April, ein letztes Mal benutzt haben. Gewöhnlich ging sie mehrmals täglich mit ihrem Smartphone ins Netz.

Allerdings folgte die Strafkammer nicht der von dem Angeklagten geschilderten Notwehrsituation. Oumar sei vielmehr wütend gewesen darüber, dass die junge Frau ohne zu zahlen türmen wollte und ihn nun auch noch mit dem Messer, das er möglicherweise für zahlungsunwillige Kunden bereithielt, bedrohte. Er hatte ihr das Messer nach eigener Aussage bereits entwunden, so der Richter. Wenn Oumar G. es nun dabei hätte bewenden lassen, wäre es bei einer ganz normalen Auseinandersetzung im Drogenmilieu geblieben. Weil er aber zehnmal zugestochen habe, konnte man nicht mehr von Notwehr ausgehen. Auch ein schuldbefreiender und damit strafloser Notwehrexzess aus „Verwirrung, Furcht oder Schrecken" im Sinne des § 33 StGB kam nicht in Betracht. „Oumar G. hatte keinen Grund, sich vor Pilar V. zu ängstigen", so der Richter. Die Kammer ging davon aus, dass Pilar den Angeklagten lediglich bedroht habe und ihn weder angreifen noch mit dem Messer verletzen wollte. Ihr sei es nur darum gegangen, mit ihrer Tasche, in der sich ihr Laptop befand, die Wohnung zu verlassen. Dementsprechend urteilte auch die Strafkammer. „Sie ließen Ihrer Wut freien Lauf", warf der Richter dem Angeklagten vor. „Als Sie zustachen, wollten Sie töten."

Das Gericht entschied: „Die Tat war nicht durch Notwehr (§ 32 StGB) gerechtfertigt. Zwar hat Pilar V. einen Diebstahl begangen, als sie das Speed an sich nahm und versuchte, die Wohnung zu verlassen. Insoweit war der Angeklagte gerechtfertigt, ihre Tasche zu ergreifen und sie am Verlassen der Wohnung zu hindern. Deshalb handelte Pilar V. zwar auch rechtswidrig, als sie ihn zurückstieß und anschließend mit dem Messer bedrohte, sodass das Entwinden des Messers ebenfalls durch Notwehr gerechtfertigt war. Allerdings durfte der Angeklagte anschließend nicht mit dem Messer auf sie einstechen, da die Notwehrlage hinsichtlich der Bedrohung – aber auch einer von dem Angeklagten angeblich besorgten Körperverletzung – zu diesem Zeitpunkt objektiv nicht mehr bestand. Zur Wiedererlangung der Betäubungsmittel waren die Messerstiche unverhältnismäßig und daher nicht geboten. Darüber hinaus wollte sich der Angeklagte weder gegen einen Angriff von Pilar V. verteidigen, noch stach er auf sie ein, um sich wieder in den Besitz der Betäubungsmittel zu bringen. Er attackierte sie aus Wut, sodass es am Verteidigungswillen fehlt. Demzufolge scheidet auch der Entschuldigungsgrund des Notwehrexzesses (§ 33 StGB) aus."

Mildernd wurde jedoch berücksichtigt, dass Oumar G. bislang strafrechtlich nicht in Erscheinung getreten war und zur Tatzeit durch den Genuss von Drogen und Alkohol vermindert schuldfähig war. Es war also Totschlag und kein Raubmord. Das Gericht führte aus: „Mordmerkmale im Sinne des § 211 Abs. 2 StGB liegen nicht vor. Insbesondere handelte der Angeklagte nicht aus Habgier. Bestimmendes Motiv war nicht ein gesteigertes Gewinnstreben um jeden Preis, sondern Wut."

Zu Oumars Gunsten ging das Gericht von einem minderschweren Fall des Totschlags aus. Laut Gericht lag ein sonstiger minderschwerer Fall gemäß § 213 StGB 2. Alternative vor. Dieser Paragraf besagt: „War der Totschläger ohne eigene Schuld durch eine ihm oder einem Angehörigen zugefügte Misshandlung oder schwere Beleidigung von dem getöteten Menschen zum Zorn gereizt und hierdurch auf der Stelle zur Tat hingerissen worden oder liegt sonst ein minder schwerer Fall vor, so ist die Strafe Freiheitsstrafe von einem Jahr bis zu zehn Jahren."

Unmittelbarer Auslöser von Oumars Tatentschluss war, dass Pilar ihn mit dem Messer bedrohte. Dieses Verhalten stellte weder eine Misshandlung noch eine schwere Beleidigung dar, aber in der Gesamtbetrachtung ergab sich daraus, dass ein sonstiger minder schwerer Fall anzunehmen war, da die Bedrohung mit einem Messer mit einer schweren Beleidigung zumindest vergleichbar war. Außerdem war zu berücksichtigen, dass Oumar ein – wenn auch sehr spätes – Geständnis abgelegt hatte und die Tat im Zustand der erheblich verminderten Steuerungsfähigkeit nach § 21 StGB begangen hatte. Die Beeinflussung durch Alkohol und Drogen, die emotional aufgeladene Situation und das provozierende Verhalten des Opfers ließen die Tat in einem milderen Licht erscheinen.

Für dieses Verbrechen wurde Oumar G. zu einer Freiheitsstrafe von sieben Jahren und sechs Monaten verurteilt. Das war jedoch noch nicht alles. Wegen Handeltreibens mit Betäubungsmitteln im besonders schweren Fall war vom Strafrahmen des § 29 Abs. 3 Nr. 1 des Betäubungsmittelgesetzes (BtMG) auszugehen. Zu seinen Lasten wurde berücksichtigt, dass es sich bei dem Speed um qualitativ hochwertige Drogen gehandelt hatte und Oumar bereits seit einiger Zeit dem Drogenhandel nachgegangen war. Er wurde dafür zu einem Jahr und sechs Monaten verurteilt. Schließlich hatte sich Oumar auch noch der Unterschlagung gemäß § 246 Abs. 1 StGB schuldig gemacht, indem er Pilars Handy entwendet und ihren Laptop offenbar verkauft hatte. Dafür bekam er noch ein weiteres Jahr. Insgesamt wurde G. also zu zehn Jahren Haft verurteilt. Da jedoch nach § 54 StGB die Gesamtstrafe die Summe der Einzelstrafen nicht erreichen darf, wird die höchste Strafe etwas „aufgestockt", wobei die Person des Täters und die einzelnen Straftaten zusammenfassend gewürdigt werden müssen. Oumar G. wurde daher vom Gericht zu einer Gesamtfreiheitsstrafe von acht Jahren und sechs Monaten verurteilt.

Die Unterbringung in einer Entziehungsanstalt gemäß § 64 StGB wurde vom Gericht zwar erwogen, aber nicht angeordnet, da Oumar G. während der Verhandlung nicht sonderlich einsichtig war, was eine Behandlungsbedürftigkeit betraf. Außerdem hätte er aufgrund seiner mangelnden Deutschkenntnisse nicht erfolgreich an den in der Entziehungsanstalt notwendigen Gruppen- und Einzelgesprächen teilnehmen können, die im Rahmen einer stationären Drogen- und Alkoholtherapie von zentraler Bedeutung sind.

Gegen die Freiheitsstrafe wurde sowohl von der Staatsanwaltschaft als auch von der Nebenklägerin, der Mutter von Pilar V., Revision eingelegt. Diese wurden Ende 2012 abgewiesen.

Quellen

Wenke Walter: Jaamal – Der Dealer. Sleepless in Berlin/Schlaflos durch Berlin, 11.04.2011 auf: http://www.amypink.de/2011/04/11/jamaal-the-dealer-sleepless-in-berlin/(eingesehen am 24.06.2014)
Der Tagesspiegel vom 20.04, 27.04., 04.05.2011
Berliner Zeitung vom 20.04.2011, 06.01.2012
Berliner Morgenpost vom 07.01.2012
berlinkriminell.de, Gerichtsreportagen, Berichte vom 05.12., 09.12., 20.12.2011, 03.01., 06.01.2012
Landgericht Berlin, Urteil vom 06.01.2012, Az: (540) 234 Js 1997/11 Ks (13/11)

Pferde, Intrigen, Mordanschläge

Lübars mit seinen knapp 5 000 Einwohnern ist ein beschaulicher Ortsteil des Berliner Bezirks Reinickendorf und galt vor der Wende mit dem weitgehend dörflichen Charakter als etwas ganz besonders in Westberlin. Schulklassen, Großstadtbevölkerung und Touristen konnten den wenigen Berliner Bauern bei der Bewirtschaftung ihrer Felder zuschauen. Nach dem Mauerfall war Lübars kein Kuriosum mehr und so wurde es ruhiger um den Berliner Ortsteil, bis hier am 21. Juni 2012 ein Gewaltverbrechen geschah.

Die *Berliner Zeitung* meldete am Folgetag: „An der Straße Am Freibad in Lübars in Reinickendorf hat am Donnerstagmorgen eine Spaziergängerin, die mit ihrem Hund unterwegs war, eine tote Frau entdeckt. Bei der Toten handelt es sich um die 21 Jahre alte Christin R. aus Reinickendorf. Die gelernte Pferdewirtin soll erdrosselt worden sein."

Schnell war auch ein Täter ausgemacht: ihr Freund. Der zur Tatzeit 23-jährige Springreiter soll sich mit ihr dort zu einer Aussprache getroffen haben.

Die Mordkommission ging zunächst davon aus, dass Robin H. seine Freundin im Affekt getötet hatte. Ein tragisches Schicksal, aber keine außergewöhnliche Tat. Es schien sich um eine Eifersuchtstat gehandelt zu haben, wie so häufig. Doch was dann bei den polizeilichen Ermittlungen herauskam, überraschte alle. Es handelte sich um ein Mordkomplott, wie es die Öffentlichkeit so selten gesehen hatte. Es taten sich Abgründe auf, Abgründe in einem anscheinend gutbürgerlichen Umfeld.

„Es war eine perfide geplante Tat", sagte später der Oberstaatsanwalt. Robin H. habe die Tötung seiner Freundin in Auftrag gegeben. Vier weitere Personen sollen an der Tat beteiligt gewesen sein: Robins damals 55-jährige Mutter Cornelia H., die 27-jährige Tanja L., deren vier Jahre jüngerer Bruder Sven L. und der 22-jährige Pizzabote Steven Mc A. Eine Funkzellenabfrage hatte ergeben, dass sich Robin mit zweien von ihnen am Tatort aufgehalten hatte. Grund für die Tat war – wie so oft – das liebe Geld.

Cornelia H. und ihr Sohn Robin wollten sich seit Robins Ausscheiden aus der Bundeswehr Ende 2010 mit einem eigenen Pferdehof selbstständig machen. Robin, der seinem früh verstorbenen Vater als Berufssoldat nacheiferte, wurde jedoch bereits nach einem Dreivierteljahr aus der Bundeswehr entlassen. Mit der Bundeswehrlaufbahn hatte es also nicht geklappt, aber er galt als talentierter Reiter. Seine besorgte Mutter, deren zwei Töchter bereits ihren Weg gingen, arbeitete als Versicherungsvertreterin bei Wüstenrot und bei der Commerzbank. Sie wollte nun mit dem Kauf eines Reiterhofs auch ihren einzigen Sohn auf die eigenen Füße stellen, nachdem dies bei den beiden Töchtern schon gelungen war. Obwohl die Finanzierung des Hofs nicht gesichert und aus eigenen Mitteln keinesfalls möglich war, schlossen die beiden am 17. Juni 2011 einen notariellen Kaufvertrag über den „Goldnebelhof" in Oranienburg zu einem Kaufpreis von 600 000 Euro. Robin nahm umgehend umfangreiche bauliche Veränderungen auf dem Gelände vor und stellte Pferde auf dem Hof ein. Da die vereinbarte Zahlung des Kaufpreises jedoch ausblieb, wurde der Kaufvertrag nicht lange danach storniert – wegen der bereits getätigten Bauarbeiten ein Verlustgeschäft. 66 000 Euro waren durch die Rückabwicklung verloren.

Vermutlich war dies nur eines von vielen Verlustgeschäften, denn Cornelia H. hatte Schulden in Höhe von 245 000 Euro. Sie, die sich nur alle zwei Wochen für zwei bis drei Tage auf dem Reiterhof aufhielt, wohnte ansonsten in ihrem Haus in Leck in Nordfriesland. Dort fand die Polizei später in Cornelia H.s Unterlagen etwa hundert ungeöffnete Mahnschreiben. Selbst kleinste Summen von weniger als zwanzig Euro konnte sie nicht mehr überweisen, weshalb in ihrem Wohnhaus der Strom und das Telefon abgeschaltet werden sollten. Cornelia H. schien all ihre Hoffnung auf Christin R. zu setzen, mit der Robin seit einem Jahr liiert war. Sonderlich ernst nahm es Robin mit Christin anscheinend sowieso nicht. Sie war wohl eher Mittel zum Zweck.

Christin R. und Robin H. hatten sich im Frühjahr 2011 auf dem „Goldnebelhof" kennengelernt, wo Christin eine Ausbildung zur Pferdewirtin machte. Seit Ostern 2011 waren beide ein Paar, im Dezember 2011 erlitt Christin eine Fehlgeburt. Nachdem sich der Kauf des Reiterhofs zerschlagen hatte, pachteten Mutter und Sohn trotz ihrer prekären finanziellen Situation ab dem 29. September 2011 für monatlich 2 880 Euro einen Pferdehof in Wutzetz, einem Ortsteil von Friesack im brandenburgischen Landkreis Havelland. Die offensichtlich verliebte Christin R. zog als billige und willige Arbeitskraft dort mit ein und arbeitete auch auf dem neuen Hof als Pferdewirtin, wurde wegen der Zahlungsschwierigkeiten der beiden Pächter aber weder sozialversichert noch regelmäßig bezahlt. Ab Februar 2012 konnte auch die Pacht für diesen Hof nicht mehr geleistet werden. Mutter und Sohn standen zu diesem Zeitpunkt also vor dem Nichts. Christin R. sollte nun mit ihrem plötzlichen Ableben die finanziellen Probleme von Mutter und Sohn lösen – bei dem scheinbaren Vertrauensverhältnis von Mutter, Sohn und „Schwiegertochter", ein ziemlich niederträchtiger Plan.

Robin und Cornelia H. hatten bis Ende März 2012 Lebensversicherungen in Höhe von circa zweieinhalb Millionen Euro auf Christin R. abgeschlossen. Dieses Geld sollte ihr finanzieller Rettungsanker sein. Die Aufgabe, die Versicherungen abzuschließen, hatte Cornelia H., die ja über Branchenerfahrung verfügte, übernommen. Christin wurde erzählt, dass die Versicherungen der gegenseitigen Absicherung dienten, weil sie ja einmal – nach der Verehelichung – gemeinsam mit ihrem Verlobten den Reiterhof leiten würde. Mit der Risikolebensversicherung sollte ihr Verlobter für den Fall ihres Todes finanziell abgesichert sein, wenn sie einen Reiterhof auf Kredit gekauft haben würden.

Cornelia H. versuchte bereits Ende 2011 bei der Allianz drei Lebensversicherungen über insgesamt 15 Millionen Euro zu vermitteln und gleichzeitig die Prämie einzustreichen. Die gutgläubige Christin R. unterschrieb, jedoch kam es nicht zum Abschluss, da noch eine Gesundheitsprüfung ausstand. Ein anderer Vertrag über fünf Millionen Euro kam auch nicht zum

Abschluss, weil die angefragte Europa Lebensversicherung AG erst den Kaufvertrag über das angeblich abzusichernde Kaufobjekt sehen wollte. Einen solchen konnte Cornelia H. jedoch nicht vorweisen, da der Pferdehof im Havelland nur gepachtet war. Ein weiterer Versuch bei der ERGO Direkt scheiterte ebenfalls. Christin hatte auch dieses Antragsformular treuherzig unterschrieben. Da dies alles nicht so klappte, wie Mutter und Sohn es vorhatten, sollten nun nur noch Versicherungen mit geringeren Versicherungsleistungen abgeschlossen werden. Man konnte so die genauere Prüfung, an der die anderen Versicherungsbegehren scheiterten, umgehen. Cornelia H. schloss daraufhin neun Risikolebensversicherungen ab, von denen acht Versicherungen zustande kamen. Der Gesamtversicherungswert betrug 2 445 000 Euro. Die acht Versicherungen liefen bei der Allianz, WWK, Hannoversche, Dialog, Nürnberger, Europa, Cosmos und ERGO. Eine Versicherung, bei der Christin R. die Begünstigte war, gab es – trotz gegenteiliger Beteuerung – selbstverständlich nicht. Diesmal waren die Unterschriften von Christin bei fast allen Verträgen gefälscht, denn nach einem Streit war sie Anfang März 2012 zu ihren Eltern nach Lübars gezogen, da sie – zu Recht – vermutete, Robin habe eine Affäre mit seiner langjährigen Ex-Freundin Eva, deren Wäsche sie in der gemeinsamen Wohnung gefunden hatte.

Damit aber nicht genug. Robin hatte inzwischen noch eine neue Geliebte. Seiner neuesten Freundin Tanja L. aus Nordrhein-Westfalen, die auch Pferdewirtin war, hatte er ebenfalls versprochen, gemeinsam mit ihr einen Reiterhof aufzubauen. Christin ahnte nicht das Geringste. Robin schien ein Womanizer zu sein. Treue war offensichtlich nicht seine hervorstechendste Eigenschaft, auch wenn er später bestritt, mit Tanja L. liiert gewesen zu sein. Dem Gericht erschien dies jedoch nicht glaubwürdig.

Als alle Versicherungspolicen endlich da waren und die meisten davon ab 1. März 2012 zu laufen begannen, wurde mit der Planung begonnen, das Opfer um die Ecke zu bringen. Robin H. traf sich mit Christin R. und gab sich gegenüber der offenbar leichtgläubigen jungen Frau zerknirscht. Er gab seinen „Fehltritt“ zu und behauptete, dass seine Ex-Freundin Eva unheilbar an Krebs erkrankt gewesen und die Nacht mit ihr eine besondere „Verabschiedung“ gewesen sei. Inzwischen sei sie gestorben und er käme gerade von der Seebestattung. Sein Plan ging auf. Christin – möglicherweise gerührt – glaubte ihm und zog am 13. März 2012 wieder zurück auf den Reiterhof.

Allerdings mischten sich diesmal die Eltern von Christin ein, die verlangten, dass ihre Tochter endlich sozialversichert werden sollte, wenn sie schon auf dem Hof ohne regelmäßige Bezahlung schuftete. Robins Mutter, der offiziellen Arbeitgeberin, wurde am 1. April 2012 eine Frist gesetzt, die sie mangels Solvenz nicht einhielt. Laut Gericht war das der Auslöser der Tat: „Das Ultimatum (...) hat die Angeklagten Cornelia und Robin H. in Zugzwang gebracht, weshalb beide ihr Tatvorhaben zeitnah umsetzen wollten.“

Am Ostermontag, dem 9. April 2012, kam es daher zu einem ersten Mordversuch. Mutter Cornelia H. sollte die Tat ausführen, während sich ihr geliebter Sohn ein Alibi verschaffte. An diesem 9. April hielt sich Cornelia H. zusammen mit Christin R. auf dem von ihr gepachteten Pferdehof im Havelland auf, während Robin zwecks Alibi zu einer Tankstelle gefahren war. Beide unterhielten sich unverfänglich in der Küche des Wohnhauses, und als Christin ihrer „Schwiegermutter in spe“ den Rücken zudrehte, stach Cornelia mit einem Küchenmesser zu. Das elf Zentimeter lange Messer trat zwischen Wirbelsäule und rechter Niere mindestens fünf Zentimeter tief in den Rücken ein.

Das Gericht schildert den weiteren Tatablauf wie folgt: „Die Geschädigte realisierte anfangs nicht, dass sie von einem Messer getroffen wurde. Als sie sich umdrehte und sah, dass die Angeklagte Cornelia H. zu weiteren Stichen ausholte, gelang es der Geschädigten, sie zu Boden zu bringen. Die Angeklagte ließ aber nicht von der Geschädigten ab, sondern begann zu Stichen in Richtung Kopf oder Hals auszuholen, wobei sie mehrfach äußerte: ‚Ich muss das tun!‘ Die Geschädigte ergriff daraufhin mit ihrer rechten Hand die Messerklinge, um weitere Stiche zu verhindern, und zog sich dabei eine 6 cm lange und 5 cm tiefe Schnittwunde an der rechten Hand zu, was die Angeklagte Cornelia H. mindestens billigend in Kauf nahm." Die 21-jährige Christin war der 55-Jährigen jedoch körperlich überlegen. Sie versetzte Cornelia einen Tritt, weshalb diese nach hinten fiel und das Küchenmesser losließ. Cornelia, die nun kein Messer mehr hatte, ergriff den metallenen Grillrost der Mikrowelle und schlug damit auf Christin ein. Doch Christin gewann erneut die Oberhand und zwängte Cornelia zwischen Küchenschrank und Tür. Cornelia H. hatte keine Chance mehr und begann geistesgegenwärtig zu schauspielern. Sie täuschte eine Panikattacke vor und schrie: „Wo bin ich? Wer seid ihr? Ihr müsst alle weg!" Sie tat so, als ob sie wieder zu Bewusstsein gekommen sei und entschuldigte sich bei ihrer zukünftigen Schwiegertochter. Dabei behauptete sie, bereits in der Vergangenheit solche Blackouts gehabt zu haben.

Kurz vor 17.00 Uhr rief Christin R. ihren Verlobten auf dessen Handy an und bat ihn, schnell zum Hof zurückzukommen. Robin H. wartete ab, in der Hoffnung, dass seiner Mutter der Mord doch noch gelingen würde. Erst als seine Verlobte erneut ungeduldig anrief und fragte, wo er denn bliebe, gab er sein Ansinnen auf und sah ein, dass das Attentat misslungen war. Er kam zurück und behauptete, dass er deswegen so lange gebraucht habe, weil er einen Radfahrer angefahren habe und noch bei der Polizei am Unfallort bleiben musste. Eine von vielen Lügen des Robin H.

Schließlich brachte Robin Christin zur Notfallaufnahme des Krankenhauses Neuruppin. Sie musste vier Tage bleiben, eine mehrwöchige ambulante Behandlung schloss sich an. Cornelia H. begab sich im selben Krankenhaus in psychiatrische Behandlung. Später sollte die diensthabende Psychiaterin vor Gericht aussagen, dass sie keinen Hinweis auf eine akute Erkrankung habe feststellen können. Eine weitere Beobachtung auf der psychiatrischen Station habe Cornelia abgelehnt und gegen ärztlichen Rat auf eine Krankenhausentlassung bestanden. Das Gericht schloss später einen Blackout aus. Robin hatte seiner neuen Freundin vom ersten gescheiterten Mordversuch erzählt.

Wieder war ein Plan von Mutter und Sohn gescheitert. Christin zog erneut zu ihren Eltern nach Berlin-Lübars, kündigte am 17. April 2012 fristlos ihren Job auf dem Reiterhof und zeigte ihre Ex-Chefin wegen der Tat bei der Polizei in Neuruppin an. Mit Robin hielt sie die Beziehung aufrecht. Es ist nachvollziehbar, dass die Eltern davon nicht sonderlich begeistert waren. Den unvorstellbaren Gedanken, dass dem Geschehen ein gemeinsamer niederträchtiger Mordplan voranging, hegten jedoch weder Christin R. noch ihre Eltern. Auf diesen Gedanken muss man ja erst mal kommen, selbst wenn vorher eine Risikolebensversicherung abgeschlossen worden ist!

Robin H. und seine Mutter arbeiteten allerdings weiter an ihrem perfiden Plan. Gift sollte es diesmal sein, dafür machte man sich im Internet kundig, wie die Polizei später leicht anhand des Browserverlaufs auf den Handys und Computern der beiden feststellen konnte. Die Mutter hatte im Internet nach Begriffen wie „Digitalis", „Ricin", „Digimerck", „Zyankali" oder „Blauer Fingerhut", „Blauer Eisenhut" und „Kaliumchlorid" gesucht, ihr Sohn nach „Mittel für Herzinfarkt", „Mittel für Herzstillstand", „kurzzeitiger Herzstillstand", „Ohnmacht hervorrufen", „Ohnmacht selber auslösen", „Ohnmacht durch Medikamente", „Blauer Fingerhut" und „Blauer Eisenhut". Letztendlich entschieden sie sich für Kaliumchlorid, weil sie davon ausgingen, dass dieses zu einem Herzstillstand führen und forensisch nur schwer nachweisbar sein würde, was grundsätzlich auch der Fall ist.

Robin H. als Begünstigter der Lebensversicherung konnte die Tat nicht begehen, da er ein Alibi haben musste. Mit Cornelia H. wollte Christin R. andererseits nichts mehr zu tun haben. So brauchten Mutter und Sohn einen Dritten, der die undankbare Aufgabe zu erledigen hatte. Die Wahl fiel auf Tanja L., Robins neue Gespielin. Diese steckte in einer unglücklichen Beziehung und hatte sich Hals über Kopf in Robin verliebt. Liebe macht bekanntlich blind, außerdem schien Tanja nicht die Hellste zu sein. Sie glaubte ihrem Robin einfach alles, auch die Story, er sei bei einem Spezialkommando der Bundeswehr gewesen und habe danach als Auftragskiller gearbeitet.

Erst Ende April 2012 waren sich Tanja L. und Robin H. nähergekommen, und ab dem 24. Mai 2012 sei es laut Tanja auch zum Sex gekommen. Nach dem Versprechen, ihr einen Teil der Beute abzugeben, mit ihr den Pferdehof gemeinsam zu führen und eine Familie zu gründen, sei sie überglücklich gewesen. Eine Chance für die pferdeverrückte Fleischfachverkäuferin Tanja L., die – wie ihr Bruder – im Kinderheim aufgewachsen war, da ihren Eltern das Sorgerecht entzogen worden war.

Tanja willigte also in den Tatplan ein, und nur eine Woche später sollte die ruchlose Tat ausgeführt werden. Robin hatte bereits Anfang Mai 2012 ein Kilogramm Kaliumchlorid in einer Apotheke gekauft, angeblich als Nahrungsergänzung zur Unterstützung des Salzhaushalts der Pferde im Sommer. Völlig abwegig! Eine Verwendung von Kaliumchlorid als Nahrungsergänzung war laut Sachverständigen vollkommen ausgeschlossen. In einem Fläschchen aufgelöst, sollte Tanja L. das Gift heimlich Christin R. verabreichen.

Am 3. Juni war es soweit. Tanja verabredete sich für 17.00 Uhr mit Christin auf dem Parkplatz des McDonald's-Restaurants in Glienicke/Nordbahn – angeblich, um mit ihr über den Kauf eines Pferdes zu sprechen. Sie habe Robin wegen eines größeren Pferdes angesprochen und er habe ihr daraufhin den Wallach „Gotha" verkaufen wollen. Wegen der Eigenschaften des Pferdes soll Robin ihr geraten haben, sich an Christin R. zu wenden. So die Geschichte … Noch unterwegs gab ihr Robin telefonische Anweisungen. Die beiden Frauen tranken den von Tanja zur vorgetäuschten Geschäftsanbahnung mitgebrachten Sekt, und Tanja schüttete das Kaliumchlorid heimlich in Christins Glas.

So weit, so schlecht, doch hatte der Plan einen kleinen, aber folgenreichen Fehler. Kaliumchlorid wirkt nur intravenös verabreicht in kleiner Menge tödlich, oral verabreicht aber erst ab über 15 Gramm. Das hatten die Täter bei ihrer Internetrecherche anscheinend einfach überlesen. Christin trank aus dem Glas, zeigte jedoch keinerlei Reaktion. Da das Getränk seltsam nach Salzwasser schmeckte, trank sie nicht aus. Anschließend unterhielten sich beide noch etwa 45 Minuten, während Christin wohl von Tanja argwöhnisch betrachtet wurde. Aber es war keine Wirkung zu erkennen. Der gewünschte Vergiftungstod trat nicht ein. Christin fuhr danach ahnungslos mit ihrem Auto weg und Tanja beichtete „ihrem" Robin den Fehlschlag. Christin hatte nicht das Geringste von der Gefahr bemerkt, in der sie geschwebt hatte. Zu Hause klagte sie allerdings über eine gewisse Übelkeit.

Am 8. Juni 2012 erhob Christin R. auf Druck ihrer Eltern schließlich gegen Robins Mutter vor dem Arbeitsgericht Brandenburg an der Havel Klage auf Lohnzahlung, Rechnungserteilung und Anmeldung bei der Krankenkasse. Cornelia und Robin H. wollten nun auch schnellstmöglich dieses Problem aus dem Weg räumen. Christin musste endlich sterben. Zwei Fliegen mit einer Klappe, sozusagen. Nun musste es aber wirklich geschehen!

Am 21. Juni 2012 war es soweit. Nach dem gescheiterten Giftmord sollte es nun wie ein Raubmord aussehen. Da Robin sich jedoch nicht in der Lage sah, selbst einen Mord auszuführen, soll er die Idee gehabt habe, dass seine 27-jährige Gespielin als gelernte Fleischerin Christin ja erstechen könne. Sie solle nur an ihren Vater denken, dann könne sie es tun – so die spätere Aussage von Robins Geliebter. Tanja lehnte allerdings ab und nahm Kontakt mit ihrem im kriminellen Milieu vernetzten 23-jährigen Bruder Sven auf, der in Dortmund lebte und der wiederum den 22-jährigen Steven Mc A. als Killer anheuerte. Beide kannten sich aus einer beruflichen Fördermaßnahme und waren kurz zuvor zusammengezogen.

Tanjas L.s Bruder hatte ein erhebliches Vorstrafenregister. Schon als Jugendlicher war er 2004 gerichtlich aufgefallen. Seitdem waren zehn weitere Vorstrafen hinzugekommen – Strafen wegen Sachbeschädigung, Diebstahls, gefährlichen Eingriffs in den Straßenverkehr, Betrugs, Fahrens ohne Fahrerlaubnis, vorsätzlicher Trunkenheit im Straßenverkehr, Nötigung, Beleidigung, gefährlicher Körperverletzung und unerlaubten Führens einer Schusswaffe. Das hatte schon Intensivtäterniveau! Zumeist waren die Taten Svens übermäßigem Alkoholkonsum geschuldet.

Steven Mc A., der potenzielle Killer, der ebenfalls im Kinderheim aufgewachsen war, da seinen Eltern das Sorgerecht entzogen worden war, hatte dagegen lediglich eine Vorstrafe. Er wollte nur 500 Euro für den Auftrag. Ein Schnäppchen sozusagen. Laut Gericht wollte Steven seinen Knastkumpel Sven mit der Tat „beeindrucken, um von diesem als ‚ebenbürtig' akzeptiert zu werden". Mc A. sollte gemeinsam mit Tanja L. mit einem gemieteten Pkw am Morgen des 20. Juni 2012 nach Berlin fahren. Tanja sollte den Lockvogel spielen und Christin – wie schon zuvor – durch gemeinsames Sekttrinken in Sicherheit wiegen. Diesmal sollte es jedoch kein Gift sein. Da es auch nicht nach Selbstmord aussehen durfte, weil sonst die Lebensversicherung nicht zahlen würde, sollte der Eindruck eines Raubüberfalls erweckt werden. Tanja hatte Steven die Facebook-Seite von Christin gezeigt, woraufhin der gedungene Killer laut Gericht gesagt haben soll, dass Christin fast so aussehe wie seine Ex-Freundin und es für ihn daher kein Problem sei, sie zu töten. Sven soll ihm geraten haben, sie mit dem Radkreuz-Schlüssel zu erschlagen.

Aber nicht nur Sven und Steven, auch Robin H. hatte anscheinend nicht die geringsten Gewissensbisse. Nachdem die Tat im Detail geplant war, übernachtete er bei der todgeweihten Christin in deren Elternhaus in Berlin-Lübars und hatte trotz seiner Mordpläne Sex mit ihr. Offenbar kannte er keine Skrupel. Am Morgen des 20. Juni 2012 verließ er gegen 4.00 Uhr das Haus und mietete am selben Vormittag noch das Auto, mit dem Tanja und Steven nach Berlin fahren sollten. Gemeinsam mit Tanjas Bruder hatte dieser zuvor eine Flasche Sekt und Plastikbecher sowie Sturmhaube, Handschuhe und ein Seil gekauft. Erdrosseln statt Erschlagen stand jetzt auf dem Plan. Danach brachen Tanja L. und Steven Mc A. nach Berlin auf. Robin H.

sendete seiner neuen Freundin noch eine SMS mit dem Inhalt: „Kein Fehlschlag bitte, ein drittes Mal ist unmöglich." Später wollte er sich damit herausreden, dass er gemeint habe, der Pferdekauf dürfe nicht noch ein drittes Mal scheitern. Das Gericht glaubte ihm diese Version jedoch nicht und sah es als erwiesen an, dass er in die beiden vorangegangen Mordversuche involviert war.

Tanja L. wollte Christin R. treffen, um angeblich den Kauf des Pferdes „Gotha" zu feiern. Es sollte wieder bei McDonald's in Glienicke/Nordbahn stattfinden. Doch das Treffen drohte zu scheitern, denn als Tanja – wie die Polizei später feststellte – um 22.07 Uhr, 22.10 Uhr und 22.13 Uhr bei Christin anrief, um sich mit ihr zu verabreden, ging diese nicht ans Telefon. Tanja informierte Robin, der wiederum eine SMS an Christin schickte, dass sie jemand zu erreichen versuche. Um 22.32 Uhr antwortete dann Christin und dem Treffen stand nichts mehr im Wege.

Das Gericht beschrieb den Tatverlauf wie folgt: „Der Treffpunkt McDonald's erschien den Angeklagten H. und L. als Ort für die geplante Tat ungeeignet und beide einigten sich auf den kaum einzusehenden Parkplatz gegenüber dem Freibad Lübars an der Straße Am Freibad, woraufhin die Angeklagte L. um 23.08 Uhr die Geschädigte anrief und vorgab, ihr Navigationssystem sei ausgefallen, sodass sie das McDonald's-Restaurant nicht finden könne. Ferner schlug sie als Treffpunkt den Parkplatz gegenüber dem Freibad Lübars vor."

Dort angekommen, versteckte sich Steven Mc A. sofort hinter einem Zaun an der Straße und gemeinsam warteten sie auf das Eintreffen von Christin R. Doch auch diesmal ging der Plan nicht auf. Als Christin gegen Mitternacht dort eintraf, hatte sie eine Freundin dabei. Tanja schickte Steven daher wieder barsch mit den Worten „Verpiss dich" weg, als der auf die drei Frauen zuging und nach einer Zigarette fragte. Hätte er sonst womöglich beide Frauen umgebracht? Tanja übergab Christin die Flasche Sekt, angeblich um sich für deren Mühe im Zusammenhang mit dem Kauf des Pferdes zu bedanken, und verabschiedete sich überstürzt. Christins Freundin fand die ganze Situation ziemlich skurril, doch Christin selbst schöpfte immer noch keinen Verdacht und fuhr nach Hause.

Nachdem Tanja Robin verständigt hatte, um das erneute Scheitern des Tatplans zu beichten, warf Robin alle Vorsicht über Bord. Sein Plan, nicht aktiv in das Geschehen einzugreifen, war nun Makulatur. Er rief mehrfach Christin an und bat sie, nochmals zum Parkplatz zu kommen, wohl um auf den inzwischen vollendeten Kauf anzustoßen. Der Plan ging auf. Christin vertraute ihrem Verlobten bedingungslos. Sie fuhr – diesmal allein – von der nahe gelegenen Wohnung ihrer Eltern erneut zum Parkplatz, wo sie auf Robin und Tanja traf.

Robin spiegelte vor, Tanja habe den Scheck für den Kauf des Pferdes vergessen, und tadelte sie mit den Worten: „Na, du kleine Scheckvergesserin." Während sich die völlig arglose Christin R. daraufhin in Tanjas Fahrzeug beugte, kam Steven mit Sturmhaube und Seil aus seinem Versteck, legte es Christin um den Hals und zog sofort kräftig zu. Es kam zum Kampf. Christin wehrte sich heftig. Erst als Steven sie zu Boden drücken konnte und sich auf sie setzte, gelang ihm sein Vorhaben, allerdings nicht ohne dass Christin ihn in ihrem Todeskampf im Gesicht kratzte. Laut Gericht währte die Strangulation mehrere Minuten. Mc A. soll laut Gericht gerufen haben: „Wie lange lebt denn diese Schlampe noch?" Robin hielt sich währenddessen im Hintergrund auf und versuchte, Tanja zu beruhigen. Was da passiere, sei nicht schlimm, soll er ihr zugeflüstert haben.

Christin R. starb wenige Minuten vor 1.00 Uhr. Steven Mc A. zerrte den Leichnam an dem um den Hals liegenden Seil durch das angrenzende Gehölz und legte sie in der Nähe einer Kleingartenanlage ab. Robin wies Tanja an, den Speicher ihres Smartphones zu löschen, damit keine Verbindung zwischen ihnen gefunden werden könne. Auch Robin löschte seinen Smartphonespeicher. Es war schon sehr naiv zu glauben, damit seien alle Spuren verwischt. Robin hielt um 2.08 Uhr an einer Tankstelle, um sich durch die Videoüberwachungsanlage ein Alibi für diese Uhrzeit zu verschaffen. Das hatte er wahrscheinlich so in Fernsehkrimis gesehen. Es war jedoch nicht besonders clever, sich mehr als eine Stunde nach der Tat dort aufzeichnen zu lassen, denn die Fahrtzeit dorthin betrug nur fünfzig Minuten. Tanja L. und Steven Mc A. fuhren unterdessen mit dem Mietwagen nach Dortmund zurück. „Unterwegs bemerkte der Angeklagte Mc A. zu der Angeklagten L.: ‚Scheiße, sie hat mich gekratzt! Jetzt haben die meine DNA.' Ferner prahlte er mit ‚seiner' Tat. Während der Fahrt löschte er auch den Speicher in dem Handy der Angeklagten L.", so das Gericht.

Christin R.s Leichnam wurde am Morgen des 21. Juni 2012 gegen 6.00 Uhr von einer Spaziergängerin gefunden, die mit ihrem Hund Gassi ging. Am selben Tag rief Robin H. insgesamt 21-mal auf dem Mobiltelefon von Christin an und sandte ihr mehrere SMS, um den Eindruck zu erwecken, er sei auf der Suche nach ihr. Er gab vor, sich Sorgen zu machen, und forderte Christin auf, sich zu melden. Einem Zeugen erzählte er unvermittelt, dass er Christin R. seit längerer Zeit nicht gesehen habe. Er hielt das wohl für ziemlich clever.

Schon am selben Abend wurde Robin festgenommen. Trotzdem hatte seine Mutter Cornelia nichts Klügeres im Sinn, als schon vier Tage später bei der ERGO Direkt Lebensversicherung anzurufen und die Lebensversicherung einzufordern. Beim Standesamt Reinickendorf von Berlin forderte sie eine Sterbeurkunde an, da sie die als Arbeitgeberin zur Abmeldung von der Sozialversicherung benötige. Das, obwohl sie Christin nie zur Sozialversicherung angemeldet hatte! Sonderlich intelligent schienen Mutter und Sohn tatsächlich nicht zu sein, allerdings außerordentlich hinterhältig und kaltblütig. Alle Täter konnten leicht mit einer Funkzellenabfrage ermittelt werden, da sie ja ausführlich und häufig miteinander telefoniert hatten. „Man glaubt eigentlich, wir kennen schon alles. Aber diese Kaltblütigkeit hat uns extrem erschüttert", wurde die Leiterin der Mordkommissionen in der *Berliner Zeitung* zitiert.

Nach fast zweijähriger Verhandlung und 64 Sitzungstagen kam das Gericht schließlich zum Urteil: Tanja L. wurde wegen Mordes und versuchten Mordes zu einer Gesamtfreiheitsstrafe von 14 Jahren und sechs Monaten verurteilt. Begehen mehrere die Straftat gemeinschaftlich, so wird jeder als Täter bestraft. Nach § 25 Abs. 2 StGB war Tanja daher keine Gehilfin, sondern Mittäterin in zwei Fällen. Laut Gericht handelte sie bei beiden Taten heimtückisch. Beim versuchten Giftmord hatte sie bewusst die Arg- und Wehrlosigkeit von Christin R. ausgenutzt. Das wäre straflos gewesen, wenn Tanja L. die weitere Ausführung der Tat aufgegeben oder deren Vollendung verhindert hätte. Hier hätte ein Rücktritt vom Versuch im Sinne des § 24 StGB vorgelegen, was man in diesem Fall jedoch nicht annehmen konnte. Tanja wollte Christin umbringen und hatte mit dem vergifteten Sekt auch alles dafür getan. Ihr Mittäter Robin H. hatte sich jedoch verkalkuliert, denn die Dosis war zu gering, um Christin zu töten. Es handelte sich daher um einen untauglichen Versuch, der gemäß § 23 Abs. 3 StGB strafbar sein kann, dem Gericht aber ein Ermessen zubilligt. Das Gericht tat dies, indem es die Strafe gemäß §§ 23 Abs. 2, 49 Abs. 1 StGB milderte. Tanja L. wurde deswegen zu drei Jahren und sechs Monaten Gefängnis verurteilt.

Anders sah es bei ihrer Mittäterschaft beim letztlich „erfolgreichen" Mord aus. Auch hier hatte sie heimtückisch gehandelt, weil sie die arglose Christin in eine Falle gelockt hatte, im Wissen, dass sie umgebracht werden sollte. Habgier dagegen schloss das Gericht aus, da Tanja mutmaßlich nicht aus Gewinnstreben heraus gehandelt habe, sondern lediglich wegen der in Aussicht gestellten gemeinsamen Zukunft mit Robin. Die versprochenen 50 000 Euro aus den zu erwartenden Zahlungen der Versicherungen seien für ihr Handeln „nicht bestimmend" gewesen. Sie glaubte an das zukünftige gemeinsame Leben auf einem Pferdehof und an die Gründung einer Familie. Das sei ihr handlungsleitendes Motiv gewesen, was auch nichts mit ihrem geringen Intelligenzquotienten von 72 zu tun hatte, den der Sachverständige feststellte. Liebe kann blind machen – auch intelligentere Menschen. Schwachsinnig sei Tanja jedenfalls nicht gewesen, so das Gericht. Sie war daher vollkommen schuldfähig.

Strafmildernd angerechnet wurden Tanja L. aber ihr umfassendes Geständnis und die Aussagen, die erheblich zur Klärung des Falles beigetragen hatten. Die Strafe wurde gemäß §§ 46b Abs. 1 Satz 1 Nr. 1 und Abs. 2, 49 Abs. 1 StGB gemildert. Das Gericht führte dazu aus: „Im Rahmen der konkreten Strafzumessung wirkte es sich strafmildernd aus, dass die Angeklagte geständig war, bislang nicht bestraft werden musste und sozial integriert lebt. Darüber hinaus wuchs sie unter schweren familiären Bedingungen auf und hat eine Persönlichkeitsakzentuierung mit neurotischer Charakterproblematik entwickelt. Sie hat eine niedrige Intelligenz und eine ausgeprägte Selbstwertproblematik. In diesem Zusammenhang sprach für sie auch, dass sie in den Angeklagten H. verliebt war und von diesem manipuliert wurde. Hinzu kommt, dass sie aufgrund der Haft und der Verfahrensdauer an einer situativ bedingten Anpassungsstörung leidet."

Straferschwerend wirkte sich jedoch die erhebliche kriminelle Energie aus, mit der Tanja L. vorgegangen war. Sie hatte ihren Bruder und dessen Mitbewohner in das Geschehen verstrickt und von ihrem eigenen Geld 1 000 Euro aufgebracht, um die beiden zu bezahlen. Das mutet reichlich seltsam an. War es etwa doch ein Eifersuchtsmord? Das Gericht sah das nicht so und hielt für den tatsächlich vollendeten Mord eine Gefängnisstrafe von 13 Jahren und sechs Monaten für angebracht, insgesamt also 14 Jahre und sechs Monate.

Sven L. wurde wegen Anstiftung zum Mord zu einer lebenslangen Freiheitsstrafe verurteilt. Auch ein Anstifter wird gemäß § 26 StGB wie der Täter bestraft. Er selbst wollte von nichts gewusst haben, habe aber etwas geahnt. Nachzufragen habe er sich aber nicht getraut. Das glaubte das Gericht nicht. Er steckte zu tief drin. Seinen „Lohn", die 500 Euro, hatte er sogar mit seinem Handy fotografiert und mit der Bemerkung herumgeschickt, dass sein Mitbewohner Steven „Eier gezeigt habe". Das Gericht urteilte daher folgendermaßen: „Der Angeklagte wird durch (...) die ihn belastenden Angaben der Angeklagten Tanja L. und Mc A. überführt. Einleuchtende Gründe, warum die Genannten ihn zu Unrecht belasten sollten, sind im Verlauf der Beweisaufnahme nicht ersichtlich geworden. (…) Der Angeklagte als der einzige Angeklagte mit einer nachhaltigen ‚Knasterfahrung' und vertraut mit kriminellen Verhaltensweisen, der Trinkbecher besorgt, 500,00 Euro für seine Dienste erhält und diese fotografiert, die Kleidung des die Tat unmittelbar ausführenden Täters Mc A. mitverbrennt und diesen mit der Bemerkung, dass er ‚Eier gezeigt' habe, adelt, will sich bei den beiden ihm nahestehenden Angeklagten nicht nach Einzelheiten der fraglichen Straftat erkundigt (…) haben (…). Dies ist fernliegend, unglaubwürdig und erklärt seinen dennoch – fast selbstlos – geleisteten Einsatz in keinster Weise."

Sven L. hatte seinen Mitbewohner zum Mord an Christin R. angestiftet. Er wusste, dass die arglose Christin an einen abgelegenen Ort gelockt werden sollte, um dort heimtückisch getötet zu werden. Das Mordmerkmal musste laut Gericht daher auch ihm zugerechnet werden.

Die Tatsache, dass Sven L. für seinen Tatbeitrag 500 Euro erhalten hatte, eröffnete jedoch ein weiteres Mordmerkmal. Auch wenn der Betrag lächerlich gering war, sah das Gericht auch das Mordmerkmal Habgier erfüllt. Bei seiner Schwester Tanja hatte man das noch anders gesehen, obwohl ihr, wie erwähnt, 50 000 Euro versprochen worden waren. Aber welches Motiv sollte Sven L. sonst gehabt haben? Etwa Hilfsbereitschaft, weil ihn seine Schwester um Teilnahme an der Tat gebeten hatte? Dies konnte man so sehen, zumindest wenn man die vorhergehenden Argumente des Gerichts bei der Verurteilung von Tanja anschaut. Möglicherweise wurde hier mit zweierlei Maß geurteilt, da Tanja voll geständig und Sven eher sperrig war. Auch er war voll schuldfähig, trotz seines Alkoholismus und eines recht niedrigen Intelligenzquotienten von 88. Zwischen seinem Alkoholmissbrauch und der Anstiftung bestand kein Kausalzusammenhang, was Sven auch nie behauptet hatte. Er hatte also zwei Mordmerkmale erfüllt und laut Gericht nicht unerhebliche Tatbeiträge geleistet. Eine „besondere Schwere der Schuld" sah das Gericht in diesem Fall jedoch nicht.

Auch Steven Mc A. wurde wegen Mordes zu einer lebenslangen Freiheitsstrafe verurteilt. Er hatte Christin R. vorsätzlich getötet, indem er seinem Opfer ein Seil um den Hals legte und dieses minutenlang so kräftig zuzog, bis sie tot war. Laut Gericht zeigt dies den absoluten Vernichtungswillen des Steven Mc A. Die Tat war heimtückisch, denn Christin hatte nicht im Geringsten mit dem feigen Anschlag von hinten gerechnet. Er kam vollkommen überraschend, nachdem sie sich zuvor noch freundlich mit den beiden anderen Tatbeteiligten unterhielt. Steven hatte diese Arglosigkeit bewusst ausgenutzt. Auch bei ihm wurde als weiteres Mordmerkmal Habgier bejaht, denn auch er hatte 500 Euro für seine Tat erhalten. Auf die Größe des Vermögensvorteils kam es dabei nicht an, allerdings hatte das Gericht zuvor selbst angeführt, dass Steven seinem Mitbewohner imponieren wollte. Also doch ein anderes Motiv als Habgier? Zumindest kann man sich diese Frage stellen, denn das Gewinnstreben muss tatbeherrschend und somit bewusstseinsdominant sein. War das hier wirklich der Fall? Das Gericht zumindest war sich diesbezüglich sicher.

Auch Steven hatte einen ziemlich niedrigen Gesamt-IQ von 77, war aber nicht schwachsinnig und daher voll schuldfähig. Eine Milderung der Strafe kam nicht in Betracht, da Steven die Tat bis zum Schluss geleugnet hatte. Er schob die Tat Robin H. in die Schuhe. Angeblich habe der Christin mit dem Seil erwürgt. Er sollte es zwar tun, sei von Dortmund bis nach Berlin gefahren, hatte sich aber dort verweigert. Unglaubwürdig! Außerdem wurden Textilfaserspuren von Steven Mc A. an der Kleidung von Christin gefunden, aber keine von Robin, der seine am Tattag getragene Kleidung ohne Zögern für eine Faseruntersuchung zur Verfügung gestellt hatte. Er wird gewusst haben, dass er diesbezüglich nichts zu befürchten hatte. Laut Gericht sei dies wie ein Fingerabdruck einzustufen. Steven Mc A. war also als Auftragskiller überführt, und das nicht nur durch die Aussagen der an der Tat Mitbeteiligten. Auch bei ihm lag keine besondere Schwere der Schuld vor, wie das Gericht feststellte.

Cornelia und Robin H. wurden wegen Mordes und wegen versuchten Mordes in zwei Fällen, in einem Fall in Tateinheit mit gefährlicher Körperverletzung, zu einer lebenslangen Freiheitsstrafe verurteilt. Sie hatten gemeinschaftlich gehandelt. Mutter und Sohn hatten die Tötung von Christin R. verabredet und geplant. Die „besondere Schwere der Schuld" wurde bei beiden festgestellt, was eine Entlassung nach 15 Jahren ausschließt. Die Gerichte haben diesbezüglich einen großen Ermessensspielraum. Die Hartnäckigkeit, mit der Christins Tötung verfolgt wurde, weist laut Gericht „eine erhebliche kriminelle Energie auf, die weit über die erfahrungsgemäß gewöhnlich vorkommenden Mordfälle hinausgeht und die Feststellung der besonderen Schuldschwere rechtfertigt". Außerdem hatten beide Christin R.s Vertrauen massiv missbraucht.

Die erste Tat war das Attentat mit dem Messer, bei dem sich Cornelia mit einem Blackout herausreden wollte. Das Gericht sah es als erwiesen an, dass dem nicht so war und dass ihr Sohn über den versuchten Mord voll im Bilde gewesen war. Mittäterschaft gemäß § 25 StGB also. Die Anwesenheit am Tatort ist für die Annahme der Mittäterschaft nicht erforderlich. Die Tat war heimtückisch. Cornelia H. hatte sich zuvor mit Christin R. in der Küche normal unterhalten und ihr erst den Stich versetzt, als diese sich umdrehte und ihr den Rücken zuwandte. Diese Tat war selbstverständlich auch habgierig. Mutter und Sohn wollten die Versicherungssumme in Höhe von 2,445 Millionen Euro kassieren. Die Tat schlug nur deshalb fehl, weil Christin sich heftig wehrte und der Angreiferin körperlich überlegen war. Also versuchter Mord in Tateinheit mit gefährlicher Körperverletzung gemäß §§ 223 Abs. 1, 224 Abs. 1 Nr. 2 und 5 StGB.

Nachdem die versuchte Tötung am 9. April 2012 gescheitert war, stellten Mutter und Sohn im Hinblick auf den späteren Giftanschlag Nachforschungen an. Robin überredete seine neue Geliebte Tanja, den Giftanschlag durchzuführen. Nach Auffassung des Gerichts war Cornelia H. daher über den zweiten Mordversuch voll im Bilde und auch diesbezüglich Mittäterin. Laut Gutachter war Robin zwar narzisstisch und unreif, eine Beeinträchtigung der Steuerungs- oder Einsichtsfähigkeit lag dennoch nicht vor. Genauso wenig bei seiner Mutter. Selbst wenn sie ab und zu Blackouts gehabt hätte, wären diese allenfalls aufgrund extremer psychischer Belastung nach der Tat, aber nicht zum Tatzeitpunkt aufgetreten.

Hinsichtlich der beiden versuchten Morde wurde den beiden eine Strafmilderung wegen der langen Verfahrensdauer und der Medienberichterstattung zugebilligt, im Übrigen, weil die beiden Taten im Versuchsstadium stecken geblieben waren (§ 23 StGB). Strafschärfend war jedoch das über sieben Monate andauernde intensive, beharrliche und letztendlich erfolgreiche Vorgehen, um Christin R. zu töten.

Wegen des Messerattentats wurde Robin H. zu fünf Jahren und sechs Monaten Haft verurteilt, wegen des versuchten Giftmordes zu fünf Jahren und wegen des Mordes zu lebenslanger Haft. Insgesamt war die Strafe also lebenslänglich, denn mehr als lebenslänglich gibt es im deutschen Recht nicht. Wegen des Messerattentats erhielt Cornelia H. sieben Jahre und sechs Monate, wegen des versuchten Giftmordes vier Jahre und wegen des Mordes lebenslang. Insgesamt war die Strafe also auch bei ihr lebenslänglich.

Nach Grundsatzurteilen des Bundesgerichtshofs ist von einer besonderen Schuldschwere nur dann auszugehen, wenn das gesamte Tatbild einschließlich der Täterpersönlichkeit von den erfahrungsgemäß gewöhnlich vorkommenden Mordfällen so sehr abweicht, dass eine Strafaussetzung der lebenslangen Freiheitsstrafe nach 15 Jahren auch bei günstiger Täterprognose unangemessen wäre. Das Landgericht Berlin urteilte, auf den Mordfall Christin R. bezogen, dass bei jeweils zwei Mordmerkmalen, bei insgesamt vier Versuchen und der Hartnäckigkeit, mit der Robin H. die Tötung verfolgt hatte, eine erhebliche kriminelle Energie aufgewendet wurde, „die weit über die erfahrungsgemäß gewöhnlich vorkommenden Mordfälle hinausgeht und die Feststellung der besonderen Schuldschwere rechtfertigt. Der Angeklagte hat einen unbedingten Vernichtungswillen gezeigt und handelte völlig unbeeindruckt von den vorangegangenen misslungenen Mordanschlägen." Auch bei seiner Mutter wurde die besondere Schwere der Schuld festgestellt: „Ihr Handeln offenbart neben einer ungehemmten Geldgier die Bereitschaft, entgegengebrachtes Vertrauen zu enttäuschen und zur Durchsetzung eigener Interessen ein Menschenleben zu vernichten, wobei sie bei der Tat am 9. April 2012 auch bereit war, selbst Hand anzulegen." Mutter und Sohn werden also vermutlich länger als 15 Jahre einsitzen.

Das Gericht stellte resümierend fest: „Es war kein Zufall, dass Christin R. im Zeitraum vom 9. April bis zum 21. Juni 2012 dreimal – am 21. Juni 2012 in zwei Anläufen – Opfer eines Anschlages auf ihr Leben wurde. Es handelte auch nicht eine auf Christin R. eifersüchtige, um die Gunst des Angeklagten Robin H. buhlende Angeklagte Tanja L. in zeitlichem und in keinem Zusammenhang stehenden Nachgang zu der von einem vermeintlichen ‚Blackout' heimgesuchten Mutter des Angeklagten, sondern der Tod von Christin R. ist das Ergebnis des von den Angeklagten Cornelia und Robin H. Ende Oktober 2011 gefassten Plans, das Leben von Christin R. bei diversen Lebensversicherern auf hohe Summen zu versichern und sie anschließend zu töten, um zur Erfüllung des Traums vom eigenen Reiterhof und zur Beseitigung der bestehenden Schuldenlast in den Genuss der Versicherungssummen in Millionenhöhe zu gelangen."

Quellen

Berliner Zeitung vom 22.06., 29.06., 17.12.2012
Der Tagesspiegel vom 23.08.2012
Stern vom 21.03.2013
Landgericht Berlin, Urteil vom 29.01.2015, Az: (535) 234 Js 296/12 Ks (24/12)

Der Autor

Dr. Ernst Reuß, 1962 geboren, war nach dem Studium der Rechtswissenschaften in Erlangen und Wien wissenschaftlicher Mitarbeiter an der Freien Universität Berlin und im Bundestag. An der Humboldt-Universität zu Berlin promovierte er zur Berliner Justizgeschichte. Er lebt als Autor und Publizist in Berlin. Zahlreiche Veröffentlichungen, zuletzt: *Sirius, Katzenkönig und Co. Fünf Fälle aus der Strafrechtsgeschichte* (2017).